Edgar Dahl
Im Anfang war der Egoismus

W0060565

Edgar Dahl

Im Anfang war der Egoismus

Den Ursprüngen menschlichen
Verhaltens auf der Spur

ECON Verlag
Düsseldorf · Wien · New York

Die Deutsche Bibliothek – CIP-Einheitsaufnahme

Dahl Edgar:
Im Anfang war der Egoismus: Den Ursprüngen menschlichen
Verhaltens auf der Spur / Edgar Dahl. – Düsseldorf; Wien;
New York: ECON Verl., 1991
ISBN 3-430-11997-9

Copyright © 1991 by ECON Verlag GmbH,
Düsseldorf, Wien und New York.
Gesetzt aus der Aldus der Fa. Berthold
Satz: Dörlemann-Satz, Lemförde
Papier: Papierfabrik Schleipen GmbH, Bad Dürkheim
Druck und Bindearbeiten: Bercker, Graph. Betrieb GmbH, Kevelaer
Printed in Germany
ISBN 3-430-11997-9

Für Christopher alias »Moritz«

Inhalt

Geleitwort
von Prof. Dr. Dr. Gerhard Vollmer

»Erkenne dich selbst!« stand am Orakel von Delphi zu lesen. Seit vielen Generationen sind wir dem Rätsel Mensch nun auf der Spur. Unsere Suche ist dabei von enttäuschenden Einsichten begleitet gewesen: Das heliozentrische System des Kopernikus vertreibt den Menschen aus dem Mittelpunkt der Welt; Darwins Evolutionstheorie zerstört den Traum von unserer biologischen Sonderstellung; und Freuds Tiefenpsychologie spricht uns sogar ab, »Herr im eigenen Hause« zu sein, indem sie nachweist, wie sehr wir von unbewußten Motiven gesteuert sind. Diese »drei großen Kränkungen« des Menschen, wie Freud sie nicht ganz ohne Eigenlob nennt, haben unser Wunschbild vom Menschen zerstört, nicht aber die Suche nach der Natur des Menschen zum Abschluß gebracht: Noch immer lassen wir uns von Fragen nach unserer Herkunft, nach unserem Wesen und nach unserer Stellung in der Welt leiten.

Mit der Frage nach den evolutiven Ursprüngen unseres Sozialverhaltens befaßt sich dieses Buch. Es stellt die *Soziobiologie* vor, eine junge Wissenschaft, die aus der engen Verbindung von Verhaltensforschung, Populationsgenetik, Ökologie und Spieltheorie hervorgegangen ist. Nach der Soziobiologie sind wir – wie alle Lebewesen – darauf programmiert, für die Erhaltung und Vermehrung unserer Erbanlagen, unserer Gene, zu sorgen. Rein biologisch sind wir damit letztlich nur Überlebensmaschinen für unsere »egoistischen« Gene. Kein Wunder, daß die Soziobiologie vielen als eine weitere, eine vierte Kränkung des Menschen erscheint!

Edgar Dahl zeigt, wie der Gen-Egoismus sogar unsere Kultur,

unsere Moral und unser Recht beeinflußt. Es ist deshalb damit zu rechnen, daß auch dieses Buch einige Leser kränken wird: solche, die zwischen Tier und Mensch eine tiefe Kluft zu sehen wünschen; solche, die in ihrem sozialen Verhalten lieber hehre Motive als biologische Wurzeln am Werke sehen; solche, die vielleicht glauben, ihr Handeln sei frei im traditionellen Sinne (sie können also trotz gleicher Naturgesetze und gleicher Randbedingungen auch anders handeln, als sie tatsächlich handeln); aber auch solche, die in der Frage der Willensfreiheit zwar eher zum Determinismus neigen, aber meinen, man könne Menschen durch geeignete Erziehung, Belehrung oder Indoktrination beliebig formen, also zu Beliebigem determinieren.

Daß die Soziobiologie die enge Verbindung, die Kontinuität zwischen Mensch und Tier erneut betont, mögen wir ja noch verkraften. Mit dieser Einsicht konnte wohl Darwin die Menschen des 19. Jahrhunderts schockieren, aber doch nicht uns »Aufgeklärte« im ausgehenden 20. Jahrhundert. Schließlich gibt es zwischen Mensch und Tier ja noch genügend Unterschiede, auf die wir, wenn wir darauf bestehen, auch irgendwie stolz sein können.

Was uns jedoch wirklich kränkt, ist die Einsicht der Soziobiologie, daß selbst dort, wo wir uns so verhalten, daß wir anderen nützen, wo wir uns also *altruistisch* und damit moralisch *hochwertig* zu verhalten glauben, häufig nichts weiter als ebenjener Gen-Egoismus am Werke ist. Oft nämlich nützen wir damit nicht uns selbst, wohl aber unseren Kindern, unseren Verwandten oder auch unseren Freunden, die dann wieder uns oder unseren Kindern und Verwandten helfen. Daß wir anderen nützen und uns dabei vielleicht selbst schaden, ist also gar kein Widerspruch zur Darwinschen Lehre, sondern unter gewissen Bedingungen sogar deren unausweichliche Konsequenz. Das Prinzip vom Überleben der Tauglichsten besagt eben *nicht*, daß Selektion, Fitneß-Maximierung und das Ringen ums Überleben notwendig zu Egoismus, Rücksichtslosigkeit und Brutalität führen müßten. Im Gegenteil: Es erlaubt, ja es erklärt Verhalten, bei dem ein Individuum sich selbst schadet und dabei zugleich anderen nützt.

Die traditionelle Verhaltensforschung war zwar durchaus schon überzeugt, daß solches Verhalten biologisch-genetische Gründe haben könne und müsse. Sie nahm jedoch an, daß es nur über eine besondere Art von Selektion, über *Gruppenselektion*, erklärt werden könne: Tiere verhielten sich eben *arterhaltend*. Wenn der Mensch das für die Menschheit zwar fordere, aber nicht leiste, dann sei das eine Folge der Konkurrenzlosigkeit, der Selbstdomestikation, vielleicht auch der Zivilisation, aber jedenfalls eine *pathologische* Erscheinung. Die moralische Forderung, wir sollten etwas für den Erhalt der Menschheit tun, bedeutet dann also nichts weiter als ein »Zurück zur Natur!«

Die Soziobiologie widerspricht. Gruppenselektion gibt es überhaupt nicht oder nur in Ausnahmefällen. Mit einem natürlichen Bedürfnis, für den Erhalt der Menschheit zu sorgen, ist auch beim Menschen nicht zu rechnen: Auch unsere natürlichen Neigungen dienen im allgemeinen »nur« der *Generhaltung*. Es ist deshalb überhaupt nicht verwunderlich, daß Appelle, wir sollten für die gesamte Menschheit etwas tun, so wenig fruchten. Solche moralischen Appelle bedeuten ja, wenn die Soziobiologie recht hat, eher ein »Weg von der Natur!« Sie sind deshalb auch schwerer zu befolgen oder durchzusetzen.

Diese Gegenüberstellung meint nicht, daß moralische Forderungen, welche auf das Wohl der gesamten Menschheit abheben, sinnlos wären. Was wir wollen oder dürfen, folgt nicht aus der Erfahrungswissenschaft, auch nicht aus der Soziobiologie. Sie zeigt jedoch, mit welchen Schwierigkeiten wir bei der Verwirklichung moralischer Normen und Wertvorstellungen rechnen müssen. In diesem Sinne und aus diesem Grunde sind Soziobiologie und Spieltheorie auch für ethisch-moralische Fragen bedeutsam.

Wer sich durch den Gedanken gekränkt fühlt, daß Selbstlosigkeit auf den »Egoismus« der Gene zurückgehen soll, der sollte dieses Buch lesen: Sein sachlicher, zugleich aber zwangloser Stil macht die Kränkung erträglich, schonend, sogar spannend. Wer sich dagegen nicht gekränkt fühlt, der kann durch die Lektüre sowieso nur gewinnen.

11

DER MENSCH IST EIN SEIL,
GEKNÜPFT ZWISCHEN TIER
UND ÜBERMENSCH, – EIN
SEIL ÜBER EINEM ABGRUNDE.
Friedrich Nietzsche

Kratz einen Altruisten,
und du siehst einen Heuchler bluten

MAN TRAUE KEINEM ERHABENEN
MOTIV FÜR EINE HANDLUNG,
WENN SICH AUCH EIN NIEDRIGES
FINDEN LÄSST.

EDWARD GIBBON

Das Darwinsche Paradoxon

Darwins Welt der natürlichen Selektion ist eine Welt des Wettbewerbs. Alle in ihr lebenden Organismen werden von einem uregoistischen Prinzip beherrscht. Im »Kampf ums Dasein«, im »struggle for existence«, wird mit »Zähnen und Klauen blutigrot« ums schlichte Überleben und um möglichst gute Fortpflanzungschancen gerungen – ein Kampf, den nur der »Tauglichste« zu bestehen vermag. Je ähnlicher sich die Konkurrenten sind, desto heftiger die Konkurrenz; je mehr Interessen und Bedürfnisse sie miteinander teilen, desto rücksichtsloser und gewaltsamer ihr Kampf um Beute, Ressourcen und Territorien. Mit dem Grad der Verwandtschaft wächst auch der Grad der interindividuellen Konkurrenz ...!?

Wie aber könnte in einem solchen Reich, das von einem so unumschränkt herrschenden Diktator wie dem »uregoistischen Prinzip« regiert wird, auch nur eine aufrichtige Sorge, eine ehrliche und mitleidvolle Träne möglich sein? Wie sollten sich in einer solchen Welt voller Egoisten jemals Wohlwollen, Tugendhaftigkeit, Uneigennützigkeit und Opferbereitschaft durchsetzen? Würden nicht alle Treue und Aufrichtigkeit, alle edlen Gefühle und Absichten sofort im Keime erstickt werden? Wer sollte den Adel ihres Charakters erben, wenn ihre edle Natur die Tugendhaften dazu verdammte, sich schonungslos ausnutzen zu lassen, ja, sich für die Undankbaren gar aufzuopfern?

Ist es da nicht einfach *paradox*, daß Lebewesen dennoch so oft auf ihre Überlebens- und Fortpflanzungsvorteile zugunsten der

»Konkurrenten« verzichten? Ist es da nicht *paradox*, daß verschiedene Fische, Vögel und Säugetiere fremde Junge füttern, schützen und bewahren – sich um »neue Konkurrenten« besorgt zeigen?

Und ist es da nicht *paradox*, daß Vögel, wie zum Beispiel Amseln, Drosseln und Meisen, ihre Rivalen *trotz großer Risiken* vor Raubvögeln warnen oder daß afrikanische Springböcke und Thomson-Gazellen der eigenen Herde durch hohe Luftsprünge signalisieren, daß sich ein Feind nähert? Dieses *Paradoxon* beunruhigte sicher niemanden so sehr wie Charles Darwin, der den offenkundigen »Altruismus« so vieler Lebewesen, mithin die Auflösung dieses Paradoxons als einen ganz entscheidenden Prüfstein seiner gesamten Theorie betrachtete. Daß ein von Patriotismus, Mut, Gehorsam und Treue getragener Sozialverband einem zerstrittenen, selbstsüchtigen und miteinander konkurrierenden Verband überlegen sein wird, war ja durchaus verständlich – doch wie kommt es zu einer derartigen Anreicherung solch tugendhafter Individuen, solcher für das gemeinsame Wohl streitender Sozialverbände???

Eine evolutionstheoretisch wirklich »harte Nuß« stellten seit Darwin die sogenannten Hymenopteren oder Hautflügler dar. Das sind die arbeitsteilig und ausgesprochen sozial lebenden Insekten: Ameisen, Bienen und Wespen. Sie bilden hochentwickelte Sozialsysteme, die man als Kasten oder Staaten bezeichnet. In einem typischen Hautflüglernest gibt es nur eine einzige reife Königin. Sie und ihre Brut werden von vielen Arbeiterinnen und Soldaten Tag und Nacht gehegt und gepflegt, umsorgt und beschützt. Doch das evolutionsbiologisch Rätselhafte besteht nicht allein darin, daß sich diese Arbeiterinnen – trotz des »uregoistischen Prinzips«! – für ihre Königin in so beispielloser Weise aufopfern, sondern auch darin, daß sie steril sind, daß sie keinen eigenen Nachwuchs erzeugen können, daß sie also unfruchtbar sind!

Ein konkretes Beispiel: Südamerikanische Wanderameisen leben in Kolonien, die bis zu etwa 20 Millionen Individuen umfassen. Die nicht fortpflanzungsfähigen und flügellosen Arbeiterinnen widmen sich bis an ihr bitteres Ende der Produktion von neuen Arbeitern und jenen wenigen geflügelten Geschlechtstieren, die später fortfliegen, um neue Kolonien zu gründen. Ihre Sorge um die Königin, deren Körper zuweilen geradezu groteske Größe anneh-

14

men kann, kennt keine Grenzen. Da sie sich dem nomadischen Zigeunerleben verschrieben haben, also – von den regelmäßig wiederkehrenden seßhaften Phasen abgesehen – umherzustreifen pflegen, müssen die Wanderameisen ihre Königin samt Brut ununterbrochen mit herumschleppen. Die Arbeiter tragen dabei die Eier und Larven mit großer Sorgfalt in ihren Kiefern. Alle diese Arbeiter sind bei den Ameisen sterile Weibchen. Sie teilen sich ihre Arbeit derart, daß einige von ihnen ausschließlich als Soldaten zu kämpfen haben. Diese Soldaten haben sich zu richtigen Kampfmaschinen spezialisiert: Sie besitzen so riesige Kiefer, daß sie mit ihnen gar nicht mehr selbständig zu fressen vermögen – andere Ameisen, die nicht Soldaten sind, müssen sie tatsächlich füttern. So ziehen diese Wanderameisen als große plündernde Armeen herum. Sie gebärden sich als ebenso schreckliche wie erbarmungslose Räuber, die alles, was ihnen an Freßbarem in die Quere kommt, in Stücke zerlegen und verschlingen: Schaben, Spinnen, Skorpione und viele andere Kleintiere. Was Wunder also, wenn diese Kolonien – mit einiger Übertreibung allerdings – den furchtbaren Ruf »Terror des Dschungels« genießen? Der Oxforder Evolutionsbiologe Richard Dawkins beschreibt den Marsch einer solchen Kolonie in seiner bilderreichen Sprache folgendermaßen: »Die Ameisen flossen an mir vorbei wie ein knisternder Fluß, und ich kann Zeugnis ablegen für Sonderbarkeit und Wunder. Stunde um Stunde marschierten die Legionen vorbei, sie gingen ebensoviel über Körper ihrer Soldatenkollegen wie über den Boden, während ich auf die Königin wartete. Schließlich kam sie, und ihr Auftritt war furchterregend. Sie erschien als eine sich bewegende Welle rasender Arbeiterinnen, eine kochende peristaltische Kugel aus Ameisen mit miteinander verflochtenen Armen und Beinen. Ihren Körper zu sehen war unmöglich. Sie war irgendwo in der Mitte der brodelnden Kugel aus Arbeitern, während überall um sie herum massierte Truppen drohend nach außen blickten, mit aufgerissenem Kiefer, jeder einzelne Soldat bereit, für die Königin zu töten und bei ihrer Verteidigung zu sterben. Man verzeihe mir meinen unbezähmbaren Wunsch, sie zu sehen: Mit einem langen Stock durchstach ich den Ball von Arbeitern in einem vergeblichen Versuch, die Königin herauszuholen. In Sekundenschnelle gruben 20 Soldaten ihre mit kräftigen Muskeln

15

ausgestatteten Kiefer in meinen Stock, möglicherweise, um niemals wieder loszulassen, während Dutzende andere den Stock herauf- schwärmten, was mich dazu veranlaßte, schnellstens loszulassen.« Da sitzt man nun und fragt sich mit hochgezogenen Brauen zu Recht: Wie kann es so etwas geben? Wie kann sich Derartiges überhaupt entwickeln? Wie konnten eine solche Selbstlosigkeit, eine solche Opferbereitschaft, ein solcher Altruismus nur ihren Einzug in eine Welt halten, die doch offenbar vom »uregoistischen Prinzip« regiert wird – in eine Welt also, in der sich nur diejenigen durchsetzen sollten, die ebenso skrupellos wie egoistisch ihre ei- genen Interessen verfolgen? Zugegeben, es mag sich für eine solche Kolonie von Wanderameisen wirklich lohnen, daß sich ihre Individuen untereinander so prächtig verstehen, daß sie einander beistehen und helfen und auch sonst zu jedem Opfer bereit sind; schließlich macht sie das als Ganzes, eben als Kolonie, ja tüchtig und stark und kann ihnen somit im »Kampf ums Dasein«, im Wettbewerb mit anderen Kolonien, große Vorteile verschaffen. Sie sind eben, so könnte man meinen, verdammt clever, sie wissen vermutlich, daß man »einen Finger brechen kann, eine ganze Faust aber kaum«. Gut, das klingt zunächst einmal plausibel. Doch wie konnten sich die einzelnen egoistischen Individuen darauf eini- gen, zu einer »Faust« zu werden? Der Wettbewerb, die Konkur- renz, ja der »Kampf ums Dasein« tobt doch auch in ihren eigenen Reihen! Wie konnten sich die Individuen ihres Egoismus entle- digen und sich dazu bereiterklären, ihre eigenen Interessen ge- genüber dem »Wohle aller« zurückzustellen, wenn dies doch bei- spielsweise bedeutete, ein zu jeder Zeit zum Opfertod bereiter Soldat zu sein? Natürlich ist es ein Vorteil, Soldaten zu haben, aber nicht, Soldat zu sein. Warum sollten also die Ameisen – und Ameisen sind ja schließlich »auch nur Menschen« – einen Vertrag eingehen, der sie dazu verdammt, ihr Leben als Soldaten fristen zu müssen? Wird sich die egoistische Ameise, der man mit einem so dreisten Ansinnen kommt, nicht an den Kopf fassen und ausrufen: »He, seid ihr nicht gesund? Wer bin ich denn, daß ich mein kostbares Leben für euch lassen soll, ein Narr?« Und mehr noch: Die egoistische Ameise muß nicht nur ein »treu ergebener Roya- list« sein, die sich für ihre Königin in den Tod zu stürzen bereit ist, sondern sie muß ja eben auch noch auf eigene Nachkommen verzichten! Da haben wir es also wieder – unser »Darwinsches Paradoxon«, unser evolutionstheoretisches Rätsel und diesmal gar auf die Spitze getrieben. Warum verzichten Organismen auf ihre eigenen Überlebens- und Fortpflanzungschancen zugunsten anderer Organismen, wenn in der Evolution doch nur eines zählt – nämlich zu überleben und sich fortzupflanzen? »Survival of the fittest« hat Charles Darwin es genannt: Das Überleben des Tauglichsten. Nur der Tauglichste überlebt. Und die Tauglichkeit oder Fitneß eines Organismus wird an der Anzahl der selbst wieder zur Fortpflanzung fähigen Nachkommen eines Organismus gemessen. Die natürliche Selektion begünstigt nur, was zur Fitneß eines Organismus beiträgt, und sie merzt aus, was der Fitneß abträglich ist. Wie kann die natürliche Selektion also Organismen dulden, die – wie die Arbeiterinnen der Ameisen oder anderer sozialer Hautflügler – auf eigene Nachkommen verzichten und ihr Leben hinzugeben bereit sind, die also nach dem gestrengen Urteil der Selektion alles andere als »fit« sind, ja, die im höchsten Maße als »untauglich« zu bezeichnen sind?

Haldanes wissendes Lächeln

Die Antwort auf diese Frage fand der englische Evolutionsbiologe William D. Hamilton, der heute wie Richard Dawkins in Oxford lehrt. Diese Antwort, die er 1964 mit seinen beiden Aufsätzen »Die genetische Theorie des sozialen Verhaltens« gab, war dabei ebenso bestechend einfach wie folgenschwer. Der Grundgedanke läßt sich etwa so wiedergeben: Das Überleben des »Tauglichsten« vollzieht sich in den Nachkommen, die ein Individuum hinterläßt. An der Anzahl dieser Nachkommen läßt sich die »Tauglichkeit« des jeweiligen Individuums ermessen – als *individuelle Fitneß* oder auch »Darwin-Fitneß«. Die Nachkommen des Individuums tragen sein Erbgut, seine Gene, weiter. Von Generation zu Generation werden diese Gene in den Keimzellen weitergereicht. Diese lückenlose »Tradition« von Keimzellen, dieses Kontinuum, nannte August

17

Weismann *Keimbahn*. Keimzellen gehen immer nur aus Keimzellen hervor. Jede Keimzelle, die aus einer anderen hervorgeht, enthält das nämliche Erbgut, die gleichen Gene. Die Gene werden in der Regel getreulich kopiert. Sie werden in jeder Keimzelle verdoppelt und allen weiteren Keimzellen mitgegeben. Aus diesen Keimzellen gehen auch die Körperzellen hervor, die den gesamten Organismus aufbauen. Der Aufbau dieses Organismus mit seinen verschiedenen Organen geschieht streng nach den Anweisungen der mitgegebenen Gene. Die Gene enthalten sozusagen den Bauplan für den Aufbau des Organismus, und sie leiten diesen Organismus dazu an, für den Weiterbestand der Keimbahn zu sorgen. Der Organismus muß also das notwendige Baumaterial und die unerläßliche Energie für die Vervielfältigung der Gene beschaffen sowie neue Keimzellen zueinanderführen, damit die Gene in neuen Organismen weiterleben können. Mit anderen Worten: Der Organismus dient den Genen zu ihrer eigenen Vervielfältigung und zu ihrem Überleben in neuen Organismen. Die Gene halten den Organismus daher in seiner Funktionsweise, einschließlich seines Verhaltens, dazu an, daß er »ihrem Interesse« dient. Diejenigen Gene, die ihren Organismus dazu anleiten können, daß er in der geschicktesten Art und Weise Mittel und Wege zu ihrer Vervielfältigung findet, haben die größte Aussicht, in neuen Organismen fortleben zu können. Die Gene, die ihren Organismus beispielsweise dazu veranlassen, daß er sich um seine Nachkommen sorgt, daß er sie füttert, pflegt und bewahrt, haben gute Chancen, überleben zu können, denn sie werden in diesen Nachkommen weiterleben. Die »Brutpflege« nützt also in erster Linie dem Erhaltenbleiben des Erbguts, das in den Nachkommen fortlebt. Es kann für die Gene daher sogar von Vorteil sein, wenn sich ihr Organismus für seine Nachkommen aufopfert und sein Leben für sie läßt, schließlich bleiben die Gene in diesen geretteten Nachkommen erhalten. Würden sie ihren Organismus dagegen veranlassen, die Nachkommen zu opfern und lieber seine eigene Haut zu retten, dann bestünde die Gefahr, daß dieser Organismus eine Sackgasse für sie darstellt – sie würden mit ihm wahrscheinlich zugrunde gehen.

Worauf es also ankommt, ist die Vervielfältigung und das Überleben der Gene. Nun leben die gleichen Gene der Eltern ja nicht allein in den eigenen Nachkommen, sondern ebenso in deren Geschwistern. Jeder Organismus teilt sich seine Gene nicht nur mit seinen Eltern und seinen Kindern, sondern eben auch mit seinen Geschwistern. Der Vervielfältigung und dem Überleben der Gene wird es also auch dienen können, wenn sie ihren Organismus dazu veranlassen, daß er sich nicht nur um seine Kinder, sondern auch um seine Geschwister besorgt zeigt, daß er ihnen hilft und beisteht. Aufopferung, Hilfe und Zusammenarbeit der Organismen lohnt sich also, wenn diese Organismen Gene miteinander teilen, wenn sie miteinander »verwandt« sind. Der Verwandtschaftsgrad bezeichnet ja auch die Wahrscheinlichkeit, mit der zwei Individuen Gene gemeinsam haben. Je näher zwei Individuen miteinander verwandt sind, desto mehr macht es sich für ihre gemeinsamen Gene bezahlt, wenn sie einander unterstützen. Die Selbstlosigkeit, der Altruismus, zwischen miteinander verwandten Organismen ist demnach eine geschickte Taktik der Gene, um ihre eigene Vervielfältigung und ihr Überleben zu sichern. Daraus läßt sich die Voraussage ableiten, daß sich Uneigennützigkeit und Hilfsbereitschaft zwischen Tieren um so wahrscheinlicher beobachten und erwarten lassen, je enger sie miteinander verwandt sind – je größer also die Wahrscheinlichkeit ist, daß sie Gene miteinander teilen. Da nun alles, was zählt, das Gen-Überleben ist, wird sich ein Gen, das seinen Organismus dazu bewegt, sich verwandten Individuen gegenüber altruistisch zu verhalten, rascher ausbreiten als ein Gen, das seinem Organismus durchweg egoistisches Verhalten anempfiehlt. Denn dieses Gen unterstützt ja mit seinen Verwandten zugleich seine eigenen Kopien, die in diesen Verwandten leben.

Um es kurz zu machen. Der Kerngedanke von W. D. Hamiltons genetischer Theorie des sozialen Verhaltens ist der: Während der Evolutionserfolg eines Gens bislang allein an der Anzahl der direkten Erben dieses Gens gemessen wurde, verlangt Hamilton, daß zur Berechnung des Evolutionserfolgs eines Gens auch die indirekten Erben mitberücksichtigt werden. Der Evolutionserfolg eines Gens drückt sich danach nicht allein in dem Fortpflanzungserfolg aus, den es dem Träger dieses Gens direkt verleiht, sondern auch in dem Fortpflanzungserfolg derer, die es mit ihm teilen – also im indirekten

Fortpflanzungserfolg über genetisch verwandte Individuen. Denn ein Gen kann sich ja, selbst wenn es seinen Träger dazu veranlaßt, sich für seine Kinder, Geschwister oder Enkel aufzuopfern, immer noch über diese geretteten und genetisch verwandten Individuen enorm erfolgreich ausbreiten. Das Gen ginge also mit dem Opfertod des Trägers keineswegs zugrunde, sondern könnte sich über den Fortpflanzungserfolg der geretteten Verwandten, in denen es auch steckt, erfolgreich Bahn brechen. Nun darf man allerdings nicht alle Nachkommen dieser genetisch verwandten Individuen einfach zum direkten Fortpflanzungserfolg des Trägers hinzuzählen. Schließlich nimmt mit dem Verwandtschaftsgrad auch die Wahrscheinlichkeit ab, gemeinsame Gene zu besitzen. Während sich der Träger mit seinen Kindern und Geschwistern die Hälfte seiner Gene teilt, teilt er sich mit seinen Onkeln, Tanten, Neffen, Nichten, Großeltern und Enkeln nur noch ein Viertel seiner Gene; mit seinen Vettern und Basen hat der Träger gar nur noch ein Achtel seiner Gene gemeinsam usw. Bei Berechnung des Evolutionserfolgs eines Gens müssen wir also auch immer den Verwandtschaftsgrad berücksichtigen: Wir addieren zu dem direkten Fortpflanzungserfolg des Trägers daher die mit dem Verwandtschaftsgrad multiplizierte Nachkommenzahl der verwandten Individuen. Das, was wir auf diese Weise ermitteln, ist dann nicht mehr Darwins »individuelle Fitneß«, sondern die *inclusive fitness*, wie Hamilton es genannt hat, also die »Gesamtfitneß« eines Organismus!

Um Hamiltons Gedanken noch einmal zu verdeutlichen: Worauf es ankommt, ist das Überleben der Gene. Die Gene bewegen den Organismus dazu, sich so zu verhalten, daß er einen maximalen Ausbreitungserfolg seiner Gene erzielt. Ein solcher Ausbreitungserfolg muß nun nicht unbedingt über die direkte Nachkommenlinie dieses Organismus, also über seine eigenen Kinder, erfolgen, sondern kann auch indirekt über genetisch verwandte Individuen erzielt werden. Angenommen, ein Organismus verzichtete auf eigene Nachkommen und widmete sich statt dessen dem Wohlergehen seines Bruders, mit dem er die Hälfte seiner Gene teilt. Wenn sich nun durch diese Hilfe die Nachkommenzahl des Bruders wenigstens verdoppelte, profitierten auch die Gene unseres selbstlosen

Organismus davon. Es lohnte sich also für unseren besagten Organismus, seinem Bruder Hilfe angedeihen zu lassen, denn über seinen Bruder würden auch seine Gene in neuen Organismen fortleben können – eben in den direkten Nachkommen dieses Bruders. Wenn nun besagter Organismus nicht in seinen Bruder, sondern in seinen Neffen investierte, mit dem er nur ein Viertel seiner Gene teilt, dann müßte sich die direkte Nachkommenzahl dieses Neffen mindestens vervierfachen, damit sich auch ein Ausbreitungserfolg der Gene unseres Organismus ergeben könnte ... Und in diesem Zusammenhang verdient es auch die folgende kleine Anekdote, erzählt zu werden: Der große Biologe J. B. S. Haldane, sozusagen ein Wegbereiter von Hamilton, soll in einem Lokal einst gefragt worden sein, ob er wohl sein Leben für das seines Bruders hinzugeben bereit wäre. Haldane antwortete mit wissendem Lächeln prompt: »Nein, aber für drei Brüder würde ich mein Leben opfern oder, wenn das nicht geht, für neun Vettern!«

So gesehen, schaffen Individuen mit ihrer Fortpflanzung also keine Kopien von sich, sondern Kopien ihrer Gene. Ja, wenn man die Entwicklung über viele Generationen hinweg betrachtet, können wir die Individuen auch als zeitweilige Träger der Gene bezeichnen. Durch die sterblichen Individuen werden die potentiell unsterblichen Gene vermehrt und verbreitet. Dabei ist es den Genen sozusagen »gleichgültig«, ob sie in direkter oder in indirekter Nachkommenlinie ausgestreut werden. Man kann daher auch sagen, daß der »Kampf ums Dasein« eigentlich zwischen den miteinander konkurrierenden Genen stattfindet: Die Gene »kämpfen« um ihr Überleben – sie stehen mit anderen Genen im Wettstreit. Und in diesem Wettstreit schneiden nur jene Gene erfolgreich ab, die ihren zeitweiligen Träger die jeweils gewinnbringendste Fortpflanzungsstrategie verfolgen lassen. Die Selektion findet also strenggenommen nicht auf der Ebene der Individuen, sondern auf der Ebene des Gens statt – es handelt sich um *Gen-Selektion.* Und insofern sich ein Gen nicht nur in seinem zeitweiligen Träger, sondern auch in dessen Verwandten findet, über die es genausogut ausgestreut werden kann, bezeichnet man dieses genselektionistische Prinzip auch als *kin-selection* oder »Verwandtschaftsselektion«! Diesen Begriff »kin selection«, der sich auch mit *Sippen-Selektion* übersetzen läßt, prägte

1964 ein weiterer englischer Evolutionsbiologe – John Maynard Smith von der University of Sussex.

Diese Überlegungen bilden nun auch den Schlüssel zum Verständnis für unser evolutionstheoretisches Rätsel – für das »Darwinsche Paradoxon«. Jetzt können wir uns noch einmal der beispiellosen Selbstaufopferung und der so beeindruckenden Uneigennützigkeit der Arbeiterinnen bei den Ameisen, Bienen und Wespen zuwenden. Unsere Frage lautete: Wie kommt es, daß sich die Arbeiterinnen bei den sozialen Hautflüglern so selbstlos verhalten, daß sie auf eigenen Nachwuchs verzichten und ihr Leben für die Königin zu opfern bereit sind? Die Lösung des Rätsels liegt in den eigentümlichen Verwandtschaftsverhältnissen der Hautflügler. Herkömmlicherweise entstehen Organismen immer aus dem Verschmelzen zweier Keimzellen: Eine weibliche Eizelle verschmilzt mit einer männlichen Samenzelle. Jede dieser Keimzellen enthält immer nur den halben von den Eltern geerbten Gen-Bestand, jede Keimzelle enthält nur einen einfachen Chromosomensatz. Wir Menschen beispielsweise besitzen 46 Chromosomen. Die 46 Chromosomen bestehen aus 23 Paaren. Jede unserer Körperzellen ist im Besitz dieser 23 Chromosomenpaare, jede unserer Körperzellen besitzt einen doppelten Chromosomensatz. Und weil unsere Körperzellen einen doppelten Chromosomensatz enthalten, werden sie als *diploid* bezeichnet. Eine diploide Zelle ist also eine Zelle mit doppeltem Chromosomensatz. Eine Keimzelle hingegen besitzt nur einen einfachen Chromosomensatz von 23 Chromosomen. Keimzellen werden daher als *haploid* bezeichnet. Mit der Befruchtung einer haploiden Eizelle durch eine haploide Samenzelle entsteht eine diploide Zelle mit 23 Chromosomenpaaren. Das eine Chromosomenpaar hat diese Zelle von der Mutter erhalten, das andere vom Vater. Das Kind, das sich aus dieser befruchteten Eizelle nun entwickelt, hat damit also die eine Hälfte seines Gen-Bestandes von der Mutter, die andere von dem Vater geerbt. Das Kind ist mit beiden Elternteilen daher gleichermaßen verwandt, nämlich ½. Die durchschnittliche genetische Übereinstimmung zwischen verwandten Individuen wird im Verwandtschaftskoeffizienten r ausgedrückt. Statt zu sagen, ein Kind sei mit seinen Eltern ½ verwandt, können wir dies auch mit dem »r-Wert« ausdrücken: Der r-Wert für die Eltern-Kind-Kombination beträgt

0,5. Da Vollgeschwister die Kinder gleicher Eltern sind, beträgt die durchschnittliche genetische Übereinstimmung zwischen ihnen ebenfalls ½ oder r = 0,5. Für Halbgeschwister und Großeltern-Enkel-Kombinationen ist r = 0,25; zwischen Vettern und Basen ersten Grades beträgt r = 0,125 usw. Da eineiige Zwillinge aus ein und demselben befruchteten Ei hervorgegangen sind, beträgt der r-Wert hier 1, das heißt, sie sind genetisch identisch.

Bei den Hautflüglern liegen die Dinge nun aber ganz anders: Die Königin hat in ihrer Jugend einen Begattungsflug unternommen und dabei die Samenzellen ihres Gemahls für den Rest ihres Lebens gespeichert. Im Laufe der Jahre verteilt sie die Samenzellen auf ihre Eier und befruchtet sie auf diese Weise. Nun werden aber nicht alle von ihr produzierten Eier befruchtet. Aus diesen unbefruchteten Eiern gehen Männchen (oder Drohnen) hervor. Ein Männchen hat demzufolge keinen Vater. Es bekommt lediglich einen einfachen Chromosomensatz von seiner Mutter mitgegeben – ein Männchen ist also haploid. Aus den befruchteten Eiern aber entstehen die Weibchen oder Arbeiterinnen. Die Weibchen erhalten einen Chromosomensatz von der Königin und einen weiteren Chromosomensatz aus der Samenflüssigkeit, die die Königin während ihrer Flitterwochen gespeichert hat. Im Gegensatz zu den Männchen besitzen die Weibchen also einen Vater, wenn sie ihn auch nicht kennen. Die Weibchen sind demzufolge diploid.

Darwins »harte Nuß« läßt sich nun leicht knacken, wenn wir jeweils die Verwandtschaftsverhältnisse zwischen Königin, Arbeiterinnen und Drohnen errechnen. Der r-Wert zwischen Königin und den Arbeiterinnen beträgt stets 0,5, denn die Königin gibt den diploiden Arbeiterinnen immer den einfachen, in ihrem Ei enthaltenen Chromosomensatz ab; den anderen Chromosomensatz erhalten die Arbeiterinnen von ihrem Vater. Die Königin teilt sich demnach die Hälfte ihrer Gene mit ihren Töchtern, und umgekehrt haben die Töchter die Hälfte ihrer Gene mit der Königin gemeinsam. Der r-Wert beträgt daher sowohl aus der Sicht der Königin als auch aus der Sicht der Arbeiterinnen jeweils 0,5.

Anders verhält es sich mit der genetischen Übereinstimmung zwischen Königin und Drohnen: Zwar teilt sich die Königin mit ihren männlichen Nachkommen auch nur die Hälfte ihrer Gene, doch teilen sich hier die Drohnen alle (!) ihre Gene mit der Königin. Wir erinnern uns: Das Männchen hat keinen Vater, es ist haploid und entwickelt sich allein aus dem unbefruchteten Ei der Königin. Und in diesem unbefruchteten Ei der Königin lagen die Hälfte ihrer Gene. Die Königin wird in ihren Söhnen daher nur 50 Prozent ihrer Gene wiederfinden, aber die Söhne finden tatsächlich jedes Gen, das sie besitzen, zu 100 Prozent in der Königin wieder. Und so ergibt sich die eigentümliche Tatsache, daß die Söhne doppelt so eng mit ihrer Mutter verwandt sind wie die Mutter mit ihren Söhnen. Die Drohnen sind also mit der Königin genetisch identisch. Aus ihrer Sicht beträgt der r-Wert glatt 1. Aus der Sicht der Königin jedoch beträgt die genetische Übereinstimmung nur ½, das heißt: r = 0,5.

Doch der eigentliche Knüller kommt natürlich erst noch: Arbeiterinnen teilen sich nicht nur denselben Vater, sondern auch haargenau denselben Chromosomensatz aus der männlichen Samenzelle. Was das väterliche Erbe der Arbeiterinnen anbelangt, gleichen sie einander also wie ein Ei dem anderen – sie besitzen, wie eineiige Zwillinge, genau dieselben Gene. Die Wahrscheinlichkeit, daß eine Arbeiterin ein väterliches Gen in ihren Schwestern wiederfindet, beträgt daher 100 Prozent. Sie teilt sich mit ihren Schwestern also schon einmal mindestens die Hälfte ihrer Gene, nämlich die gesamte väterliche Hälfte. Nun kommt natürlich noch die geerbte mütterliche Hälfte hinzu. Die Wahrscheinlichkeit, daß sich die Schwestern ein Gen mütterlicherseits teilen, beträgt noch einmal 50 Prozent! Daher teilen sich die Schwestern alles in allem nicht nur die Hälfte ihrer Gene miteinander, sondern wirklich ¾. Der r-Wert für Arbeiterinnen bei den sozialen Hautflüglern beträgt in der Tat nicht weniger als 0,75!

Und was bedeutet das für die Überlebensaussichten und den Vermehrungserfolg der Gene? Es bedeutet, daß die Gene einer Arbeiterin wesentlich erfolgreicher ausgebreitet werden können, wenn die Arbeiterin – statt in eigene Kinder – in ihre Schwestern investiert! Aufgrund der eigentümlichen Verwandtschaftsverhältnisse sind die Arbeiterinnen mit ihren Schwestern tatsächlich näher verwandt als mit ihren eventuellen Kindern. In die Kinder könnten nur die Hälfte ihrer Gene eingehen, in ihre Schwestern jedoch gehen ¾ ihrer Gene ein. Die Arbeiterinnen sind wirklich mit niemandem – weder mit ihrer Mutter noch mit ihren möglichen Kindern, geschweige denn mit ihren Brüdern – so eng verwandt wie mit ihren Schwestern. Und daraus erklärt sich denn auch der Darwin noch so paradox erscheinende und bis zu Hamilton unerklärliche Sachverhalt, daß die Arbeiterinnen der Hautflügler auf eigene Kinder verzichten und statt dessen die Eier und Larven der Königin pflegen: Aus diesen Eiern schlüpfen Schwestern, die ganze 75 Prozent ihrer eigenen Gene enthalten! Eine Arbeiterin, die auf eigene Kinder statt auf Schwestern setzen würde, die sich also wie die Ameise in unserem Beispiel an den Kopf faßte und fragte: »Für wen haltet ihr mich denn?«, eine solche Ameise würde im Wettbewerb der Gen-Ausbreitung ihren Konkurrenten in jedem Falle unterlegen sein – sie würde genetisch »auf der Strecke bleiben«. Das Beste, was eine um ihren Gen-Ausbreitungserfolg »bekümmerte« Ameise, Biene oder Wespe tun kann, ist, keinen Gedanken an eigene Kinder zu verschwenden, sondern alles dranzusetzen, daß neue Schwestern das Licht der Welt erblicken! In seinem brillanten Buch »Das egoistische Gen« verwendet Richard Dawkins zur Beschreibung des Verhaltens der Arbeiterinnen daher auch treffend das Bild von »Farmern«: Die Arbeiterinnen betragen sich wie auf Gewinn und Erfolg bedachte Farmer, die ihre Königin wie eine »Zuchtstute«, wie eine »Schwester-Erzeugungsmaschine« betreiben – sie verwenden viel Mühe und beispiellosen Fleiß darauf, ihre Königin zu umsorgen, weil dieses »Geschäft« einen großartigen Profit abwirft.

Das Paradoxon, wie eine Selektion, die lediglich Nachkommen zählt, Selbstaufopferung und Unfruchtbarkeit hervorbringen kann, ist damit erstmals und in überzeugender Weise gelöst. Hamilton hat Darwins »harte Nuß« geknackt: Grenzenloser Altruismus und Sterilität können durch Verwandtschaftsselektion entstehen und – wie nun am Beispiel der evolutionsbiologisch problematischen Hautflügler bewiesen – die Gesamtfitneß eines Organismus erhöhen. »Inclusive fitness« und »kin-selection« bildeten den Schlüssel zum Verständnis – sie waren das Lösungswort des Rätsels. Die Auflösung dieses Darwinschen Paradoxons durch W. D. Hamilton gab so den Startschuß zu einer Verbindung von Populationsgenetik, Verhaltensforschung, Spieltheorie und Ökologie, sie wurde zur Geburtsstunde einer neuen Brückendisziplin – der *Soziobiologie*. Die Soziobiologie sucht eine Brücke zwischen den beiden Kulturen, zwischen der Naturwissenschaft und der Geisteswissenschaft, zu schlagen – sie hofft zur Überwindung der beunruhigenden Kluft beitragen zu können, die zwischen diesen beiden Kulturen liegt. Soziobiologie: Das ist die systematische Untersuchung der biologischen Grundlagen aller Formen des sozialen Verhaltens an lebenden Organismen einschließlich des Menschen. So die Definition, die Edward O. Wilson, Zoologe an der Harvard University und vielleicht prominentester Vertreter der Soziobiologie, in seinem dickleibigen Kompendium »Soziobiologie: Die neue Synthese« gibt. Durch dieses – zuweilen als »Koran der Soziobiologie« apostrophierte – Standardwerk erfuhr die neue, ebenso brisante wie faszinierende Brückendisziplin sozusagen ihre »Taufe«.

Die Überlebensmaschine Mensch

Gene, so sagten wir, konstruieren sich einen Organismus, der in seinem Aufbau, seiner Funktionsweise und seinem Verhalten dazu dient, den Weiterbestand der »Keimbahn« zu sichern. Gene betreiben den Organismus in dem einzigen Interesse, das sie »kennen« – sich zu vervielfältigen und auszubreiten. Gene benutzen ihren Organismus als Mittel zum Zweck, als *Überlebensmaschine*.

Vor vielleicht vier Milliarden Jahren traten diese Gene ihren bis heute andauernden Siegeszug an. Sie begannen als unauffällige und doch bemerkenswerte Moleküle mit der bis dahin außergewöhnlichen Eigenschaft, Kopien ihrer selbst herstellen zu können. Die »Ursuppe«, aus der sie hervorgegangen und in der sie aufgewachsen sind, ließ es ihnen an nichts fehlen – sie bot ihnen reichlich von jener Nahrung, derer es zur Vervielfältigung der Gene bedurfte. Die Ursuppe war ein richtiger Garten Eden für unsere gierigen Gene. Sie ließen es sich so gutgehen, wie es einem eben nur im Paradies möglich ist. In ihrem Wohlleben breiteten sie sich mehr und mehr aus. Die kostbare Nahrung, die sie zu ihrer weiteren Vervielfältigung und Ausbreitung benötigten, wurde – wie sollte es anders sein? – knapper und knapper. Ohne daß sie vom Baum der Erkenntnis gegessen hätten, schloß sich der Garten Eden hinter ihnen: Sie hatten sich mit ihrer Gier selbst aus dem Paradies vertrieben – die Ursuppe war ausgelöffelt.

Jenseits von Eden ließ es sich nun wesentlich unbequemer leben: Es war wirklich kein Schlaraffenland mehr, diese Umgebung, in der sie fortan ihr Dasein zu fristen hatten. Es war vielmehr eine Welt, die zur Konkurrenz, zum Wettbewerb um nur begrenzt verfügbare Nahrung zwang. Unsere aus dem Paradies vertriebenen Gene rivalisierten miteinander, sie wurden zu Feinden und traten in einen Kampf ein, der bis zum heutigen Tag anhält – in den erbittert geführten Kampf ums Dasein. Um sich in diesem Kampf zu behaupten und sich ihren Gegnern gegenüber zur Wehr setzen zu können, entwickelten einige von ihnen Schutzhüllen, zunächst einfache, dann – unter dem unablässigen Druck der Konkurrenz – immer aufwendigere. Diese Schutzhüllen benutzten sie als Vehikel für den Fortbestand ihrer Existenz – es waren die ersten »Überlebensmaschinen«. Die Gene haben ihre Überlebensmaschinen, je nach der Umgebung, in der sie sich zu behaupten hatten, mit allem möglichen Inventar ausgestattet; einige eher bescheiden, andere eher reich. Und so verschieden wie die Schlachtfelder waren, auf denen sich diese Überlebensmaschinen tapfer zu schlagen hatten, so verschieden waren die Anweisungen der Gene. Doch einen Befehl haben sie an alle Überlebensmaschinen erteilt, ob sie nun arm oder reich ausgestattet waren, ob sie nun in rauhen oder erträglicheren Zeiten zu kämpfen hatten. Und dieser Befehl lautete und lautet noch immer: »Seht zu, daß ich in euren Nachkommen fortleben kann! Wendet alle lohnenden Mittel, alle erfolgreichen Strategien, allen Scharfsinn und allen euch mitgegebenen Witz an, damit ich dieses – euch als heilig zu geltende – Ziel erreiche! Seid also fruchtbar und mehret euch, auf daß ich ewig lebe!«

Gene sind echte Überlebenskünstler. Ein ganz besonderer Kunstgriff der Gene ist eine Überlebensmaschine, die sie dazu befähigen, über ihre eigene Existenz, über ihren Sinn im Universum, über ihren Tod, über einen möglichen Schöpfer, über ihre Freiheit und derlei erhabene Dinge nachzudenken. Vermutlich haben die Gene diese

Überlebensmaschine nicht allein deshalb mit einem »Geist« geseg-net, daß sie noch geschickter und noch eifriger ihre Befehle aus-führen kann, sondern wohl auch, um sich an ihr zu ergötzen. Doch wie dem auch sei, diese Überlebensmaschinen, ob sie nun zum Amüsement der Gene beitragen oder nicht, haben es in vielerlei Dingen weit gebracht. Einige von ihnen mögen noch die Befehls-gewalt ihrer Gene verleugnen und sich als Meilensteine auf dem Weg zum Allmächtigen empfinden, andere wissen indessen schon, daß sich ein »gutes Leben«, ein wirklich gutes Auskommen der Überlebensmaschinen miteinander, um so eher und wahrscheinli-cher herbeiführen läßt, wenn man die Befehlsgewalt der Gene anerkennt und versucht, Einblicke in ihre Pläne zu erlangen – nicht aus purer Neugierde, sondern um diese Pläne gegebenenfalls zu durchkreuzen. Denn viele der Strategien, die die Gene entworfen haben, um sie ihren Überlebensmaschinen als Weisungen mit auf den beschwerlichen Weg zu geben, haben mittlerweile ihre Nütz-lichkeit eingebüßt. Man kann sich das so vorstellen: Die Gene unserer bald als »Homo sapiens«, bald als »Homo demens« be-zeichneten Überlebensmaschinen haben schon einen recht lan-gen, zumeist sehr dornenreichen Weg zurückgelegt. »Wie er-folgreiche Chicago-Gangster haben unsere Gene in einer Welt intensiven Existenzkampfes überlebt – in einigen Fällen mehr als Jahrmillionen lang. Dies berechtigt uns zu der Erwartung, daß unsere Gene bestimmte Eigenschaften besitzen. Ich würde argu-mentieren, daß eine vorherrschende Eigenschaft, die wir bei einem erfolgreichen Gen erwarten müssen, ein skrupelloser Egoismus ist.« Nun ist – um bei Dawkins' Bild zu bleiben – »Chicago« sicher immer noch Chicago. Ich will daher nicht behaupten, daß es sich heute wesentlich angenehmer in Chicago lebt – Chicago hat nach wie vor eine Unterwelt. Auch will ich nicht behaupten, daß man in Chicago heute rosigen Zeiten entgegensieht – die Zukunftsaus-sichten sind nach wie vor verdammt mies. Großartige Zukunfts-pläne zu schmieden ist immer noch mehr als leichtsinnig und trägt einem auch weiterhin den recht gefährlichen Ruf ein, ein hoff-nungsloser Optimist zu sein. Was ich dagegen sagen will, ist schlicht und einfach, daß man in Chicago mittlerweile mit anderen Waffen kämpft, daß Chicago den Genen heute andere Strategien abverlangt. Genauer müßte ich eigentlich sagen, daß Chicago nun den in ihr lebenden Überlebensmaschinen Eigenschaften abverlangt, die ihnen die Gene nicht mit in die Wiege legten. Denn die Überlebensmaschinen führten sich kraft jener Freiheit, die ihnen ihre keineswegs durchweg diktatorischen Gene ließen, wie der berühmte Zauberlehrling auf – sie riefen Dinge ins Leben, denen sie selbst nicht gewachsen waren, Dinge, derer sie nicht mehr Herr werden konnten. So gestalteten sie ihr gefährliches, doch vertrautes Chicago so komplex, daß sie es nicht mehr zu überschauen vermögen. Was ihnen einst so vertraut war, erscheint ihnen heute fremd. Doch das wäre vielleicht alles gar nicht so schlimm, wenn sie auf dieses Neu-Chicago nicht mit ihren alten Chicagoer Eigenschaften und Gewohnheiten reagieren würden. Was die Sache für unsere guten Überlebensmaschinen so verdammt schwierig macht, ist also, daß sie sich neue Probleme geschaffen haben, die sie mit ihren altbewährten Mitteln nicht mehr zu lösen vermögen. So sind sie beispielsweise zu zahlreich geworden, haben Verteilungs- und Nachschubprobleme mit ihren Lebensmitteln, haben eine Rüstungsspirale in Gang gesetzt, die sie selbst zu vernichten droht, und eine Reihe von anderen Problemen, die uns später noch näher interessieren sollen. Auf jeden Fall sägen sie seit geraumer Zeit an dem Ast, auf dem sie sitzen. Sie fragen, wie das kommt, daß unsere Überlebensmaschinen so frohen Mutes und voller Zuversicht an dem Ast sägen konnten? Nun, sie führten eben immer treu und brav aus, was ihnen ihre Gene so einflüsterten. Doch, wie gesagt, immer mehr dieser Überlebensmaschinen bemerken jetzt, daß sie nicht länger die Sklaven ihrer Gene bleiben dürfen und fortan einen besseren Gebrauch von der ihnen verliehenen Freiheit machen müssen. So haben sie sich denn vernünftigerweise dazu entschlossen, die alten und verstaubten Pläne der Gene aufzudecken, um sie, wann immer es für ihre Zukunft notwendig ist, durchkreuzen zu können. Vermutlich ist dies ein schwieriges, vielleicht sogar ein hoffnungsloses Unterfangen – doch sie haben wohl keine andere Wahl mehr. Und darum wollen wir uns auch noch ein wenig mit jenen Funden beschäftigen, die einige der Überlebensmaschinen bei ihren Grabungen ans Licht förderten – wir wollen dem »Flüstern in uns« lauschen!

Der vielleicht wichtigste Fund ist uns bereits bekannt: »Wir sind Überlebensmaschinen – Roboter, blind programmiert zur Erhaltung der selbstsüchtigen Moleküle, die Gene genannt werden«, wie Dawkins es ausdrückt. Um nun noch Näheres in Erfahrung bringen zu können, müssen wir uns zunächst einmal etwas konkreter mit der Theorie der natürlichen Selektion befassen.

Wir sagten, alle Organismen besitzen Gene, von denen sie gesteuert werden. Dabei handelt es sich allerdings eher um eine »Fernsteuerung«. Denn Gene kodieren eigentlich nur Proteine. Die Proteine sind es dann, die die Entwicklung des Körpers, seiner Muskeln und seines Nervensystems steuern. Die Gene lenken das Verhalten eines Organismus also nur indirekt – nur über die Proteine und das in seiner Entwicklung von den Proteinen gesteuerte Nervensystem.

Gene treten innerhalb einer Population in verschiedenen Varianten oder Zustandsformen auf. Diese Varianten sind als *Mutationen*, als zufällige Erbänderungen oder »Abschreibfehler« beim Kopieren eines Gens, auseinander hervorgegangen und werden *Allele* genannt. Allele liegen an ein und demselben »Gen-Ort« oder *Locus* eines bestimmten Chromosoms und kodieren geringfügig voneinander abweichende Formen desselben Proteins. Diese verschiedenen Varianten bewirken Unterschiede in der Individualentwicklung eines Organismus und führen dazu, daß sich Individuen einer Population hinsichtlich ihrer Morphologie, ihrer Physiologie und ihres Verhaltens voneinander unterscheiden – sie bewirken also, daß Variationen innerhalb einer Population entstehen. Die Konkurrenz spielt sich damit eigentlich zwischen den Allelen an einem bestimmten Gen-Ort der jeweiligen Chromosomen ab! »Jedes Allel«, so schreiben die amerikanischen Verhaltensökologen J. R. Krebs und N. B. Davies, »das mehr lebensfähige Kopien seiner selbst herstellen kann als das alternative Allel, wird sich schließlich durchsetzen und die andere Allelform aus der Population verdrängen. Bei dieser Betrachtungsweise stellt sich die natürliche Selektion als unterschiedliche Überlebensfähigkeit von alternativen Allelen dar.« Obwohl die natürliche Selektion am *Phänotyp* angreift – also an der »Erscheinungsform« oder den individuellen Unterschieden, die zwischen Organismen bezüglich ihrer Lebensfähigkeit und ihres Fortpflanzungserfolges bestehen –, ist die eigentliche *Einheit der Selektion* doch das Gen bzw. Allel. Denn was sich im Zuge der Evolution tatsächlich verändert, das sind eben die relativen Häufigkeiten von Genen.

Um eventuellen Mißverständnissen vorzubeugen, ist es wichtig, daß wir noch einmal unterstreichen: So wie die Gene das Verhalten eines Individuums nur indirekt über chemische Substanzen und das von diesen Substanzen beeinflußte Nervensystem lenken, so erfolgt auch die Gen-Selektion nur indirekt, nur über den Phänotyp der Individuen. Und wenn wir im weiteren von diesen oder jenen »Genen für« ein bestimmtes Verhalten sprechen, dann unterstellen wir keineswegs, daß ein einzelnes Gen die Ausprägung eines komplexen Verhaltensmusters verursacht. Der Ausdruck »Gene für« ein bestimmtes Merkmal ist als eine Kurzform für Unterschiede zwischen Genen zu verstehen, die die Ausprägung von Strukturen oder Verhaltensmerkmalen beeinflussen und die ihre Wirkung immer vor dem Hintergrund von anderen Genen entfalten. Dies werden wir also im Hinterkopf haben müssen, wenn beispielsweise von »Genen für Altruismus« die Rede ist. Ein Individuum, das Träger eines solchen Gens für Altruismus ist, wird sich eher altruistisch verhalten als ein Individuum, das nicht Träger dieses Gens ist. Dabei ist ein »altruistisches Gen« oder ein »Gen für Altruismus« lediglich ein Gen, das *von seiner Wirkung her* als »altruistisch« beschrieben werden kann: Ein »altruistisches Gen« bewirkt in seiner Überlebensmaschine, daß sie sich altruistisch gebärdet. Und das »altruistische Gen« bewerkstelligt dies auf jene beschriebene indirekte Weise, ohne daß es deshalb selbst als »altruistisch« zu bezeichnen wäre. Denn ein Gen oder ein Allel kann selbstverständlich nicht »egoistisch« oder »altruistisch« im moralischen Sinne sein. Im moralischen Sinne können nur Personen, nur »sittlich autonome Subjekte«, egoistisch oder altruistisch handeln. So bestehen denn auch Genen gegenüber keinerlei moralische Verpflichtungen oder Verantwortlichkeiten. Man mag es immerhin bedauern – oder sich gar wie der kalifornische Molekularbiologe Gunther S. Stent dagegen auflehnen –, daß hier moralisch relevante Begriffe zweckentfremdet benutzt werden, doch fürchte ich, daß man nun kaum noch etwas dagegen unternehmen können wird. Dafür kann man aber die Begriffe »altruistisch« und »egoistisch«, je nachdem, ob man sie nun in der *beschreibenden* Soziobiologie oder der *vorschreibenden* Ethik gebraucht, durch entsprechende Definitionen klar voneinander abgrenzen. Denn in der Soziobiologie beziehen sich die Begriffe »egoistisch« und »altruistisch« auf die *Konsequenzen* eines Verhaltens, in der Ethik hingegen auf die *Absichten* eines Individuums! Soziobiologen definieren ein Verhalten daher als »altruistisch«, wenn es den Interessen eines anderen dient und dabei auf eigene Kosten geht. (Insofern die Soziobiologie keine »Psychologe der Motive« betreibt, interessiert sie sich also auch gar nicht dafür, ob dabei auch »wirklich« uneigennützige Motive im Spiel waren!) Die beim Altruisten anfallenden Kosten und der dem Adressaten zugute kommende Nutzen werden dabei jeweils in der Währung der direkten (!) Nachkommenzahl und der Überlebenschancen abgerechnet. Kosten und Nutzen in dieser Währung zu messen ist deshalb sinnvoll, weil es eben eine der überraschenden Konsequenzen der modernen Version der Darwinschen Theorie ist, daß offensichtlich triviale, winzige Einwirkungen auf die Überlebenswahrscheinlichkeit einen großen Einfluß auf die Evolution haben können. Der Grund dafür ist die ungeheure Zeit, in der diese Einflüsse wirken können, bis sie erkennbar werden.

Wenn die natürliche Selektion nun aber Verhaltensweisen nach Maßgabe ihres Beitrags zur Erhöhung der Gesamtfitneß bewertet, dann läßt sich denken, daß die natürliche Selektion dabei auch nach ökonomischen Gesichtspunkten verfährt. Die natürliche Selektion wird daher vornehmlich jene Verhaltensstrategien belohnen, die bei geringstem Kostenaufwand einen möglichst großen Nutzen einbringen. Oder anders formuliert: Begünstigt werden von der natürlichen Selektion die Verhaltensweisen mit der jeweils optimalsten Kosten/Nutzen-Bilanz. Und so sehen wir denn auch, daß im Evolutionsprozeß in erster Linie solche Gene überleben, die ihre jeweilige Überlebensmaschine zu einem möglichst guten Kosten/Nutzen-Verhältnis bewegen. Wenn sich Organismen daher so verhalten, *als ob* sie Kosten und Nutzen ihrer Verhaltensweisen jeweils genau errechnet hätten, dann ist dies eben nur eine Folge des vor allen auch nach ökonomischen Aspekten selektierenden

Evolutionsprozesses – und nicht etwa auf ihr hervorragendes Talent zum Kopfrechnen zurückzuführen. Ein Hase, der sich in seiner Eigenschaft als Überlebensmaschine stets berechnend und immer zum Wohle seiner Erbanlagen verhält, muß also keineswegs auch »ein alter Hase« in Sachen Einmaleins sein. Das offenbar »Berechnende« eines Tieres ist also genau wie dessen eventueller »Altruismus« lediglich eine Konsequenz seines Verhaltens und hat nichts mit irgendwelchen vermeintlichen Absichten zu tun.

Gott, Freud und dem Teufel zum Trotz

In der Biologie gibt es offenbar verschiedene Möglichkeiten, die Frage »Warum?« zu beantworten. Wenn Sie beispielsweise gefragt werden: »Warum haben Menschen Kinder?«, dann können Sie eine Reihe verschiedener richtiger Antworten geben. So können Sie etwa sagen: »Weil Menschen Kinder lieben.« Oder: »Weil Menschen miteinander schlafen.« Oder auch: »Weil eine männliche Samenzelle eine weibliche Eizelle befruchtet.« Alle drei Antworten sind natürlich richtig. Doch worauf beziehen Sie sich bei Ihren Antworten? Auf die eher unmittelbaren Ursachen. Ihre verschiedenen Erklärungen betreffen jeweils die sogenannten *proximaten Ursachen!* Auf die Frage: »Warum haben Menschen Kinder?«, ist aber auch eine andere Antwort denkbar. So kann man beispielsweise sagen: »Weil der menschliche Organismus genetisch darauf programmiert ist, seine Erbanlagen zu vermehren – und Kinder sind grundsätzlich der einzige Weg, auf dem sich dieses Ziel erreichen läßt.« Oder etwas umständlicher ließe sich auch sagen: »Wir sind alle Kinder unserer Eltern, wie überhaupt alle Menschen vor uns Nachkommen irgendwelcher Eltern waren, die sich jeweils fortpflanzten. Niemand war je das Kind von jemandem, der sich nicht fortpflanzte. Folglich wurde jede genetische Tendenz zur Fortpflanzung stark selektiert.« Diese beiden Antworten beziehen sich offenbar auf etwas anderes: Nicht auf die unmittelbaren oder proximaten Ursachen, sondern auf die weniger unmittelbaren *ultimaten* Ursachen. Während die ersten drei Antworten die unmittelbaren Verursachungsbedingungen, die »Wirkursachen«, betreffen, beziehen sich die letzten beiden Antworten auf die »Zweckursache«. Wenn wir nach der Ursache eines Verhaltens fragen, sind also immer zweierlei Antworten möglich: Man kann etwa mit dem Verweis auf die sensorischen, neuralen, motorischen und endokrinen Mechanismen die proximaten Verhaltensursachen aufklären, die dann auf das verhaltensphysiologische Zustandekommen eines bestimmten Verhaltens Antwort geben; und man kann mit dem Hinweis auf die biologische Funktion, auf den Zweck und den Anpassungswert eines Verhaltens auch die ultimaten Ursachen eines Verhaltens klären. Im ersten Falle erklären wir das *Wie*, im zweiten Falle das *Wozu*. Die proximale Analyse beschäftigt sich mit den unmittelbaren Faktoren, die in einem Individuum wirken, um ein bestimmtes Verhalten hervorzubringen. Die evolutionäre Analyse hingegen untersucht die adaptive Bedeutung des Verhaltens. Sie fragt: Warum treten die unmittelbaren Mechanismen überhaupt auf?

Wenn wir jetzt zum Beispiel die Frage stellen: »Warum verhält sich der Mensch sexuell?«, dann wird auch noch etwas anderes deutlich. So wie sich hinsichtlich bestimmter Verhaltensweisen jeweils objektiv proximate Ursachen von ultimaten unterscheiden lassen, so lassen sich nämlich auch subjektiv »proximate Ziele« von objektiv »ultimaten Zwecken« unterscheiden. Auf die Frage: »Warum verhalten sich Menschen sexuell?«, könnten wir im proximaten Sinne antworten: »Na, weil Sex den Menschen Spaß macht.« Oder: »Weil der Mensch einen Geschlechtstrieb besitzt.« Oder wir könnten uns auf eine Abhandlung über den Einfluß der Sexualhormone einlassen. Im ultimaten Sinne könnten wir dagegen antworten, daß der subtilere Sinn der Sexualität darin besteht, in der Nachkommenschaft eine genetische Vielfalt zu schaffen. Wiederum sind alle Antworten durchaus korrekt, und wiederum haben wir in den ersten drei Antworten das unmittelbare Zustandekommen eines Verhaltens, in der letzten hingegen den evolutionsbiologischen Sinn geklärt. Von Menschen wird nun subjektiv die sexuelle Befriedigung als proximates Ziel empfunden, während sie objektiv »nur« einen ultimaten Zweck erfüllen: Indem sie sich subjektiv Lust verschaffen, sorgen sie objektiv doch zugleich auch für die genetische Vielfalt der eventuellen Nachkommenschaft. Daß Menschen das proximate Ziel besitzen, sich sexuelle Befriedigung zu verschaffen, ist also biologisch sinnvoll, da es die Erfüllung des ultimaten Zwecks gewährleistet. So gesehen, erscheint das sexuelle Vergnügen als eine Sofortbelohnung für den zugleich erfüllten biologischen Zweck. Wir Menschen können uns dessen natürlich auch voll und ganz bewußt sein, daß wir mit unserem proximaten Ziel einen ultimaten Zweck erfüllen. Ich kann meiner Frau beispielsweise zärtlich ins Ohr flüstern: »Komm, Schätzchen, laß uns unsere Gene rekombinieren!« – ich bin mir allerdings nicht sicher, ob sie dies sonderlich verführerisch fände. Doch wie dem auch sei, es änderte sich jedenfalls nichts. Tatsache ist, daß wir den ultimaten Zweck gewöhnlich nicht um seiner selbst willen, sondern um unserer Bedürfnisse und Begierden willen erfüllen. Die Natur gängelt uns hier geschickt über Lustmechanismen: Begierde, Verlangen, Vergnügen und Befriedigung sind Geschenke, mit denen die Natur aufwartet, um uns noch »sklavischer« ihren Interessen dienstbar zu machen. Doch der Mensch wäre nicht der Mensch, wenn er nicht auch hier sogleich wieder versuchen würde, sich die Natur »untertan« zu machen: Mit großer Sorgfalt haben wir die proximaten Ziele von den ultimaten Zwecken abgekoppelt und genießen nun »unsere Freuden« ohne reproduktive Folgen.

Da sich die Soziobiologie weniger mit den proximaten Faktoren als vielmehr mit den ultimaten Faktoren beschäftigt, war sie auch in der Lage, erstmals eine allgemeingültige *Theorie der Interessen* zu entwerfen. Diese ist deshalb wichtig, weil moralische und rechtliche Fragen stets durch Interessenkonflikte zwischen Einzelpersonen und zwischen Gruppen entstehen. Diese Theorie der Interessen verdanken wir in erster Linie dem amerikanischen Soziologen Richard D. Alexander von der University of Michigan. Er betrachtet eine Theorie der Interessen als eine Theorie des Lebensablaufes. Die Frage, die es dabei zu klären gilt, lautet: Welchen Sinn hat dieses Leben, und wie werden die darin angelegten Ziele erreicht? Es geht dabei also nicht um das proximate Ziel, das Individuen jeweils verfolgen können, sondern um den ultimaten Zweck, den Individuen mit ihrem Lebensablauf erfüllen. Wenn Individuen, wie wir ausführten, genetisch darauf programmiert sind, für den Vermehrungserfolg ihrer

Erbanlagen zu sorgen, dann muß sich dies selbstverständlich auch in ihren Lebensabläufen niederschlagen; denn die natürliche Selektion wird den Lebensablauf eines Individuums sozusagen immer danach »beurteilen«, wie sehr er diesem »biologischen Imperativ« Rechnung getragen hat. Entsprechend schreibt Richard D. Alexander: »... die Lebensabläufe haben sich durch natürliche Selektion derart herausgebildet, daß sie die größte Wahrscheinlichkeit für die Erhaltung der Erbmasse des Individuums bieten. Diese Wahrscheinlichkeit wiederum wird durch erfolgreiche Fortpflanzung, das heißt durch Zeugung von Nachkommen und Sorge für Nachkommenschaft und Angehörige, am größten.« Aus diesem – unter dem Druck der natürlichen Selektion herausgebildeten – Lebensablauf läßt sich nun nach Alexander verallgemeinernd herleiten, daß menschliche Interessen *fortpflanzungsbezogen* sind. Das heißt, der Lebensablauf aller Organismen (einschließlich der des Menschen) kann in *somatische* und *reproduktive Bemühungen* unterteilt werden. Den somatischen Bemühungen entspricht dabei unsere Sorge um unser »leibliches Wohl« im weitesten Sinne, angefangen vom Aufbau des Körpers über die Ansammlung von »Lebensmitteln« bis hin zur reproduktiven Verwendung dieses Körpers. Den reproduktiven Bemühungen entsprechen unsere Sorge um einen Fortpflanzungspartner, unsere elterlichen Bemühungen um unsere Kinder und unsere verwandtschaftlichen Bemühungen um unsere indirekten Nachkommen, also um unsere gesamte Verwandtschaft, um Geschwister, Enkelkinder, Neffen und Nichten, Cousins und Cousinen ... All diese Bemühungen nehmen sich uns gegenüber wieder eher in einem ultimaten Sinne aus: Alles, was wir im proximaten Sinne anstreben, kommt letztlich diesen somatischen und reproduktiven Bemühungen zugute, ohne daß wir diese Bemühungen dabei bewußt verfolgen müßten. Es ist also nicht so, daß wir uns stündlich dazu ermahnen müßten, unseren fortpflanzungsbezogenen Interessen zu dienen, oder daß uns jeden Morgen nun der Gedanke aus dem Bett springen ließe: »Mein Gott, du mußt endlich was für den Vermehrungserfolg deiner Gene tun!« Es ist einfach so, daß sich unsere jeweiligen proximaten Ziele aus unseren ultimaten, fortpflanzungsbezogenen Interessen ableiten lassen. Man kann sich das auch etwa so vorstellen: Um unsere reproduktiven Interessen durchzusetzen, müssen wir uns ernähren, müssen wir uns verlieben, müssen Kinder in die Welt setzen und ihnen unsere Sorge und Pflege angedeihen lassen; wir brauchen also einen Ehepartner, ein Heim, eine Arbeit, Geld, Wohlstand und soziale Sicherheit, kurz, wir brauchen alles, was dazu beiträgt, uns und unseren Kindern Geborgenheit zu geben. Daß die Gedanken an Ehepartner, an Heim, Arbeit, Wohlstand und so weiter heute nicht mehr untrennbar mit dem Gedanken an Kinder verbunden sein müssen, ist eben die Folge unserer bemerkenswerten Fähigkeit, proximate Ziele von ultimaten Zwecken abzukoppeln. Wie im Falle der Sexualität können wir uns heute dem Traum vom »Traumpartner«, vom »Traumschloß« und vom »Traumberuf« hingeben, ohne auch nur im geringsten an eigene Kinder zu denken. Wenn wir uns Schlösser bauten, einen riesigen Berg Geld anhäuften oder von einer steilen Karriere träumten und bei alledem jeden Gedanken an eigene Nachkommen strikt ablehnten, könnten wir uns sogar selbstzufrieden auf die Schulter klopfen und meinen, wir hätten das »große Los« gezogen – in den Augen der Evolution aber wären wir dann hoffnungslose Versager, richtige »Nieten«. Würden wir unsere im Wettkampf um relativen Fortpflanzungserfolg erworbenen Fähigkeiten dazu ausnutzen, dem Ideal der Kinderlosigkeit in grenzenloser Ergebenheit zu huldigen, so würden wir damit unser eigenes Grab schaufeln – Nieten werden im Lotteriespiel der Evolution verworfen! Doch mit einem einzigen Blick auf unser Bevölkerungswachstum können wir uns davon überzeugen, nach wie vor recht eifrig unseren fortpflanzungsbezogenen Interessen dienstbar zu sein; ja, ein solcher Blick lehrt geradezu, daß uns die Munterkeit, mit der sich die Menschheit fortpflanzt, seit geraumer Zeit in erhebliche Schwierigkeiten gebracht hat.

Um nun ungehindert die Konsequenzen aus dieser Alexanderschen Theorie der Interessen ziehen zu können, sollten wir das Gesagte noch einmal ganz kurz zusammenfassen: Alle Organismen sind Überlebensmaschinen ihrer »egoistischen Gene«. Sie alle dienen ihren nur auf Vermehrung und Ausbreitung bedachten Erbanlagen. Organismen folgen somit einem *biogenetischen Imperativ zur Fitneß-Maximierung,* einem in ihren Genen programmierten Befehl zur Fortpflanzung. Da die Evolution alle Organismen auf eine maximale Gesamtfitneß hin selektiert, kann der Ausbreitungserfolg der Gene auch über verwandte Individuen erfolgen. Die Selektion von Verhaltensweisen, die dieser Gen-Ausbreitung über Verwandte dienen, wird als Sippen-Selektion bezeichnet. Organismen, die Verwandten helfen, helfen somit sich selbst – ihr auf Verwandte beschränkter »Altruismus« ist eine Konsequenz des Gen-Egoismus. Von diesem Gen-Egoismus sind auch die Lebensabläufe der Organismen gezeichnet. Die Interessen, die Organismen in ihrem Lebensablauf verfolgen, kann man daher als fortpflanzungsbezogen beschreiben. Daraus leiten sich für jedes Individuum somatische und reproduktive Bemühungen ab. Sie betreffen das eigene Wohlergehen des Individuums und die Sorge um direkte und indirekte Nachkommen.

Diese Theorie der Interessen ist ein wichtiger Fund der Soziobiologie, da sie es erstmals ermöglicht, die für Ethik, Recht und Politik so bedeutsamen Interessenkonflikte genauer zu verstehen. Zwar wußte man schon immer, daß die Menschen einander zu übervorteilen suchen, daß sie mit aller erdenklichen Sorgfalt ihre eigenen Interessen durchzusetzen trachten, sprich, daß sie egoistisch sind – doch gab es bislang keine konsensfähige Theorie, die jenen Egoismus und jene Interessen genauer hätte beschreiben können. Die soziobiologische Theorie klärt also erstmals das *Wesen der Interessen*. Und mehr noch: Sie klärt auch erstmals die *Herkunft der Interessenkonflikte*. Denn aus den »Hinweisen auf das Wesen der Interessen ergibt sich«, so Richard Alexander, »daß Interessenkonflikte *aus der genetischen Verschiedenartigkeit der Individuen* entstehen. Diese Hypothese wird durch die Tatsache gestützt, daß sich bei nichtmenschlichen Klonen und bei anderen Fällen langanhaltender genetischer Konstanz keine Konflikte zeigten. Auch das Abnehmen altruistischer Verhaltensweisen, das weltweit mit größerer Entfernung des Verwandtschaftsgrades zwischen den Mitgliedern menschlicher Gemeinschaften einhergeht, spricht dafür. Zudem liefert dies eine Erklärung der menschlichen Individualität und berührt wesentliche Fragen der menschlichen Existenz, die Wallace mit den Worten von der Unmöglichkeit kennzeichnet, ›trotz all der Bemühungen Gottes, Freuds und des Teufels, einen anderen Menschen gänzlich zu verstehen‹ … Schließlich erklärt diese Hypothese auch die einzigartige Zusammenarbeit nicht verwandter Paare, die sich zu lebenslanger

Monogamie verpflichten, oder die Zusammenarbeit von genetisch verschiedenen ›Arbeitern‹ in den Kolonien der gesellig lebenden Wespen, Bienen, Ameisen und Termiten. In beiden Fällen haben genetisch verschiedene Individuen gemeinsame Interessen, weil sie sich durch dieselben Individuen fortpflanzen: die gemeinsamen Nachkommen des monogam lebenden Paares und die von der gleichen Mutter abstammenden Geschwister der ›Arbeiter‹.«

Interessenkonflikte erklären sich also aus der genetischen Verschiedenartigkeit der Individuen, die, dem biogenetischen Imperativ zur Fitneß-Maximierung folgend, ihre je eigenen Erbanlagen in der Population auszubreiten suchen. Es ist der Gen-Egoismus, der die Individuen in Konflikt miteinander geraten läßt. Um das Wesen der Interessenkonflikte im Auge zu behalten, wird man den von Individuen in ihrem Sozialverhalten gezeigten Egoismus somit nicht einfach als Folge einer nicht näher ergründbaren Selbstbezogenheit beschreiben, sondern als einen Ausfluß dieses Gen-Egoismus. Und ebenso läßt sich nun auch der Altruismus, wie ihn alle Organismen mit ihren reproduktiven Bemühungen zeigen, gen-egoistisch erklären. Wie R. D. Alexander in seinem bewunderungswürdigen Buch »Die Biologie der Moral« schreibt, ist es ein phänotypischer Altruismus, der sich als genotypisch egoistisch erweist.

Der wahre Egoist kooperiert

JEDER MENSCH HAT AUCH SEINE
MORALISCHE BACKSIDE, DIE ER
NICHT OHNE NOT ZEIGT, UND DIE
ER SO LANGE ALS MÖGLICH MIT
DEN HOSEN DES GUTEN AN-
STANDES ZUDECKT.

G. CH. LICHTENBERG

Blut ist dicker als Wasser

Unsere soziobiologischen Überlegungen zu menschlichen Interessen werfen nun auch ein ganz neues Licht auf zwei weltweit
verbreitete Erscheinungen – nämlich auf den *Nepotismus* und die
Diskriminierung, das heißt auf die Bevorzugung von Verwandten
und Ablehnung von Fremden. Gerade der Mensch ist ein Muster-
beispiel für diese universalen Phänomene. »Es gibt ja viele Menschen«, wie auch der Göttinger Philosoph Günther Patzig
schreibt, »die für ihre Kinder alles, für ihre Verwandten vieles, für
andere Menschen aber gar nichts zu tun bereit sind.« Unsere
gesamte Geschichte liefert wohl den schlagendsten Beweis für die
Bevorzugung von Verwandten: Ob wir nun den Aufstieg und
Untergang ägyptischer Dynastien studieren, vom Glanz des Hauses de Medici hören, vom Ruhm der Habsburger erzählt bekommen oder die Memoiren einer Prinzessin »von Geblüt« aus dem
Hause Bourbon lesen – überall wurden das Zepter und die Macht
an die Nachfahren des »eigenen Geschlechts« übergeben. Überall
galt den Königshäusern von Gottes Gnaden die »Blutsverwandtschaft« als heilig, überall sind Familieninteressen gewahrt worden, und nicht selten haben sich blutige Kämpfe entsponnen,
wenn der letzte Sproß einer langen Ahnenreihe, ohne einen
»Stammhalter« zu hinterlassen, das Zeitliche segnete. Noch heute sprechen wir von der Blutsverwandtschaft mit bedeutungsvol-
len Mienen und Gebärden, noch heute trösten wir uns beim
Verschenken eines kostbaren Gegenstands damit, daß er ja »in

41

der Familie bleibt«, und noch heute lassen wir all unsere Beziehungen und all unseren Einfluß spielen, um unseren Kindern und Familienangehörigen eine gute Stellung zu besorgen – was gestern »die Tudors« waren, ist heute »der Denver-Clan«. Nepotismus ist einfach eine Selbstverständlichkeit für uns: Wenn jemand sein Testament macht und dabei all sein Hab und Gut seiner Geliebten zusprechen läßt, dann wird es von den »rechtmäßigen Erben« garantiert als skandalös empfunden; hat der Verstorbene sein »Erbe« einer Wohlfahrtsgesellschaft gestiftet, so wird man ihn zwar nicht mehr lauthals der »Niederträchtigkeit« bezichtigen, doch von »grenzenloser Dummheit« wird sicher die Rede sein. Blut ist dicker als Wasser – für alle Lebewesen, nicht nur für den Menschen; und die Soziobiologie hat sehr viel darüber zu sagen, warum. Vermutlich hat nicht jeder Leser eine »Ahnengalerie« im Vestibül, doch viele sind vielleicht noch im Besitz einer von Generation zu Generation weitergereichten Bibel, auf deren ersten Seiten der »Stammbaum« des Besitzers aufgezeichnet ist – ein wertvolles und stets geschontes Erbstück aus den guten alten Tagen unserer direkten Vorfahren. Unsere Sorge und Teilnahme an allen, die durch das »geheimnisvolle Band des Blutes« untrennbar mit uns verbunden sind, und unsere Verehrung und Wertschätzung, die wir allem entgegenbringen, was mit den teuren Anverwandten zu tun hat, finden ihre Quelle in unseren reproduktiven Bemühungen, in unseren phänotypisch altruistischen, aber genotypisch egoistischen Anstrengungen.

Es wird vielleicht niemandem Freudentränen in die Augen treiben, doch die Soziobiologie kann damit erstmals das freiwillige Erdulden von Schmerz oder die Freude, anderen zu helfen, aus egoistischen Gründen erklären. Dies mag zynisch klingen, doch schließlich verwickelte sich die Moralphilosophie mit der Unvereinbarkeit von Egoismus und Utilitarismus in einen ihrer Hauptwidersprüche. Die soziobiologische Aussage, daß Menschen nepotistisch sind, ist freilich trivial, doch ihre Analyse des erklärungsbedürftigen Nepotismus ist wahrlich alles andere als trivial. Und darüber hinaus bietet die soziobiologische Theorie denn ja auch eine plausible Erklärung dafür, daß unsere aufrichtige Sorge und Teilnahme, die wir anderen angedeihen lassen, mehr oder minder beschnitten ist;

schließlich verlangt auch die Ungerührtheit und Gleichgültigkeit, die wir Fremden und Unbekannten gegenüber zeigen, nach einer Erklärung. Aus dem soziobiologischen Konzept läßt sich nun natürlich ohne jedwede Schwierigkeit die Prognose ableiten, daß die Gleichgültigkeit mit dem Abnehmen des Verwandtschaftsgrades proportional zunehmen wird. Eigentlich ist auch das wieder »banal«; denn, ohne daß wir uns groß darüber Rechenschaft abgeben, ernten insbesondere jene Menschen unsere Anerkennung und Wertschätzung, die sich für das Leben Fremder aufopfern. Kaum jemand würde mit warmen Worten und dem Ausdruck tiefer Verehrung von Albert Schweitzer sprechen, wenn er in seinem Spital nur seine Familienangehörigen betreut hätte. Als wären wir im Unbewußten erklärte Soziobiologen, lassen wir nur solche Wohltäter in die Geschichte eingehen, die ihre ganze Kraft auch wirklich dem Wohle fremder Mitmenschen geopfert haben. Was die Congressional Medal of Honor im Krieg ist, ist die Carnegie-Tapferkeitsmedaille im Frieden, und ihre Verleiher anerkennen unbewußt die Soziobiologie des Altruismus, indem sie diese Tapferkeitsmedaille niemals für die Rettung des Lebens eines Verwandten vergeben. Daß man einem Verwandten in Not hilft, wird offenbar als selbstverständlich erwartet. Was unerwartet und daher einer Medaille würdig ist, ist das Eingehen einer Gefahr, um einem Nichtverwandten zu helfen. Und mit Richard Alexander darf man wohl auch darauf hinweisen, daß sich Heilige ja nicht nur durch Selbstverleugnung auszeichneten, sondern vor allem auch durch Askese, Abkehr von Verwandten und Hingabe an die Fürsorge für Fremde. Aufopferung für Nichtverwandte ist also keineswegs eine Selbstverständlichkeit und veranlaßt uns dazu, sie – wann immer sie in besonders bewunderungswürdiger Weise vorkommt – mit gebührender Anerkennung zu würdigen, ja zuweilen »heiligzusprechen«. Als traurige Kehrseite der Medaille entspricht unserer »selbstverständlichen« Sorge um Verwandte eine fast genauso »selbstverständliche« Gleichgültigkeit gegenüber dem Schicksal anderer.

Ein Günstlingswirtschaft betreibender Clan schließt sich ab und meidet Fremde, Außenstehende und »Nichtdazugehörige« – er diskriminiert, er macht den »feinen« und doch so oft unfeinen Unterschied zwischen seinesgleichen und anderen. Nur zu oft gehen

Ausschluß und Meidung zu Ablehnung und Zurückstoßung über: Ein Fremder kommt vor einer Siedlung australischer Eingeborener an. Er wartet draußen, staubig und durstig in der heißen Sonne, während ein alter Mann, der sich gut in Stammbäumen auskennt, herauskommt, um ihn zu befragen. Stellt sich heraus, daß der Fremde mit irgend jemandem im Lager verwandt ist, wird er aufgenommen. Andernfalls wird er getötet. Sicherlich ist dies ein extremes Beispiel, doch wir lebten und leben noch mit viel extremeren Äußerungen solcher Fremdenablehnung, wir lebten – um weitere extreme Paradebeispiele zu erwähnen – mit der Verfolgung von Christen, mit der Verfolgung von Ungläubigen, Ketzern und Hexen, mit der zum Rassenwahn gewordenen Verfolgung von Juden, und wir leben immer noch mit der Apartheid, mit Südafrika. Diskriminierung, Verfolgung von Minderheiten und Rassenwahn machen den wohl düstersten Zug unserer Geschichte und unseres gegenwärtigen Lebens aus – ihnen fiel (und fällt!) alles zum Opfer, was nur irgendwie »anders« oder »fremd« war (und ist). Um »anders« zu sein, genügt es, eine schwarze, gelbe oder rote Hautfarbe zu haben, »anderswo« zu Hause zu sein, sexuell »anders« zu empfinden, etwas »anderes« zu glauben oder etwas »anderes« zu denken. Die Soziobiologie selbst kann zwar nichts daran ändern, daß wir einander meiden und abstoßen, doch sie kann uns die Ursprünge dieser Meidung verständlich machen und uns jene Selbsterkenntnis vermitteln, derer es zur Lösung unserer Probleme so dringend bedarf. Die Soziobiologie stellt fest, daß – aus gen-egoistischen Ursachen – zunächst einmal »jeder sich selbst der Nächste ist«; jeder gebärdet sich bei Verfolgung seiner somatischen Interessen phänotypisch egoistisch und bei Durchsetzung seiner reproduktiven Interessen genotypisch egoistisch. Und daraus erklärt sich, daß unser phänotypischer Altruismus im allgemeinen auf den trauten Kreis der Verwandtschaft beschränkt bleibt. Bis jetzt hat man noch bei keinem Lebewesen Anzeichen für einen echten Altruismus gefunden, der sich ohne Diskriminierung auf die ganze Art oder die gesamte Bevölkerung erstreckt. Nichtdiskriminierender Altruismus ist daher allein unsere Sache, eine Sache, bei der uns unsere egoistischen Gene die Hilfe verweigern. Es ist dies eine der Schwierigkeiten, die zu Beginn des letzten Kapitels angedeutet wurden: Als Überlebensmaschinen werden wir mit unseren heutigen Problemen von unseren egoistischen Genen im Stich gelassen. Denn: »Was wir suchen, wenn wir an Weltfrieden und weltweites Recht denken, hat es noch nie in der Geschichte des Lebens und noch weniger in der Geschichte der Menschheit gegeben«, wie Richard Alexander sagt. Unser dringendes Interesse, eine »einzige große Familie« zu werden – unser sozusagen »ökumenisches Interesse« –, teilen wir nicht mit unseren Genen. Der Psychologe und Zoologe David P. Barash von der University of Washington bringt dies ebenso kurz wie prägnant zum Ausdruck: »Wie sehr ich dich liebe? Laß mich deine Gene zählen.«

Unsere Gene ermuntern uns nicht zu einem ökumenischen oder kosmopolitischen Altruismus – sie begrenzen unsere Teilnahme und Sympathie, unsere Opferbereitschaft und Liebesfähigkeit vor allem auch emotional. Das »Seid umschlungen, Millionen« ist – da brauchen wir uns wohl nichts vorzumachen – eines jener edlen Ideale, die von vielen ausgerufen, von nur wenigen geträumt und von kaum jemandem gelebt werden. Daß wir aber in seltenen, nur allzu seltenen Momenten zu einem solchen Gefühl der unauflösbaren Verbundenheit mit allen Menschen befähigt sind, zu diesem Gefühl von Unbegrenztheit und Schrankenlosigkeit, zu einem Gefühl des »Ozeanischen«, wie es Romain Rolland einmal genannt hat, dies zeigt in meinen Augen an, daß unsere Sehnsucht nach Zusammengehörigkeit über Ländergrenzen und Kontinente hinweg in dem bescheideneren, doch wunderbaren Gefühl wurzelt, »eines Freundes Freund zu sein«. Da sich in der empfundenen Freude Beistand, Teilnahme, Vertrauen und Zusammengehörigkeit ausdrücken, liegt die Vermutung nahe, daß sich all die kostbaren Gefühle, die wir mit Freundschaft in Verbindung bringen, aus unserem Nepotismus ableiten, aus der Sorge um »unsere Nächsten«. Die für unser gesamtes Dasein so bedeutsamen Gefühle der Geborgenheit und Zusammengehörigkeit sind »Befriedigungsgefühle«, mit denen unsere Aufopferung für Verwandte belohnt werden: Das Gefühl der untrennbaren Verbundenheit ist das Honorar, mit dem die Gene unseren Nepotismus »befriedigend« vergüten. Und die Zahlung dieses Honorars gewährleistet eben das Verfolgen der proximaten Ziele zur Erfüllung des ultimaten Zweckes.

Dank unserer Fähigkeit, dies Honorar, diese »Sofortbelohnung«, von seiner evolutiven Funktion abzukoppeln, gewinnen die entwickelten Befriedigungsgefühle einen erstrebenswerten »Selbstbefriedigungscharakter«. So werden die Teilnahme und Sorge, die Verbundenheit und »Nächstenliebe« zu selbständigen »Werten«, die auch unseren Umgang mit Nichtverwandten beeinflussen. Aufgrund des Selbstbefriedigungscharakters konnten wir unsere Anteilnahme also vom Kreis der Verwandten auf den »Kreis der Vertrauten« ausdehnen. So behandeln wir denn einen »Freund« wie einen Verwandten und nennen ihn unseren »Bruder«. Einst brachte man sich eine Verwundung bei, um »Blutsbrüder« zu werden, heute stößt man auf »Brüderschaft« an. Wir sprechen von unserem Freund, mit dem wir unsere Gedanken und Ideen teilen, als einem »Bruder im Geist«; Gläubige treten einer religiösen Vereinigung bei, die sie »Brudergemeinde« nennen; und Krieger und Soldaten bezeichnen einander oft als »Waffenbrüder«. Alle Gefühle der Sympathie, der Freundschaft, der Verehrung und Anbetung leiten sich offenbar aus jenen Gefühlen ab, die die kleine Gemeinschaft unserer Sippe oder Familie regeln halfen. So bezeichnen viele Indianerstämme ihren Häuptling als »Vater«, nennen die Katholiken ihr Oberhaupt »Papa« (»Papst«) und sprachen die Russen von ihrem Zaren als »Väterchen«; und wie man aus den Zeiten Puschkins, Gogols und Dostojewskis weiß, sprachen die Russen sogar ihren verehrten Freund mit den Worten an: »Sagt doch selbst, Väterchen . . .« Gleiches gilt selbstverständlich auch für die als »Madonna« angebetete Mutter, die im Kloster auch als »Mutter Oberin« oder »Äbtissin« bezeichnet wird; wie denn überhaupt gute, hilfreiche und aufopferungsvolle Frauen oft als »Mütterchen« angesprochen worden sind – und so verehren wir heute beispielsweise immer noch »Mutter Theresa«. Unser gesamter Umgang mit Vertrauten nährt sich aus unserem familialen Ethos: Als Studenten verehren wir unseren Professor »wie einen Vater« und freuen uns über jede »väterliche Gunstbezeigung« seinerseits; gute Freunde lassen wir an unserem Familienleben teilhaben und ernennen sie oft zu »Paten« unserer Kinder; und befreundete Sippen strengten schließlich zu allen Zeiten verbindende Ehen untereinander an: »Dann wollen wir unsere Töchter euch geben und eure Töchter uns nehmen und bei euch wohnen und ein Volk sein«, wie es in 1. Mose 34,16 heißt.

Sicherlich spielt bei unseren Freundschaften, Vereinigungen und Bündnissen auch eine – im nächsten Abschnitt noch näher zu erörternde – »Gegenseitigkeit« eine Rolle. So wie die Sippen ihre Töchter austauschten, so machen wir uns gegenseitig Geschenke, tauschen Gedanken und Erfahrungen miteinander aus oder »schenken einander« mindestens auch immer Vertrauen. Ohne Freunden ein bewußtes Motiv der Eigennützigkeit unterstellen zu wollen, haben Freundschaften doch zumeist auch einfach den »Effekt« des beiderseitigen Vorteils. Jedenfalls ist die Aussicht, Freunde zu werden, wesentlich besser, wenn jeder der Freunde etwas »für sich mit nach Hause nimmt«, seien dies nun Freude, Vergnügen, Spaß, Unterstützung, Geschenke, Erfahrungen oder Gedanken. So stellt man uns denn einen Unbekannten auch mit solchen vermittelnden Worten vor, in denen sich die vermeintlichen »Gemeinsamkeiten« und der eventuelle »Wert« dieser neuen Bekanntschaft ausdrücken. Um die Gemeinsamkeiten herauszustellen, wird denn zum Beispiel oft gesagt: »Er ist übrigens auch ein Freund von Soundso . . .«. Oder: »Er liebt übrigens auch die Musik von Händel und Vivaldi.« Und um den Wert zu unterstreichen, sagt man oft: »Er ist übrigens ein erfahrener Kulturanthropologe.« Oder: »Er versteht übrigens viel von griechischer Mythologie.« Kurz, man sucht uns in unserer Indifferenz oder Ablehnung von Fremden dadurch zu beschwichtigen, daß man die »Geistesverwandtschaft« hervorhebt oder direkt an unsere eigenen Interessen appelliert. Freundschaften leben von Gemeinsamkeiten und Gegenseitigkeit. Der Wunsch nach Verbrüderung wird daher nicht nur durch unsere eingeschränkte Liebesfähigkeit begrenzt, sondern auch durch mangelnde Gemeinsamkeiten und fehlende Möglichkeiten zur Gegenseitigkeit. Unsere Sympathiegruppen, so scheint es, erreichen in der Regel nur die Größe jener Sippen, in denen unsere Vorfahren beieinander lebten. Dazu paßt auch, was der englische Verhaltensforscher Desmond Morris entdeckt hat: Das Notizbuch der meisten Menschen enthält gerade so viele Bekanntschaften, wie sie für die Sippen unserer Vorfahren typisch sind.

Es ist alles ganz eitel

Was Verbrüderungen aber weiterhin hindernd im Wege steht, ist der sogenannte *Ostrazismus*, also die bereits im Zusammenhang mit dem Nepotismus erwähnte Erscheinung des Ausschließens und Meidens »Nichtdazugehöriger«. Denn nicht nur Verwandte diskriminieren; auch eine Gruppe von Freunden verteidigt ihre Brüderschaft hartnäckig gegen »unwürdige Eindringlinge« – ihr brüderlicher Zusammenhalt lebt vom Ausschluß. Das hat vielleicht niemand deutlicher gesehen als der Dichter des Absurden: Franz Kafka. In einer seiner Kurzgeschichten mit dem Titel »Gemeinschaft« schildert er dies so: »Wir sind fünf Freunde, wir sind einmal hintereinander aus einem Haus gekommen, zuerst kam der eine und stellte sich neben das Tor, dann kam oder vielmehr glitt so leicht, wie ein Quecksilberkügelchen gleitet, der zweite aus dem Tor und stellte sich unweit vom ersten auf, dann der dritte, dann der vierte, dann der fünfte. Schließlich standen wir alle in einer Reihe. Die Leute wurden auf uns aufmerksam, zeigten auf uns und sagten: Die fünf sind jetzt aus diesem Haus gekommen. Seitdem leben wir zusammen, es wäre ein friedliches Leben, wenn sich nicht immerfort ein sechster einmischen würde. Er tut uns nichts, aber er ist uns lästig, das ist genug getan; warum drängt er sich ein, wo man ihn nicht haben will. Wir kennen ihn nicht und wollen ihn nicht bei uns aufnehmen. Wir fünf haben zwar früher einander auch nicht gekannt, und wenn man will, kennen wir einander auch jetzt nicht, aber was bei uns fünf möglich ist und geduldet wird, ist bei jenem sechsten nicht möglich und wird nicht geduldet. Außerdem sind wir fünf, und wir wollen nicht sechs sein. Und was soll überhaupt dieses fortwährende Beisammensein für einen Sinn haben, auch bei uns fünf hat es keinen Sinn, aber nun sind wir schon beisammen und bleiben es, aber eine neue Vereinigung wollen wir nicht, eben aufgrund unserer Erfahrungen. Wie soll man aber das alles dem sechsten beibringen, lange Erklärungen würden schon fast eine Aufnahme in unsern Kreis bedeuten, wir erklären lieber nichts und nehmen ihn nicht auf. Mag er noch so sehr die Lippen aufwerfen, wir stoßen ihn mit dem Ellbogen weg, aber mögen wir ihn noch so sehr wegstoßen, er kommt wieder.«

Kafka erfaßt mit seiner heiteren Kurzgeschichte die ganze Rätselhaftigkeit und »Irrationalität«, die dem Ostrazismus eigen ist. Trotz aller Irrationalität ist es aber nicht zu übersehen, daß der Ausschluß von Nichtdazugehörigen, wie er für Brüderschaften so typisch ist, einerseits den Grad von »brüderlicher Liebe«, von Uneigennützigkeit und Aufopferungsbereitschaft, erhöht, und daß andererseits das Maß an Altruismus regelmäßig durch die Gegenwart eines »Eindringlings« anwächst. Freunde gehen geradezu unzertrennbare Freundschaften ein, wenn sie nur genügend gemeinsame Feinde besitzen: »Alle für einen und einer für alle!« – so lautete die uns aus unseren Kindertagen noch wohlbekannte Losung der »Drei Musketiere«. Der innere Zusammenhalt einer Gruppe verfestigt sich, wie die Geschichte immer wieder zeigt, mit der Gegenwart von äußeren Gefahren, Bedrohungen und Nöten: »In der Not sind alle Menschen Brüder!« Und so erschallt denn der Ruf nach »brüderlicher Liebe« auch selten so laut wie in Kriegszeiten.

Man denke nur an die »Septembermorde« der Französischen Revolution, denen auf Betreiben Marats allein in Paris 1400 inhaftierte Royalisten, Kleriker und bloße »Verdächtige« zum Opfer fielen. Den plündernden, raubenden und kaltblütigen Mördern sagte man eine beispiellose »Brüderlichkeit« nach – sie waren so unbestechlich und selbstlos, daß sie nichts von der gemachten Beute für sich behielten. Auch sei daran erinnert, daß die eigentliche Losung der Französischen Revolution »Freiheit, Gleichheit, Brüderlichkeit oder Tod« (!) lautete. Sigmund Freud, den dieses »Paradox« in seiner 1929 erschienenen Schrift »Das Unbehagen in der Kultur« beschäftigte, erwähnt treffend: »Es war auch kein unverständlicher Zufall, daß der Traum einer germanischen Weltherrschaft zu seiner Ergänzung den Antisemitismus aufrief, und man erkennt es als begreiflich, daß der Versuch, eine neue kommunistische Kultur in Rußland aufzurichten, in der Verfolgung der Bourgeois seine psychologische Unterstützung findet. Man fragt sich nur besorgt, was die Sowjets anfangen werden, nachdem sie ihre Bourgeois ausgerottet haben.« Wo wir auch hinschauen, Zuneigung geht immer mit Abneigung, Liebe auch immer mit Haß einher. Und welches Kapitel der Weltgeschichte wir auch immer aufschlagen mögen, der Ruf nach brüderlicher Liebe erschallte immer aus dem Munde eines von Feinden und Eroberern bedrängten Volkes – eines Volkes, das mit der gewonnenen Freiheit dann selbst bedrängte und eroberte: Das einst von Juden und Römern grausam verfolgte Christentum eroberte so die Welt mit seiner Idee von grenzenloser Nächstenliebe, um seine »Nächstenliebe« sodann mit Feuer, Schwert und Scheiterhaufen unter Beweis zu stellen.

Altruismus, so läßt sich zusammenfassen, findet seine Wurzeln im Gen-Egoismus. Als phänotypischer, auf Verwandte gerichteter Altruismus erweist er sich als genotypisch egoistisch. Der nahezu universal anzutreffende Nepotismus entspringt den genotypisch egoistischen reproduktiven Bemühungen. Die im Zusammenhang mit dem Nepotismus selektierten und von ihrer evolutiven Funktion abgekoppelten Befriedigungsgefühle können auch außerhalb der eigentlichen Verwandtschaft befriedigt werden. Um Nichtverwandte in unseren nepotistischen Altruismus mit einzuschließen, müssen wir mit ihnen auf andere Weise »verwandt« sein – im Glauben, im Geist, in unseren Hoffnungen, Wünschen und Ängsten. Diese Art von »geistiger Verwandtschaft« kann das gleiche Maß an Altruismus hervorbringen wie genetische Verwandtschaft. Dabei wird dieser Altruismus um so wahrscheinlicher, je mehr sich die Angehörigen der Gruppe »zu geben« haben – sei es in Form von Hilfe und Unterstützung, sei es in Form von Ideen und Erfahrungen, sei es in Form von Vertrauen und Selbstwertgefühl oder in Form von Freude und Glück. Das Maß an Altruismus bleibt gewahrt, wenn Außenstehende gemieden und abgewiesen werden. Und bei Bedrohungen wie Feindschaft, Eroberung und Krieg kann es noch beträchtlich anwachsen. In diesem Sinne scheint Altruismus immer an »Bedingungen« geknüpft zu sein, entweder an die Bedingung der Verwandtschaft oder an die Bedingungen der gegenseitigen Unterstützung bei Bewältigung der Daseinsprobleme in Form von Sorgen, Ängsten, Nöten und Gefahren. An der Existenz echter Nächstenliebe und bedingungslosem Altruismus läßt sich aus diesem Blickwinkel wirklich zweifeln. »Keine Spur von echter Nächstenliebe«, so schreibt der Historiker und Biologe Michael Ghiselin, »verbessert unsere Anschauungen von der Gesellschaft, sobald man einmal die Sentimentalität beiseite gelassen hat. Was als Mitarbeit

50

gilt, entpuppt sich als eine Mischung von Opportunismus und Ausbeutung. Die Antriebe, die ein Tier dazu bewegen, sich für ein anderes zu opfern, dienen, wie sich zuletzt zeigt, nur dazu, einen Vorteil über ein drittes zu erlangen; und Handlungen ›zum Wohle‹ der einen Gesellschaft werden zum Schaden der übrigen vollzogen. Wo es in seinem eigenen Interesse liegt, kann man von jedem Organismus vernünftigerweise erwarten, daß er seinen Genossen hilft. Wo er keine Alternative hat, beugt er sich dem Joch der gemeinsamen Knechtschaft. Gibt man ihm aber die volle Chance, in seinem eigenen Interesse zu handeln, so wird ihn allein die Zweck- mäßigkeit davon abhalten zu brutalisieren, zu verstümmeln, zu morden – seinen Bruder, seinen Geschlechtspartner, seinen Vater oder sein Kind. Kratz einen ›Altruisten‹, und sieh einen Heuchler bluten.«

Um zu zeigen, wie berechtigt diese vielleicht harten Worte von Ghiselin sind, wollen wir uns noch einmal jenen Tieren zuwenden, deren altruistische Verhaltensweisen eine wirkliche Herausforde- rung für die Theorie vom »egoistischen Gen« darstellen: den Vögeln, die ihrem Schwarm durch Warnrufe das Erscheinen eines Raubvogels signalisieren, und den Thomson-Gazellen, die ihren Gefährten das Nahen eines Räubers durch hohe Prellsprünge mit- teilen. Sowohl der rufende Vogel als auch die springende Gazelle setzen mit ihrem Alarmieren ihr teures Leben aufs Spiel, denn sie lenken die Aufmerksamkeit des jeweiligen Räubers auf sich.

Soviel man weiß, sucht ein Singvogel, der einen Räuber erspäht, seine Kumpanen »nur« zu warnen, nicht aber, die Aufmerksamkeit des Raubvogels willkürlich von seinem Schwarm auf sich abzulen- ken. So sind die Warnrufe der Vögel denn idealerweise akustisch auch so gestaltet, daß der Räuber den alarmierenden Späher kaum ausfindig zu machen vermag. Die natürliche Selektion hat also offenbar nur geschickte Warnrufe prämiert – jeder ungeschickt ausgestoßene Warnruf wird den signalisierenden Vogel das Leben gekostet haben. Ist es da nicht eigentlich vorteilhafter, besser ganz auf das Warnen zu verzichten? War das altruistische Gen zum Ausstoßen des Warnrufes denn angesichts dieses Risikos nicht zum Tode verurteilt?

Zunächst einmal greift hier wieder die Sippen-Selektion: Ein

Gen, das einen Vogel zum Warnen veranlaßt, kann sich in seiner Population selbst dann erfolgreich ausbreiten, wenn es den Rufenden seine Federn kostet, denn unter den Gewarnten werden sich ja mit sehr hoher Wahrscheinlichkeit Kopien dieses Gens finden – schließlich alarmiert und rettet der »selbstmörderische Rufer« mit der Schar auch seine eigenen Verwandten. Doch Warnen kann auch unter einem anderen, direkt egoistischen Gesichtspunkt vorteilhaft sein: Stellen wir uns einen Schwarm von Vögeln vor, der gerade munter im Gras herumspaziert, um seinen gesunden Appetit zu stillen. In einiger Entfernung taucht nun plötzlich ein Falke auf. Zwar hat er den munter pickenden Schwarm noch nicht entdeckt, doch die Gefahr, daß er ihn sogleich erblicken wird, ist groß. Einer unserer recht ausgelassen futternden Vögel macht nun diesen Falken in der Entfernung aus, und ihm bleibt sein leckerer Bissen vor böser Ahnung im Halse stecken. Was soll unser Vogel mit dem scharfen Blick tun? Ruhig weiterfuttern und so tun, als wäre nichts geschehen, ist ihm unmöglich, denn er hat das Unheil mit eigenen Augen heraufziehen sehen. Hm, fest steht, daß er keine Federn lassen will. Sollte er sich vielleicht, ohne einen Warnruf auszustoßen, in die Höhe schwingen, um eilends das Weite zu suchen? Nun, sich so mutterseelenallein aufzuschwingen ist riskant. Der Falke könnte sehr wahrscheinlich direkt auf ihn aufmerksam werden, und unser guter Vogel würde so ungeschützt eine direkte Zielscheibe für ihn abgeben. Geht also auch nicht. Aber irgend etwas muß geschehen, und zwar schnell. Und am wenigsten geht es an, daß die übrige Schar so froh und munter herumlärmt ... Das beste wäre, die Schar würde doch endlich ihren Schnabel halten und alle flögen so schnell, wie ihre Flügel sie nur tragen können, gemeinsam in den Schutz gewährenden Wald. »Also«, sagt sich unser Vogel, »tu' ich gut daran, alle anderen durch einen Warnruf mitzureißen. Doch halt, wenn ich als erster in die Höhe fliege, fliegt mein ganzer Plan vielleicht auf – ein Vorsprung könnte gefährlich für mich sein. Besser ist, ich alarmiere meine offenbar mit Blindheit geschlagenen Gefährten und mische mich auf der Flucht dann unter sie; und weil ich ja weiß, von welcher Seite Gefahr droht, werde ich natürlich die Seite ansteuern, die garantiert sicherstellt, daß ich mit heiler Haut davonkomme.«

Unser scheinbar altruistischer Vogel ist also in Wirklichkeit ein ausgekochtes Schlitzohr – er manipuliert die gesamte Schar nur mit seinem Signal, ja er benutzt sie wie ein Schild zu seinem eigenen Schutz!

Und wie steht es nun mit den Prellsprüngen der Thomson-Gazelle – ist das auch wieder so ein »gemeiner Schwindel«? Im Gegensatz zum alarmierenden Vogel kann die Gazelle mit ihren auffälligen Sprüngen den Räuber nicht täuschen – der Räuber wird in jedem Fall auf sie aufmerksam. Fordert dann die Gazelle nicht ihren eigenen Untergang heraus? »Herausfordern« ist richtig, »Untergang« falsch! Tatsächlich provoziert die Gazelle den nahenden Räuber, sie reizt ihn geradezu. Warum? Säugetierräuber sind bekannt dafür, in erster Linie kranke und schwache Tiere zu erlegen. Und unsere scheinbar altruistische Gazelle ruft dem Räuber mit ihren von Gesundheit strotzenden und kräftigen Sprüngen sozusagen zu: »Sieh einmal, wie hoch ich springen kann! Ich bin offensichtlich eine so kräftige und gesunde Gazelle, daß du mich nicht fangen kannst! Du tätest sehr viel klüger daran, wenn du meinen Nachbarn zu fangen versuchtest, der nicht so hoch springt!« Das Prellen ist offenbar überhaupt kein Signal für die anderen Gazellen, es ist eine wirkliche Botschaft an den Räuber: Mit ihrem Schauspringen sucht die Gazelle den Räuber von ihrer Gesundheit zu überzeugen und ihm den »wohlgemeinten Rat« zu geben, doch besser mit einer anderen Gazelle vorliebzunehmen. Diese kühne Theorie wird überdies durch die Beobachtung gestützt, daß sich beim Herannahen eines Räubers oft ein richtiger Wettkampf unter den Gazellen abspielt: Jede Gazelle versucht, höher zu springen als ihr Nachbar, und der hungrige Räuber entscheidet, wer in diesem Wettkampf der Verlierer ist!

Was soll man dazu noch sagen? Vielleicht wie der Prediger Salomo: »Es ist alles ganz eitel, es ist alles ganz eitel.« Oder wie der Herzog de La Rochefoucauld: »Unsere Tugenden sind meist nur verkleidete Laster.« Oder gar: »Es ist an der Zeit, daß die Dummen endlich aufhören, das lächerliche Idol der Tugend zu beweihräuchern«, wie es der Marquis de Sade verlangte!? Diesen dreien etwas zu entgegnen, fällt schwer, sehr schwer! Sollte es tatsächlich keinen wahren Altruismus, keine echte Uneigennützigkeit und Selbstlosigkeit geben? Wir können uns graue Haare darüber wachsen lassen, doch »für die Evolutionsbiologie«, sagt Barash, »ist es völlig klar, daß die Frage ›Was habe ich davon?‹ ein alter Refrain alles Lebenden ist, und es gibt keinen Grund, den Homo sapiens auszuschließen«.

Ich denke, unser Urteil darüber, ob es wahren Altruismus gibt oder nicht, hängt stets davon ab, was wir zum Kriterium altruistischen Handelns erheben. Und ich gestehe frei heraus, daß ich jedes Plädoyer für echte Uneigennützigkeit als eine vergebliche Liebesmüh betrachte, wenn wir vom Advokaten der Uneigennützigkeit verlangen, er möge hieb- und stichfest nachweisen, daß der jeweils Handelnde »nichts davon hatte«.

Denn wenn es sozusagen »hart auf hart kommt«, können wir immer mindestens ein gutes Argument finden, vor dem der Anwalt der Uneigennützigkeit seine Waffen strecken muß. Eine scheinbar uneigennützige Handlung kann – für andere verborgen – immer auch direkt oder indirekt im Interesse des Handelnden liegen, sie kann seinen Befriedigungsgefühlen Genugtuung verschaffen, sie kann sein Gewissen beruhigen, sie kann seiner Eitelkeit schmeicheln, sie kann ihn stolz und selbstzufrieden machen, sie kann ihm einen guten Ruf, Ansehen oder gar eine Medaille einbringen, sie kann ihn bekannt oder berühmt machen, sie kann ihm aufgrund seiner Berühmtheit Vorteile aller möglichen Art verschaffen, sie kann ihn anziehend und begehrenswert erscheinen lassen – und, und, und . . . Doch vergessen wir nicht, die Soziobiologie betrachtet das uneigennützige Handeln nicht – wie in der Moral üblich – vom Motiv her, sondern – wie in der Evolutionsbiologie üblich – vom Effekt her.

Daher kann es auch nicht in der Absicht der Soziobiologie liegen, uneigennützig handelnde Individuen moralisch zu diskreditieren, ihren scheinbaren Altruismus als wirklichen Egoismus zu entlarven oder ihnen eigennützige Motive zu unterstellen. Die Soziobiologie betreibt keine »Psychologie der Motive«! Wer aber seine Hausaufgaben für die Psychologie der Motive noch nicht gemacht haben sollte, der kann dies gut und gern bei de La Rochefoucauld oder Nietzsche nachholen.

Eine Hand wäscht die andere

Am schönen Tanganjikasee ziehen zwei männliche Paviane durch die Gegend. Während sie so umherstreifen, stoßen sie auf ein unbekanntes Pärchen: Ein brünstiges Pavian-Weibchen, das für unsere Kameraden recht verlockend anzusehen ist, läßt sich von ihrem Anbeter begleiten. Die zärtlichen und verführerischen Blicke, die das Weibchen mit ihrem Galan tauscht, lassen keinen Zweifel daran, daß die Geliebten auf der Suche nach einem stillen Plätzchen sind, wo sie sich in aller Ruhe und mit großer Lust ganz der Rekombination ihrer Gene hingeben können. Einem unserer Kameraden behagt die Vorstellung gar nicht so sehr, daß der verliebte Galan sogleich sein Liebesglück finden soll, schließlich beginnt auch ihm beim Anblick der Schönen das Blut zu kochen. In seinem unverhohlenen Neid wendet er sich an seinen Gefährten, blickt diesen mehrere Male hintereinander an, um anschließend seinen mißgünstigen Blick auf den ahnungslosen Liebhaber zu heften. So hetzt er seinen Kameraden auf, wie wenn er sagte: »Los, verscheuch mir den Hanswurst da, damit ich seine Braut erobern kann!« Während der Kamerad, der den heimtückischen Wink sehr wohl verstanden hat, den verliebten Bräutigam in Händel verwickelt und sich sogleich mit ihm zu balgen beginnt, verschleppt der lüsterne Strolch die brünstige Braut, um sie nach allen Regeln der Kunst zu verführen.

Nun fragt man sich natürlich, warum der treue Kamerad dem lüsternen Strolch einen solchen Liebesdienst erweist, schließlich kann er sich in der Rauferei mit dem Bräutigam gut und gern ein blaues Auge einhandeln. Weshalb also gestattet er dem gierigen Gefährten, sich auf seine Kosten zu amüsieren? Die Antwort erhalten wir, wenn wir unsere zwei scheinheiligen Halunken noch eine Weile beobachten. Bei der nächstbesten Gelegenheit nämlich revanchiert sich der ehemalige Nutznießer. Jetzt hat der, der beim letzten Mal den ganzen Spaß auf seiner Seite hatte, das zweifelhafte Vergnügen mit dem Bräutigam. Ihre Kumpanei beruht also auf Gegenseitigkeit: Sie tauschen regelmäßig die Rollen. Es ist, als hätten unsere Pavian-Männchen einen Vertrag unterzeichnet, der eine Koalition zum beiderseitigen Vorteil vorsieht – einen

Vertrag mit der Überschrift: »Do, ut des.« – »Ich gebe, damit du gibst.«

Was uns die Anubis-Paviane hier in diesem Beispiel demonstrieren, beleuchtet einen weiteren wichtigen Aspekt der Biologie des Altruismus: den *reziproken Altruismus*, wie ihn Robert L. Trivers von der University of Santa Cruz genannt hat. Verhaltensweisen von reziprokem Altruismus folgen dem Prinzip der Gegenseitigkeit, nach dem Motto: »Eine Hand wäscht die andere.« Während sich mit dem Konzept der Sippen-Selektion die Hilfe und Unterstützung zwischen verwandten Individuen erklären ließ, zeigt das Prinzip der Gegenseitigkeit oder der *direkten Reziprozität*, wie sich altruistisches Verhalten auch zwischen nichtverwandten Individuen in einer Population erfolgreich ausbreiten kann. Denn solange die reproduktiven Kosten des Altruisten geringer sind als dessen reproduktiver Nutzen, profitiert er von dem Geschäft, bei welchem eine Hand die andere wäscht. Beim reziproken Altruismus investiert der Altruist also in ein gutgehendes Geschäft, in ein Geschäft, das mit dem Revanchieren des Geschäftspartners einen erfreulichen Gewinn abwirft. Der Kamerad, der sich in unserem Beispiel für seinen lüsternen Gefährten in den Kampf wirft, investiert mit der inszenierten Prügelei weniger, als er gewinnt, wenn die Reihe an ihn kommt. Trifft er einige Zeit später eine offenbar vermählte Braut, so erinnert er seinen Gefährten an dessen Schulden, und dieser tut sodann, was ihm »die Pflicht gebeut«. So wäscht eine Hand die andere, und beide profitieren von ihrem – zugegebenermaßen – »schmutzigen Geschäft«. Jeder der beiden Partner bekommt mehr, als er gibt: Beide erhöhen ihre individuelle Fitneß, ihre direkte Nachkommenzahl.

Solche Geschäfte zum beiderseitigen Vorteil können vor allem in kleinen Gruppen hübsch florieren, die über einen langen Zeitraum stabil sind und in denen sich die Individuen untereinander kennen. Diese Bedingungen sind sowohl für die Primaten als auch für unsere hominiden Vorfahren kennzeichnend. Was Wunder also, daß gerade wir Menschen uns zu Spezialisten in Sachen »reziproken Altruismus« entwickelt haben. Wo wir auch hinschauen, überall sehen wir Tausch und Handel blühen. Für alles, was notwendig, reizvoll oder begehrenswert ist, haben wir unsere

Märkte – angefangen vom bescheidenen Bauernmarkt, dem Gemüsemarkt, über den Fischmarkt, den Blumenmarkt, den Kleidermarkt oder den Automarkt bis hin zum kostspieligen Diamantenmarkt. Einst zog man seinen Karren von St. Petersburg über Erfurt nach Frankfurt, um die kostbare Ware feilzubieten, heute fliegen wir mit dem Airbus nach Paris, New York oder Berlin, um Haute Couture, schnelle Sportwagen oder modernste Videotechnik zu erwerben. In aller Welt trifft man sich zur Messe, ob in Frankfurt zur Buchmesse, in Brüssel zur Handelsmesse oder in Tokio zur Fachmesse. Man bietet an, kauft, verkauft, bestellt, schließt Verträge ab, unterzeichnet Abkommen und trifft Vereinbarungen – überall floriert der Handel, überall herrscht Gegenseitigkeit. Es gibt kaum noch etwas, was nicht »vermarktet« wird. Mit großem Aufwand sucht man, über Funk, Fernsehen und Illustrierte zum Handel einzuladen. Eine ganze Industrie lebt von der Verführungskunst, von der Kunst, Bedürfnisse und Ansprüche zu suggerieren: die Werbung. Und wer schon nicht kauft, der soll wenigstens mieten, ob nun ein Auto, ein Boot, ein Sommerhaus oder ein Callgirl. Ja, selbst mit Gefühlen und Zärtlichkeiten handeln wir: Dem Geschäftsreisenden mietet die einladende und »um das Wohl« des Handelsvertreters besorgte Firma eine Hosteß, damit sich der geschätzte Gast in der fremden Stadt »nicht so einsam fühlt«; die alleingelassene und gelangweilte Ehefrau mietet sich derweil zu ihrer »Abwechslung und Zerstreuung« einen zärtlichen und gewandten Gigolo . . . Ohne Zweifel, das Geschäft blüht, der Handel gedeiht. Und solange es nur irgend etwas zu nehmen gibt, werden wir auch etwas zu geben wissen – auf Schritt und Tritt gilt: »Eine Hand wäscht die andere!«

Vielleicht nahm diese Geschäftstüchtigkeit in den Dürrezeiten des Pliozäns ihren bescheidenen Anfang. Damals, als die Wälder schrumpften und unsere Vorfahren sich in den Savannen zu behaupten hatten; damals, als sie das Leben auf den Bäumen aufgeben mußten und ihr Glück auf dem Boden zu machen hatten; damals, als sie ihren Speiseplan zu ändern hatten und auf die Jagd nach Fleisch gehen mußten. Vielleicht fing alles damit an, daß sie gemeinsam jagen gingen, daß sie gemeinsam erfolgreicher waren und sich ihre Arbeit aufzuteilen begannen. In kleinen Trupps verließen sie ihr Lager, um sich auf die Jagd zu begeben und anschließend mit der gemachten Beute heimzukehren. Sie benutzten vermutlich Stöcke als Waffen, als Jagdspeere, und trugen die Nahrung in Gefäßen aus Baumrinde, aus Schildkrötenpanzern und Tiermägen heimwärts. Wahrscheinlich teilten sie die Beute mit den Verwandten und Nichtverwandten auf, die solange das Lager zu bewachen hatten. Damals gaben sie einander zu verstehen: »Ich gebe dir, wenn auch du mir gibst! Ich helfe dir, wenn auch du mir hilfst! Ich beschütze dich, wenn auch du mich beschützt!« So teilten sie sich gemeinsam das erbeutete Fleisch und standen einander in Gefahren bei. Sie gingen Verbindungen zum wechselseitigen Nutzen ein – Partnerschaften, die ihnen Vorteile im Kampf ums Überleben verliehen. Gemeinsam ließ sich das harte Dasein meistern, denn – so lernten sie – »Einigkeit macht stark!«

Vielleicht also begann alles mit den ersten gemeinsamen Mahlzeiten: »Während über dem Gipfel des Ngorongoro in Ostafrika der Morgen graut«, so beginnen C. J. Lumsden und E. O. Wilson eine fiktive Geschichte, »zieht ein Dutzend Männer, Frauen und Kinder der Spezies Homo habilis einen ausgetrockneten Flußlauf westwärts hinunter zu einem Lager am Seeufer, das von einer größeren Gruppe von Artgenossen bewohnt wird. Die Mitglieder beider Gruppen begegnen einander mit einem gewissen Mißtrauen. Einige Erwachsene erkennen einander wieder, aber das letzte Zusammentreffen liegt Monate zurück, und man hat es schon fast vergessen. Die älteren Männer gehen aufeinander zu. Einige starren sich mit zusammengepreßten Lippen an, bei allen Primaten ein Zeichen von Aggressivität; andere spitzen den Mund und verraten damit ihre Erregung. Ein Anführer der größeren Gruppe nimmt eine deutlich feindselige Haltung ein. Er fordert die Ankömmlinge auf, sich zu entfernen, indem er den rechten Arm nach vorn schwingt, als wolle er etwas nach ihnen werfen. Aber diese Geste wird nicht beachtet. Zuerst gehen die Erwachsenen aufeinander zu, dann folgen die Kinder. Sie strecken die Hände aus und berühren einer den anderen. Dabei sprechen sie leise und in versöhnlichem Ton miteinander. Die Laute, die sie von sich geben, haben eine ganz bestimmte Bedeutung, es sind aber wahrscheinlich noch keine richtigen Worte, aus denen sich ganze Sätze bilden ließen. Während das Mißtrauen schwindet, fangen die Mitglieder beider Gruppen an zu lächeln, und hin und wieder hört man ein kurzes Auflachen. Die Kinder laufen spielerisch hintereinander her und tun so, als wollten sie miteinander kämpfen.

Die größere Gruppe verfügt über einen reichlichen Fleischvorrat. Am Tage zuvor haben die jagenden Männer im Fluß ein noch frisches, totes junges Flußpferd gefunden. Darauf haben sie einige Basaltbrocken zusammengetragen, um Werkzeuge daraus zu machen. Einer von ihnen nahm sich einen ungefähr sechs Zentimeter dicken Stein, den er bequem in der Hand halten konnte, um ihn als Hammer zu benutzen. Dann schlug er damit mehrmals gegen andere Steine, von denen sich unregelmäßig geformte, aber scharfkantige Splitter lösten. Diese Splitter ließen sich als Messer benutzen, während die Kernstücke der zerschlagenen Steine zum Zerstampfen der Nahrung verwendet werden konnten. Mit diesen Werkzeugen bearbeiteten die Jäger das Flußpferd und schnitten große Fleischstücke heraus. Dann schlugen sie dem Tier die Schädeldecke ein, um das Gehirn herauszuholen, öffneten Brustkorb, rissen Herz und Lungen heraus, zertrümmerten die Röhrenknochen, um an das Mark zu gelangen, und schnitten die dicke Bauchhaut auf, um Nieren, Leber und Milz freizulegen. Die besten Stücke verzehrten sie roh an Ort und Stelle. Dann durchtrennten sie die zähen Sehnen, um eine Keule herauszulösen und ins Lager mitzunehmen. Die Steinwerkzeuge ließen sie bei dem vom Fleisch befreiten Gerippe liegen, wo sie nach hunderttausend Generationen von den Nachkommen dieser Jäger entdeckt werden sollten.

Jetzt, am Tage darauf, teilt die größere Gruppe ihr Fleisch mit den Mitgliedern der kleineren. Die Erregung bei der Mahlzeit ist groß, und alle Teilnehmer unterhalten sich mit lauter Stimme und beredten, raschen Gesten. Einige der Besucher können von den Fleischstücken, an denen ihre Gastgeber nagen, unauffällig ein paar Brocken ergattern. Aber die meisten müssen um ihren Anteil betteln, indem sie die Handfläche nach oben öffnen und winselnde Laute ausstoßen. Am Nachmittag wird die kleinere Gruppe von ihrem Anführer, der ruhelos auf und ab geht und mit der Hand auf ein in der Ferne gelegenes Waldstück zeigt, zum Aufbruch aufgefordert. Die Gruppe macht sich auf den Weg. Es werden keinerlei

Abschiedsworte gewechselt, denn das Vokabular des Frühmenschen kennt solche Worte noch nicht.«

Man kann sich gut vorstellen, wie aus zunächst kleinen Gesten, aus einer gemeinsamen Mahlzeit, aus dem Teilen von Früchten, Beeren, Nüssen, Knollen und Fleisch, aus Hilfeleistungen bei der Jagd und Beistand in Gefahrensituationen allmählich ein immer dichteres Netzwerk des Austausches entstand. Es war der offenbare Vorteil für alle Beteiligten, der dieses Netzwerk immer dichter und größer gestaltete. Die Akte des Gebens und Nehmens konnten zeitlich immer weiter auseinanderliegen. Und was in die gegenseitigen Beziehungen eingebracht wurde, mußte nicht mehr unbedingt in gleicher Münze zurückgezahlt werden. Wir dürfen annehmen, daß sich zur Überwachung dieses Systems von Gegenseitigkeit, zur Kontrolle der direkten Reziprozität, entsprechende psychische Mechanismen herausbildeten – Gefühle, die zum reziproken Altruismus ermunterten, und Gefühle, die die Fairneß und Gerechtigkeit der gegenseitigen Beziehungen sicherstellten. Die Evolution der direkten Reziprozität ging mit der Evolution moralischer Gefühle einher!

Mit der Evolution der direkten Reziprozität entstanden die Sympathie, die Zuneigung, die Freundschaft, die Dankbarkeit und das Mitleid, all jene moralischen Gefühle, die zur direkten Reziprozität motivieren, all die Gefühle, die zum weiteren Gedeihen jenes Netzwerkes von Geben und Nehmen beitragen.

Hier liegen die Wurzeln des Gerechtigkeitsgefühls, hier entstanden unsere Empörung, unsere Entrüstung und unsere moralistische Aggression, mit der wir uns gegen die Betrüger und die Vertragsbrecher (sprich: Verbrecher) wenden, mit der wir uns gegen jene wenden, die Vertrauen mißbrauchen und Freundschaften schimpflich ausnutzen. Hier auch sind das Verantwortlichkeitsgefühl, die Schuld und die Reue entstanden, denn hier wurde zur Verantwortung gezogen, beschuldigt und Buße verlangt. Wer sich davor drückte, die geforderte Gegengabe zu entrichten, wer sich in kühner Weise selbständig von seinen Pflichten entband und alle Spielregeln über den Haufen warf, sie für null und nichtig erklärte, kurz, wer seine Schulden schuldig blieb, wurde beschuldigt, der wurde von der Gegenseitigkeit und aus der Gemeinschaft ausgeschlossen – eine Ächtung und ein Ausschluß, die den Betroffenen in jenen harten Zeiten womöglich das Leben kosteten, garantiert aber seinen Fortpflanzungserfolg minimierten. In einer Zeit, wo nur Gemeinschaft, nur Einigkeit und Gegenseitigkeit zu überleben halfen, war es überlebenswichtig, in einen festen und dauerhaften Sozialverband eingebunden zu sein, war es überlebenswichtig, die Gesetze dieses Sozialverbandes zu achten und von diesen Gesetzen mit zu profitieren. Verpflichtungen zu mißachten, Gesetze zu brechen und jenseits von Gesetz und Ordnung sein Auskommen zu suchen war sehr wahrscheinlich selbstmörderisch.

Man konnte es sich einfach nicht leisten, auf die Vorteile der Gemeinschaft zu verzichten. »Do, ut des« hieß das Prinzip, das Überleben und Fortpflanzungserfolg verhieß, und wer sich dieses Prinzip nicht zu eigen machen wußte, blieb in der Evolution auf der Strecke. Einigkeit nicht um der Einigkeit willen, Gemeinschaft nicht um der Gemeinschaft willen, Gerechtigkeit nicht um der Gerechtigkeit willen, Moral nicht um der Moral willen, sondern alles um der eigenen Vorteile willen. Es ist – im Effekt – der pure Eigennutz, der individuelle Egoismus, der da so lauthals nach Einigkeit, Gemeinschaft, Gerechtigkeit und Moral schreit! Einigkeit, Gemeinschaft, Gerechtigkeit und Moral sind die vielversprechenden Wege, die einzuschlagen der nackte Eigennutz gebietet. Auf ihnen läßt sich unter Wahrung einer günstigen Kosten/Nutzen-Bilanz der eigene Vorteil erreichen.

So dienen – im soziobiologischen Sinne – die Gesellschaft, ihre Moral und ihr Recht letztlich den somatischen und reproduktiven Interessen ihrer Mitglieder. Gesellschaft, Moral und Recht entstanden unter dem ununterbrochen wirksamen Druck des biogenetischen Imperativs zur Fitneß-Maximierung – sie sind damit zugleich eine Konsequenz des Gen-Egoismus! Es ist sozusagen das egoistische Gen selbst, das nach Gesellschaft, Moral und Recht ruft. Denn es ist das egoistische Gen, das schließlich von dem Prinzip »Do, ut des« profitiert. Über die Gesellschaft, über die Moral und das Recht bahnt sich das egoistische Gen seinen Weg – auf diesem Weg gelangt es zum maximalen Ausbreitungserfolg.

»Verkenne« dich selbst!

Die Gesellschaft, die Moral und das Recht beruhen nicht mehr im engeren Sinne auf dem Prinzip »Eine Hand wäscht die andere«, sondern in einem weiteren Sinne: Die evolvierten moralischen Gefühle wie die Dankbarkeit, die Freundschaft, die moralistische Aggression, das Gerechtigkeitsgefühl, das Verantwortungsempfinden und die Verläßlichkeit, gestatteten eine neue Form der Gegenseitigkeit – die effizientere – *indirekte Reziprozität*, wie sie Richard D. Alexander genannt hat. Die Gegenleistung für das einmal Gegebene mußte nicht mehr aus der Hand des direkten Partners stammen – sie konnte auch aus fremden Händen kommen, sie konnte auch aus der Gesellschaft empfangen werden. Und die Gabe konnte so auch in einer anderen reproduktiv wertvollen Gegengabe zurückgezahlt werden – in der Währung des gesellschaftlichen Ansehens, im guten Ruf, im Status!

Die Gesellschaft, die Moral und das Recht sind Systeme indirekter Reziprozität. Und diese Systeme gewannen, wie R. D. Alexander vermutet, ihre Wirksamkeit im Wettbewerb mit anderen Systemen, also in der Konkurrenz zwischen menschlichen Gruppen: Der Kampf ums nackte Überleben, die äußeren Gefahren und natürlichen Bedrohungen zogen unsere Vorfahren in die Gemeinschaft. Diese Gemeinschaften lebten zunächst von der direkten Reziprozität, mit der sich im Kampf gegen die natürlichen Bedrohungen in einer feindlichen Umwelt überleben ließ. Schon sehr bald aber wurden andere erfolgreiche Gruppen von Menschen zum eigentlichen Feind des Reproduktionserfolgs, das heißt, zur »natürlichen Bedrohung«. In dieser Konkurrenz mit anderen Gemeinschaften trugen jene Gruppen den Sieg davon, deren Mitglieder durch ein System indirekter Reziprozität zusammengehalten werden konnten – Gruppen mit einer Moral. Moral ist daher in erster Linie ein Instrument, das die einzelnen Mitglieder einer menschlichen Gruppe fester aneinanderbindet, ihren Grad an Uneigennützigkeit und Opferbereitschaft erhöht, ein Mittel, das den Zusammenhalt von Gruppen festigt. Unter dem Druck feindlicher Gruppen wuchsen immer wirksamere Formen indirekter Reziprozität heran. Auf diese Weise wurde das gefördert, was Richard D. Alexander *indiscri-*

minate social investments nennt, also unterschiedslose Hilfeleistungen an jeden Bedürftigen.

Die Tapferkeit im Kampf mit feindlichen Gruppen und die Loyalität und Fairneß im Umgang mit Mitgliedern der eigenen Gruppe sind so im Sinne der indirekten Reziprozität mit Ruhm und Ehre honoriert worden. Die Gesellschaft belohnte die Individuen, die zu »unterschiedslosen Hilfeleistungen« bereit waren, mit gesellschaftlichen Privilegien und Begünstigungen. Und insofern ein guter Ruf, allgemein anerkanntes Ansehen und gesellschaftlicher Status auch Zugang zu »guten Geschäften«, zu vorteilhaften Beziehungen direkter Reziprozität, gewährten, wurden der Ruf, das Ansehen und der Status auch mehr und mehr zu reproduktiv wertvollen Ressourcen: Der Lohn für Tugendhaftigkeit war sozusagen konvertierbar in die Währung des Fortpflanzungserfolgs, konvertierbar in die Währung des Gen-Überlebens! Zu diesen reproduktiv wertvollen, sozialen Belohnungen traten die psychischen Belohnungen hinzu: Mit dem moralischen Handeln wurden auch die subjektiven Befriedigungsgefühle erhöht. Tugendhaftigkeit verlieh nicht nur Ansehen und Privilegien, Tugendhaftigkeit bereitete auch Lust und Vergnügen. Immoralität dagegen zog Ausschluß von reproduktiv wertvollen Ressourcen nach sich, eine Ächtung, die auch subjektiv mit Unlust und Schmerz bestraft wurde. Das Vergnügen war eine Belohnung an sich und ermunterte überdies dazu, auch weiterhin »auf dem Pfad der Tugendhaftigkeit zu wandeln«, während Schmerz und Mißbehagen eine Strafe an sich darstellten und die Menschen dazu veranlaßten, die Wiederholung sozial schädlicher Handlungen fortan zu vermeiden. Lust und Unlust, Vergnügen und Mißbehagen flossen bestimmend in die Kosten/Nutzen-Erwägungen mit ein. In diesem Sinne betrachtet Richard D. Alexander »Bewußtsein, Ich-Bewußtsein, Voraussicht und Gewissen als ›Überlagerung‹ von älteren und unmittelbareren Indikatoren für Kosten und Nutzen wie Schmerz und Lust. Menschen benötigen Wissen«, schreibt er, »Ich-Bewußtsein, Voraussicht und Gewissen zur langfristigen Abschätzung von Kosten und Nutzen, wobei durchaus abgewogen wird zwischen der Ablehnung kurzfristigen Nutzens (oder Vergnügens) und der Annahme kurzfristiger Kosten (oder Schmerzen). Hierin äußert

sich, denke ich, die Fähigkeit der teils konkurrierenden und teils
kooperierenden menschlichen Spezies, das Verhältnis zwischen
kurzfristigen und langfristigen Kosten und Nutzen kontinuierlich
zu regulieren. Intelligenz, Voraussicht und bewußte Planung haben sich dabei als die besten Mittel zur Durchsetzung der eigenen
Interessen erwiesen.«

So stellen die Tugendhaftigkeit, die Loyalität, die Rechtschaf-
fenheit und Uneigennützigkeit vorteilhafte Strategien dar, die
zum einen ein Gefühl der Befriedigung über die eigene moralische
Qualität verleihen und die zum anderen mit Achtung, Gunst,
Verehrung, Liebe und allerlei Privilegien belohnt werden. In einem
System indirekter Reziprozität mußte die Losung eines jeden egoistischen Individuums folglich lauten: Sei tugendhaft, und stelle
deine eigenen Interessen zurück – so dienst du deinen eigenen
Interessen am besten! »Das Individuum kann sich«, wie Charles J.
Lumsden und Edward O. Wilson auch schreiben, »gegenüber anderen moralisch und selbstlos verhalten, aber dieses Verhalten
bewirkt eine sogar größere Verbreitung seiner Gene, als wenn es
nur von konsequentem Eigennutz bestimmt wäre.« Schließlich
kann der Altruist selbst in dem Falle, wo ihn seine Uneigennützigkeit und Aufopferung von der Zeugung eigener Nachkommen
abhalten, aufgrund der Sippen-Selektion immer noch seine Gesamtfitneß erhöhen. Denn seine Gene, mithin seine besonderen
Eigenschaften, werden ja, wie der Göttinger Anthropologe Christian Vogel ausführt, »über Nebenlinien weitergegeben und angereichert, und zwar um so stärker, je mehr die Blutsverwandten von
den moralischen Qualitäten ihres Familienangehörigen ›reproduktiv‹ profitieren, was zum Beispiel auf dem Weg über gesellschaftliches Ansehen und daran geknüpfte materielle Vorteile
geschehen kann«.

Die moralischen Wertsysteme von Philosophie und Religion
sind als Modelle für das Verhalten anderer, nicht aber für das
Verhalten der eigenen Person (oder im stärkeren Maße für das
Verhalten anderer) entwickelt worden. Zu dieser provozierenden,
aber feinsinnigen Feststellung kommt Richard D. Alexander. Seiner Behauptung liegt der folgende Gedanke zugrunde: Wir ziehen
einen großen Vorteil daraus, inmitten einer Gemeinschaft zu le-

ben, die sich das Ideal der Tugendhaftigkeit und Uneigennützigkeit zu eigen gemacht hat. Wir leben »wie die Made im Speck«, wenn alle Mitglieder der Gemeinschaft selbstlos und rechtschaffen ihre eigenen Interessen hintanstellen und in uneigennütziger Geschäftigkeit für das Wohl der gesamten Gemeinschaft Sorge tragen. Um in diesen Genuß zu gelangen, bekräftigen wir die ehrbaren und rechtschaffenen Mitglieder, klopfen ihnen wohlwollend auf die Schulter, preisen ihre Tugendhaftigkeit in der Gegenwart anderer oder ernennen sie geradezu zu Helden. Natürlich denken alle Mitglieder so, natürlich möchte jedes Mitglied der Gesellschaft in den Genuß kommen, faul und lässig wie die Made im Speck zu leben. Daher proklamieren wir – jeder seinem Nächsten gegenüber – das Ideal der Tugendhaftigkeit; jeder sucht seine Nächsten in ihrer Uneigennützigkeit zu bestärken, sucht sie zu ermuntern, in ihrer Opferbereitschaft fortzufahren. Unser Appell an die edlen Ideale der Religion und Moralphilosophie wird selbstverständlich nur dann glaubhaft wirken, wenn wir selbst den Eindruck eines tugendhaften Menschen vermitteln. So entsteht unter den Mitgliedern der Gemeinschaft ein Bemühen, seinem Nächsten so glaubhaft als irgend möglich vorzugaukeln, selbst edel, hilfreich und gut zu sein. Jeder versucht, den anderen über das Ausmaß seiner wirklichen Tugendhaftigkeit zu täuschen, jeder versucht, altruistischer zu wirken, als er in Wirklichkeit ist. »Dafür gibt es«, wie Alexander meint, »zwei Gründe: Dieser Anschein – soweit glaubhaft – wird mit größerer Wahrscheinlichkeit zu direkten sozialen Belohnungen führen als alles andere. Auch wird er eher die anderen zu altruistischem Verhalten bewegen. Wenn diejenigen, mit denen man Umgang hat, altruistisch sind, kann man es sich leisten, auch selbst altruistischer zu sein, als wenn dies nicht der Fall ist. Jedem müßte also daran gelegen sein, altruistischer als jeder andere zu erscheinen; denn bei einem höheren Grad an Altruismus können sich alle wohler fühlen, als es sonst der Fall wäre.«

Aufgrund des eigenen Vorteils also drängen wir im Umgang mit unseren Nächsten darauf, den Gipfel der Tugendhaftigkeit anzustrengen. Es liegt einfach »im Interesse jedes einzelnen, wenn andere Mitglieder der eigenen Gesellschaft – vor allem die, mit denen man eng verbunden ist – das Ideal vollkommen moralischen Verhaltens verwirklichten ... Dementsprechend wäre zu erwarten, daß jeder einzelne in einer Gesellschaft dabei gewinnen würde, wenn er sich zumindest ein wenig darum bemühte, andere aufzufordern, sich etwas moralischer (altruistischer) zu verhalten, als sie es vielleicht unaufgefordert getan hätten. Dieses Ziel läßt sich zum Beispiel durch die Schaffung eines moralischen Vorbildes verfolgen, verbunden mit der Aufforderung an alle, ihm nachzueifern.« Und wir haben natürlich, wie jeder weiß, »weder Kosten noch Mühen gescheut«, solche moralischen Idole anzupreisen und in den Himmel zu heben. Mit großem Pathos und wirklicher Ergriffenheit singen wir den edlen Heroen vergangener Zeiten ein Loblied und beten voller Inbrunst zu den Heiligen; mit andächtiger Miene schwärmen wir von den sagenumwobenen und legendären Gestalten unserer Geschichte – und kaum jemals vergessen wir dabei, den mahnenden Zeigefinger bedeutungsvoll zu heben.

Soziobiologisch betrachtet, spielen daher die Täuschung und der Betrug, einschließlich des Selbstbetrugs, bei der Evolution moralischer Systeme eine kaum zu unterschätzende Rolle. Jeder versucht, moralischer zu erscheinen, als er in Wirklichkeit ist, jeder täuscht den anderen, jeder betrügt, jeder führt jeden »an der Nase herum«. So scheinen selbst unsere Dankbarkeit und unsere Sympathie selektiert worden zu sein, um noch besser betrügen zu können. Auf diese Art und Weise mag eine schier endlose Spirale in Gang gesetzt worden sein: Man versucht, zu betrügen, und man versucht, Betrug zu entlarven. Jeder bemüht sich, noch gerissener und noch durchtriebener zu betrügen und an der Nase herumzuführen als alle anderen, und jeder bemüht sich, noch geschickter und noch scharfsinniger Betrügereien aufzudecken. Richard Dawkins vermutet daher sogar, daß sich das vergrößerte Gehirn des Menschen und seine Veranlagung für mathematisches Denken womöglich als ein Mechanismus immer ausgefalleneren Betrügens und immer scharfsinnigeren Erkennens von Betrug bei anderen herausgebildet hat. Und darüber hinaus kann es vorteilhaft sein, wenn man sich dann und wann selbst etwas vorgaukelt, wenn man sich selbst an der Nase herumführt – schließlich lügt niemand besser denn der, der sich selbst belügt. Und dies dürfte nun auch ein neues Licht auf die *Evolution des Unbewußten* werfen. Wenn nämlich der einzelne in solchen Systemen indirekter Reziprozität seinen Nächsten über das wirkliche Ausmaß seiner moralischen Vorzüge zu täuschen sucht und dies am ehesten dadurch erreichen kann, daß er auch sich selbst betrügt, dann dürften sich Hand in Hand mit der Evolution von Systemen indirekter Reziprozität auch die – spätestens seit Freud bekannten – psychischen Mechanismen der Verdrängung, der Projektion, der Verschiebung und der Unterdrückung herausgebildet haben. Die Verdrängungspolitik des heutigen Menschen nahm also ihren Anfang gewiß mit der Entstehung von Gesellschaft, Moral und Recht.

Von Kindesbeinen an bekommt der einzelne gelehrt, daß er sich seiner egoistischen Gedanken, Gefühle und Wünsche zu schämen habe. Schon in der frühen Kindheit muß er die bittere Erfahrung machen, daß sein Eigeninteresse, sein Eigensinn und seine Selbstbezogenheit auf heftigen Widerstand stoßen. Er sieht, daß er mit seinem eigennützigen Verlangen und seinen eigensüchtigen Wünschen und Begierden den Protest und die Ablehnung seiner Nächsten herausfordert. Und so belehrt ihn denn der graue Alltag darüber, daß er all jenen Neigungen zu entsagen habe, die das Mißfallen seiner Nächsten erregen, daß er sich all jener Gedanken, Gefühle und Wünsche zu entledigen habe, die von der Gesellschaft geächtet werden. Sein Erfolg in der Gesellschaft hängt daher ganz von seiner Fähigkeit ab, seine Nächsten über seine wahren Empfindungen und Neigungen hinwegzutäuschen. In diesem Bemühen wird er aber um so erfolgreicher sein, je mehr es ihm gelingt, sogar sich selbst etwas vorzugaukeln. Wer ein »geräumiges Unbewußtes« besitzt, in das all jene anstoßerregenden Begierden verbannt werden können, der braucht sich selbst noch nicht einmal der Unaufrichtigkeit zu bezichtigen. Wem es mit Hilfe geschickter Verdrängungsstrategien gelingt, seine geheimsten Wünsche vor sich selbst zu verbergen, der erfreut sich sogar eines ausgesprochen guten Gewissens. Es ist zweifellos ein unschätzbarer Vorteil, wenn man sowohl andere als auch sich selbst Glauben machen kann, sittlich unbescholten zu sein, denn dem derart »Tugendhaften« winken ein guter Ruf und jenes Ansehen als Belohnung, das einem Garantieschein für den eigenen gesellschaftlichen Erfolg gleichkommt.

So gesehen, erweist sich die praktizierte Verdrängungspolitik des Menschen geradezu als adaptiv und fitneßmaximierend: Sie ist eine Anpassung an die Erfordernisse der Gesellschaft und ein »menschlich-allzumenschliches« Mittel, um in den Genuß solch reproduktiv wertvoller Ressourcen wie Ansehen und Status kommen zu können. Der Fähigkeit beraubt, unsere selbstsüchtigen und herrschsüchtigen, unsere eitlen und selbstgefälligen, unsere neidischen und rachsüchtigen und unsere feindseligen und lasterhaften Gedanken, Gefühle und Wünsche verbergen, zügeln, verdrängen und unterdrücken zu können, liefen wir alle Gefahr, aus einem geschätzten und geachteten »Dr. Jekyll« zu einem gemeinen und gefährlichen »Mr. Hyde« zu werden.

Eine Welt voller böswilliger Egoisten

MAN HÄLT STETS FREMDE LIST FÜR
FEINER ALS EIGENE, WEIL MAN
JENE ERST ERRATEN MUSS.

JEAN PAUL

Das Dilemma der Gefangenen

Ich weiß, es ist eine Zumutung, doch stellen Sie sich für einen Augenblick vor, Sie und irgendein Komplize, der Ihnen sonst nichts weiter bedeutet, haben ein Ding gedreht. Wie das Leben so spielt, ging mal wieder alles schief: Man hat Sie und Ihren Kompagnon auf frischer Tat ertappt – aus dem großen Coup wurde nichts. Nun sitzen Sie beide hinter Schloß und Riegel (in getrennten Zellen, ohne die geringste Möglichkeit, sich irgendwie miteinander verständigen zu können), hadern mit Ihrem bitteren Schicksal und warten bangen Herzens auf Ihren Prozeß. Und während Sie nun so nervös in Ihrer Zelle auf und ab gehen, sich mit allen möglichen Selbstvorwürfen quälen und sich bezichtigen, ein hoffnungsloser Trottel zu sein, springt plötzlich die Zellentür auf, und herein tritt der Staatsanwalt. Mit einem leicht ironischen Lächeln, das seine schmalen und klugen Lippen umspielt, setzt er sich – wie das Staatsanwälte offenbar zu tun pflegen – lässig auf einen Stuhl, um Ihnen in aller Gelassenheit den folgenden Kühhandel vorzuschlagen: »Tja, mein Bester, es steht nicht gerade gut um Ihre Zukunft. Ich möchte wirklich nicht in Ihrer Haut stecken. Wir haben da einen ganzen Sack von Indizien gegen euch: Indizien, die hinreichen, um Sie und Ihren Kompagnon für zwei Jahre zu verknacken. Zwei Jahre können eine lange Zeit sein, zumal in Sing Sing. Überlegen Sie sich also gut, ob Sie hier auch weiterhin das Unschuldslamm spielen wollen!« Ihnen eine Zigarette anbietend, fügt er mit scheinbarem Wohlwollen hinzu: »Doch, wie Sie wissen, läßt sich über alles reden. Ich mache Ihnen daher ein Angebot: Sie helfen mir, Ihren Kompagnon einzubuchten, und ich lasse Sie laufen. Während Ihr Komplize dann für fünf Jahre abwandert, sind Sie schon morgen wieder auf freiem Fuße! Hm ...? ›Eine Hand wäscht die andere‹, wie es so schön heißt. Ich denke, Sie sollten dieses Angebot wirklich zu schätzen wissen, wenngleich ich ›fairerweise‹ hinzufügen will, daß ich Ihrem Komplizen natürlich den gleichen Handel vorschlagen werde und ihn auch über das Angebot unterrichte, das ich Ihnen gerade mache. Nun, wie sieht's aus?« Und während Sie ihn mit einer Mischung aus Verwirrung und Argwohn anstarren, drückt er lächelnd seine Zigarette aus, geht auf die Zellentür zu, um den Schließer durch dreimaliges Klopfen zu bitten, ihn wieder hinauszulassen. Stotternd suchen Sie ihn zurückzuhalten: »Ja, aber ...« – »Bitte?« – »Ja, aber ... Äh ... Was aber wird sein, wenn wir beide auspacken?« – »Nun, mein Bester, dann werdet ihr, so fürchte ich, bedauerlicherweise beide für vier Jährchen hinter ›schwedischen Gardinen‹ hocken. Überlegen Sie's sich. Ich gebe Ihnen eine Stunde Bedenkzeit. Also, bis dann.«

Jetzt stehen Sie da. »Gottverdammte ...!« Doch Sie können fluchen, sich die Haare raufen oder mit dem Kopf gegen die Zellentür laufen – es hilft Ihnen alles nichts. Was tun also? Natürlich haben Sie keinen Bock, weiterhin den Ahnungslosen zu mimen, wenn Ihr Komplize singt. Denn schließlich bedeutete das, daß Sie fünf Jahre hinter dicken Gefängnismauern schmachten müßten, während sich Ihr Kompagnon, dieser Halunke, draußen eins ins Fäustchen lacht und sich nach Herzenslust amüsieren könnte. Da wäre es schon besser, wenn Sie beide singen würden – das macht schließlich nur vier Jahre. Am allerbesten wär's natürlich, wenn Ihr Partner dichthielte und nur Sie singen würden. Okay, Sie hätten Ihren Kompagnon dann in die Pfanne gehauen, doch was zählt, ist ja schließlich, daß Sie mit heiler Haut davonkommen – das Leben ist nun mal hart.

Da ist es ja eigentlich völlig klar: Sie fahren in jedem Falle besser, wenn Sie singen. Also singen Sie. – Ihr Partner, der sich ein paar Zellen weiter genauso den Schädel zermartert, steckt in der gleichen Klemme und kommt – da er ja nicht blöde ist – zum gleichen Schluß: »Ich singe, na logo!« Sie singen, er singt = Sing Sing für ganze vier Jahre. Zu doof, nicht wahr? Hätten Sie beide unlogisch gehandelt und mit unschuldigen Mienen beteuert, daß Sie gar nicht wüßten, worum es geht, hätten Sie nur halb so lange bei Wasser und trocken Brot sitzen müssen. Gottverdammte Logik!

Dies ist das sogenannte *Gefangenendilemma*, das 1950 von Merril M. Flood und Melvin Dresher erfunden und später von Albert W. Tucker formalisiert wurde. Es ist eine sehr lebensnahe Paradoxie, mit der sich zahlreiche Situationen unseres Alltags beschreiben lassen, unseres sozialen Alltags, unseres wirtschaftlichen Alltags und unseres politischen Alltags. Wir sind uns wohl alle darüber einig, daß Menschen keine Engel sind. Irgendwie versuchen alle – mit Verlaub –, mit ihrem A...(llerwertesten) an die Wand zu kommen. Da wird geschubst, da wird gedrängelt, da werden die Ellenbogen gebraucht, und da wird gelogen, betrogen und übervorteilt – jeder sieht zu, wo er bleibt. Es ist einfach zu schön, etwas umsonst zu bekommen, die Zeche zu prellen oder schwarzzufahren: Am besten fährt der Trittbrettfahrer!

Und so halten es auch unsere beiden (nicht gerade liebenswürdigen) Gefangenen: Jeder pfeift auf das Schicksal des anderen – jeder verpfeift den anderen. Die Versuchung, durch Verpfeifen des anderen ungeschoren davonzukommen, war einfach zu groß – beide liebäugelten mit der sofortigen Entlassung.

Was nun nach dem gegenseitigen Verpfeifen auf beide wartet, ist allerdings gar zu bitter: Die Gefängnistore von Sing Sing werden sich für nicht weniger als vier Jahre hinter ihnen schließen, zu traurig. Hätten beide dichtgehalten (sprich: zusammengehalten), dann hätten sie nur halb so lange das zweifelhafte Vergnügen, Untermieter in Sing Sing zu sein. Und damit haben wir denn auch »des Pudels Kern«, will sagen, das Charakteristische des Gefangenendilemmas: Das Dilemma besteht darin, daß es für jeden Gefangenen (unabhängig vom Verhalten des anderen) einträglicher ist, den anderen zu verpfeifen, daß jedoch gegenseitiges Verpfeifen für beide ungünstiger ist als beiderseitiges Dichthalten. Die folgende Abbildung soll das noch einmal verdeutlichen:

		Gefangener B	
		hält dicht	singt
Gefangener A	hält dicht	(2 J./2 J.)	(5 J./frei)
	singt	(frei/5 J.)	(4 J./4 J.)

Sogenannte »Nutzen-Matrix« für das Gefangenendilemma. »J« sind die Jahre, die es abzusitzen gilt.

Situationen im Sinne des Gefangenendilemmas sind also solche, in denen die Versuchung, den Partner übers Ohr zu hauen, sehr groß ist, da dieser Streich – wenn gelungen – einen überaus achtbaren Profit einbringt; einen fairen Handel mit dem Partner einzugehen bringt – wie sollte es anders sein – einen weniger achtbaren Profit ein, doch immerhin mehr, als wenn beide Partner einander an der Nase herumführen; und am bittersten ist es in einer solchen Situation natürlich, der Gefoppte zu sein, weil man eben leer ausgeht (während sich der andere die Taschen vollstopft). Das folgende – dem Physiker und Computerwissenschaftler Douglas R. Hofstadter von der University of Michigan entlehnte – Beispiel soll diese Situation noch einmal näher veranschaulichen: Angenommen, Sie hätten eine im wahrsten Sinne des Wortes »brillante Erbschaft« gemacht – Ihre liebenswürdige Tante Betty aus Dallas hat Sie in ihrem Testament mit ein paar kostbaren Edelsteinen bedacht. Das ist natürlich eine tolle Sache. Doch irgendwie haben Sie mit Tante Bettys antiquierten Klunkern wenig im Sinn; dagegen wissen Sie aber sehr wohl etwas mit dem vielen Geld anzufangen, das sich leicht aus den Steinchen machen ließe. Also versuchen Sie, die Erbschaft, die Sie wirklich »steinreich« gemacht hat, in klingende Münzen und knisternde Scheinchen umzusetzen. Entfernte Bekannte, die Sie in Ihre Pläne eingeweiht haben, vermitteln Ihnen einen Händler, der eine satte Summe zu zahlen bereit ist. Alle für den Handel notwendigen Formalitäten klären Sie mit diesem offenbar großzügigen Interessenten am Telefon – Sie wissen nicht, wie der Mann am anderen Ende der Leitung aussieht, was er beruflich macht, wie alt er ist, geschweige denn, wie vertrauenswürdig er ist. Kurz, Sie wissen nichts über ihn, außer, daß er einen beispiellosen

Preis für Tante Bettys Steinchen zahlen will, und das ist im doppelten Sinne des Wortes »allerhand«. Aus irgendeinem Grund müssen Sie den vielversprechenden Handel mit Ihrem Partner im geheimen abwickeln. Und so verabreden Sie beide, an einem bestimmten Ort im Wald einen Sack zu deponieren: Ihr Partner einen Sack voll klingender Münzen, Sie einen Sack mit Tantchens Klunkern. Bei Ihrer einmaligen Transaktion werden Sie Ihren Partner also nicht einmal zu Gesicht bekommen. Sie hinterlegen Ihren Sack an dem ausgemachten Ort und eilen dann zum Versteck des Geldsacks.

Das ist nun natürlich alles so mysteriös, daß Sie ernstlich befürchten müssen, hereingelegt zu werden. Ihnen beiden liegt selbstverständlich an einem fairen Handel, in dem jeder bekommt, was er begehrt – ein ehrlicher Tausch würde Sie beide zufriedenstellen. Das dumme ist nur, daß der, der für einen leeren Sack einen vollen bekommt, noch zufriedener gestellt würde. Die Versuchung, den anderen mit einem leeren Sack zu übervorteilen, ist unter den obskuren Bedingungen der geplanten Transaktion also für Sie beide gleichermaßen groß, und die Aussicht, auf einen Schlag doppelt so reich zu werden, gar zu verführerisch. Da sagen Sie sich natürlich: »Wenn mein Partner einen vollen Sack in den Wald schleppt, ich aber einen leeren deponiere, dann kann ich vor Freude einen Purzelbaum schlagen – schließlich bekomme ich dann, was ich wollte, und kann überdies die kostbaren Steinchen behalten. Wenn er dagegen einen leeren Sack hinterläßt, dann habe ich ebenfalls gut daran getan, auch einen leeren Sack in den Wald geschafft zu haben. Zwar hätte ich dann nichts erhalten, doch ich bin wenigstens nicht übers Ohr gehauen worden – jedenfalls hätte ich nichts verloren. Tja, es ist also offenbar in jedem Falle besser, einen leeren Sack in den Wald zu tragen – ganz gleich, wozu sich mein Partner auch entschließen mag.« Von der nämlichen (unfehlbaren?) Logik läßt sich nun natürlich auch Ihr Partner leiten. Folglich sieht man zum verabredeten Termin sowohl Ihren Partner als auch Sie selbst bei Nacht und Nebel einen leeren Sack in den Wald schleppen – und so gehen Sie beide leer aus! Fatale Logik, nicht wahr? Hätten Sie sich beide an die Abmachung gehalten, so hätten Sie beide bekommen, was Ihr Herz begehrte … Die »fatale Situation« noch einmal auf einen Blick:

		Partner	
		voller Sack	leerer Sack
Sie	voller Sack	(R = 2/R = 2)	(S = –1/T = 4)
	leerer Sack	(T = 4 / S = –1)	(P = 0/P = 0)

Tragen Sie und Ihr Partner also einen vollen Sack in den Wald, dann erhalten Sie beide 2 Punkte; das ist die Belohnung R (Reward) für einen fair abgeschlossenen Handel. Hat jeder versucht, den anderen mit einem leeren Sack hereinzulegen, dann erhalten Sie beide 0 Punkte; das ist die Strafe P (Punishment) für beiderseitiges Mogeln. Hat nur einer den andern übers Ohr gehauen, dann erhält der glückliche Schurke 4 Punkte dafür, daß er der Versuchung T (Temptation) glücklicherweise nachgegeben hat, und der Gefoppte –1 Punkte, weil er als gutgläubiges Opfer S (Sucker's payoff) in die Falle gegangen ist. Um eine dem Gefangenendilemma äquivalente Situation zu konstruieren, muß daher folgende Bedingung erfüllt sein:

$$T > R > P > S.$$

Anders ausgedrückt: Einseitiges Betrügen bringt mehr als ein fairer Handel ein, der faire Handel aber mehr als beiderseitiges Mogeln, und beiderseitiges Betrügen eben mehr, als allein gefoppt zu werden. Diese Bedingung sorgt dafür, daß Sie und Ihr Partner sich jeweils sagen: »Ganz gleich, was der andere auch tun mag, es ist vorteilhafter für mich, zu mogeln.«

Eine zweite Bedingung tritt hinzu, wenn Sie das Gefangenendilemma über mehrere Runden zu spielen haben. Dies ist der Fall, wenn Sie mit Ihrem Partner übereinkommen, einen Handel auf Lebenszeit einzugehen: Sie und Ihr Partner pilgern also allmonatlich ins Grüne hinaus, um einen Sack mit dem kostbaren Gut zu deponieren. Ein »Handel auf Lebenszeit« ist natürlich so eine Sache, denn weder Sie noch Ihr Partner wissen, wie alt der andere ist – die Dauer Ihres Handels ist also unbestimmt, weil der andere bankrott gehen oder gar sterben könnte. Auf jeden Fall können Sie aber damit rechnen, daß Ihre Partnerschaft wenigstens einige Jahre Bestand haben wird.

Unter diesen Umständen wäre es allerdings nicht nur mies, sondern auch geradezu töricht, bei der allerersten Transaktion zu betrügen, zumal Ihr geplantes Geschäft nun ja vom »Schatten der Zukunft« lebt – es sind ja die vielen und regelmäßigen geschäftlichen Interaktionen mit Ihrem Partner, die Sie reich machen können. Also tragen Sie beide zum ersten Termin klugerweise einen vollen Sack in den Wald und hoffen, damit die notwendige Vertrauensbasis schaffen zu können. Großartig. Sie und Ihr Partner sind mit dem Beginn Ihres Handels vollauf zufrieden. Doch was tun Sie im nächsten Monat, denn da beginnt das Spielchen von vorn: voller Sack oder leerer Sack? Gut, Sie bleiben weiterhin fair. Doch was tun Sie, wenn Ihr Partner Sie nun irgendwann einmal hereinlegt? Lassen Sie den gesamten Handel platzen? Tun Sie – gentlemanlike – so, als hätten Sie es gar nicht bemerkt? Oder vergelten Sie Gleiches mit Gleichem? Und wenn ja, bestrafen Sie ihn einmal, zweimal, dreimal . . .? Wie nachtragend werden Sie sein?

Dies ist das »iterative Gefangenendilemma«, das auch die zweite (bereits angedeutete) Bedingung erfordert:

$$\frac{T + S}{2} < R.$$

Diese Bedingung stellt sicher, daß Sie beide schlechter dabei wegkommen, wenn Sie einander abwechselnd betrügen, als wenn Sie einander regelmäßig fair beliefern. Wenn Sie Ihren Partner also in dem einen Monat übers Ohr hauen, im anderen dann aber selbst an der Nase herumgeführt werden und so fort, dann erhalten Sie beide im Durchschnitt weniger als durch immerwährende Vertragstreue.

Wie du mir, so ich dir

Doch, so fragen Sie jetzt vielleicht, was soll das alles? Worum geht's nun eigentlich? Und was hat das Gefangenendilemma überhaupt mit der Soziobiologie zu tun? – Es geht, um es kurz zu machen, um die Evolution der Kooperation! Also um die Frage: Kann in einer Welt voller Egoisten kooperatives Verhalten entstehen? Und da klingt denn wohl auch schon die nahe Verwandtschaft unserer Frage mit dem »Darwinschen Paradoxon« an. Doch diesmal geht es weder um die Zusammenarbeit zwischen Verwandten (die sich ja mit dem soziobiologischen Modell der Sippen-Selektion klären ließ) noch um die Zusammenarbeit zwischen Vertrauten (die mit der soziobiologischen Reziprozitätstheorie geklärt werden könnte), sondern um die Zusammenarbeit von nichtverwandten und nichtvertrauten selbstsüchtigen Organismen, die weder Wohlwollen noch Erbarmen kennen – um die Kooperation zwischen Egoisten reinsten Wassers.

Die Grundlage menschlicher Zivilisation ist zweifellos die Kooperation. Die Frage jedoch, wie diese Kooperation zwischen Menschen hat entstehen können, die einander nicht nur mit ausgesprochener Indifferenz begegnen, sondern auch stets zu übervorteilen suchen, blieb über die Jahrhunderte hinweg ungeklärt. Sie erinnern sich sicher der berühmt gewordenen Ansicht des englischen Philosophen Thomas Hobbes, der in seinem »Leviathan« meinte, Kooperation sei ohne zentralen Herrschaftsstab unmöglich; würden die Menschen daher nicht durch eine Regierungsgewalt zur Kooperation, Loyalität, Fairneß, Rücksicht etc. gezwungen werden, dann wäre unser Leben nach wie vor »einsam, armselig, ekelhaft, tierisch und kurz«.

Da Kooperation aber wohl älter als die erste Regierungsgewalt ist und ja auch im »anarchistischen« Tierreich vorkommt, blieb die Frage: Wie kann sich Kooperation in einem strikt selbstsüchtigen Milieu entwickeln? Dieser nicht nur philosophisch und politisch, sondern auch evolutionsbiologisch relevanten Frage ist der Politikwissenschaftler Robert Axelrod vom Institute for Public Policy Studies der University of Michigan in Ann Arbor nachgegangen. Axelrod rückte dieser Frage mit den Methoden der modernen Spieltheorie und durch Computersimulationen zu Leibe. Darin deutet sich bereits an, daß der von Axelrod vertretene Ansatz nicht genetisch, sondern strategisch ist; gleichwohl wählte er zur Behandlung des Problems eine sozusagen evolutionäre Perspektive: »Die evolutionäre Perspektive legt drei unterschiedliche Problemstellungen nahe. Erstens: Wie kann eine kooperationsbereite Strategie überhaupt in einer Umgebung Fuß fassen, die vorherrschend unkooperativ ist? Zweitens: Welcher Typus von Strategie kann sich in einer komplexen Umgebung bewähren, die sich aus einem breiten Spektrum mehr oder weniger raffinierter, unterschiedlicher Strategien zusammensetzt? Drittens: Unter welchen Bedingungen kann eine solche Strategie, nachdem sie sich einmal in einer Gruppe durchgesetzt hat, der Invasion durch eine weniger koopertive Strategie Widerstand entgegensetzen?«

Um diese Fragen beantworten zu können, rief Robert Axelrod ein Computer-Turnier ins Leben, zu dem er Experten der Spieltheorie dazu einlud, mögliche Strategien in Form von Computerprogrammen für ein iteratives Gefangenendilemma-Turnier einzusenden. Die Einladungen ergingen an spieltheoretische Profis aus den Fächern Ökonomie, Soziologie, Politologie, Psychologie und Mathematik – unter ihnen befanden sich auch einige, die selbst schon über das Gefangenendilemma publiziert hatten. In einem Gefecht aller gegen alle sollte dann ein Sieger ermittelt werden. Siegen würde jene Strategie, die in diesem Turnier die meisten Punkte erzielte. Die Programme sollten auf das K (für Kooperation) oder M (für Mogeln) der anderen Spieler mit einem K oder M antworten können, und jedes Programm sollte die Geschichte der bisherigen Interaktionen »im Gedächtnis« haben – die Spieler konnten sich bei ihren Entscheidungen also von dem Ausgang bisheriger Begegnungen leiten lassen. Die Entscheidungen brauchten dabei nicht deterministisch zu sein, das heißt, es war auch durchaus erlaubt, einen Zufallsgenerator zu Rate zu ziehen. So steuerte denn Axelrod selbst zu den 14 eingegangenen Programmen ein solches Zufallsprogramm bei: RANDOM. RANDOM warf sozusagen vor jedem Zug eine (simulierte) Münze – bei Kopf kooperierte, bei Zahl mogelte es.

»Jedes Spiel bestand aus genau 200 Zügen. Für jeden Zug wurde die aus Kapitel 1 bekannte Auszahlungsmatrix verwendet.* Sie

---

* Hier die von Axelrod erwähnte »Auszahlungsmatrix«:

Spaltenspieler

		Kooperation	Defektion
	Kooperation	R = 3, R = 3	S = 0, T = 5
Zeilenspieler	Defektion	T = 5, S = 0	P = 1, P = 1

Defektion bedeutet Mogeln. Kooperation wird im folgenden mit C und Defektion mit D abgekürzt.

belohnte beide Spieler mit drei Punkten für wechselseitige Kooperation und mit einem Punkt für wechselseitige Defektion. Wenn
ein Spieler defektierte und der andere kooperierte, erhielt der
defektierende Spieler fünf Punkte und der kooperierende Spieler
null Punkte.

Kein Teilnehmer wurde wegen Überschreitung von Zeitschran-
ken disqualifiziert. Das gesamte Turnier wurde fünfmal durchgeführt, um eine stabilere Schätzung der Punktzahlen für jedes Paar
von Spielern zu erhalten. Insgesamt gab es 120 000 Züge, also
240 000 einzelne Entscheidungen.«

Was meinen Sie, was für eine Strategie könnte wohl gewonnen
haben? Eine Strategie, die stets kooperierte? Eine, die immer defektierte? Eine, die abwechselnd kooperierte und defektierte? Eine, die
kooperierte und dann zweimal defektierte? Oder eine, die . . .? Was
meinen Sie, welche Strategie ist die beste? – Um es kurz zu machen: Es gibt im iterativen Gefangenendilemma keine Strategie,
die allen anderen unter allen Umständen überlegen wäre. Die
beste Strategie hängt immer von der Strategie des Gegenspielers
ab! Würde Ihr Gegenspieler beispielsweise die Strategie IMMER
D, also ununterbrochene Defektion, verwenden, dann ist es selbstverständlich am besten für Sie, auch stets zu defektieren. Verfolgte
Ihr Gegenspieler aber eine Strategie »permanenter Vergeltung«,
dann sieht die Sache schon ganz anders aus. Denn »permanente
Vergeltung« ist jene Strategie, bei der Ihr Gegenspieler so lange
kooperiert, bis Sie einmal defektieren, um dann selbst nur noch zu
defektieren. In diesem Fall ist es für Sie am besten, niemals zu
defektieren, um regelmäßig die Belohnung R einzustreichen; es sei
denn, Ihr durch einmaliges erfolgreiches Defektieren einzustrei-
chender Gewinn kann so groß sein, daß die durch beiderseitige
Kooperation anzusammelnden Rs nicht an ihn heranreichen werden. (Angesichts der von Axelrod in diesem Turnier verwendeten
Auszahlungsmatrix und der obligatorischen 200 Züge ist dieser
Fall natürlich unmöglich.) Und darin deutet sich denn auch schon
an, daß der berüchtigte »Schatten der Zukunft« eine bedeutsame
Rolle spielt: Im iterativen Gefangenendilemma vermag die Zu-
kunft einen Schatten auf die Gegenwart zurückzuwerfen! Denn
Sie müssen ja bei jeder in der Gegenwart zu treffenden Entschei-

dung die Konsequenzen berücksichtigen, die Ihre jetzige Entscheidung für die zukünftigen Begegnungen mit Ihrem Gegenspieler haben wird. Wenn Sie sich also mit der Strategie »permanenter Vergeltung« auseinanderzusetzen haben, dann müssen Sie sich (nach zum Beispiel fünf Zügen) natürlich sagen: Mein Gott, nun bin ich ihr fünfmal kooperativ begegnet und habe auf diese Weise bereits erfreuliche 15 Punkte erhalten. Warum – um alles in der Welt – sollte ich also jetzt wegen läppischer 5 Punkte defektieren, wo ich ihr doch noch 195 Male zu begegnen habe? Schließlich ließen sich noch ganze 585 Punkte gewinnen, wenn wir beide unserer netten Gewohnheit treu blieben! »Das *Gewicht* (oder die Bedeutung) des nächsten Zuges relativ zum laufenden wird w genannt. Es repräsentiert das Ausmaß, in dem die Auszahlung eines jeden Zuges relativ zum vorhergehenden diskontiert wird und ist daher ein *Diskontparameter*.« Und daraus ergibt sich das erste von Axelrod formulierte Theorem: Wenn der Diskontparameter w hinreichend groß ist, existiert keine beste Strategie unabhängig von der Strategie des anderen Spielers.

Um Sie nun aber nicht noch länger auf die Folter zu spannen: Zur großen Überraschung aller Beteiligten hat das simpelste aller eingereichten Programme gewonnen – TIT FOR TAT! TIT FOR TAT wurde von dem Psychologen und Philosophen Anatol Rapoport von der University of Toronto eingesandt – einem alten Hasen in Sachen Gefangenendilemma. TIT FOR TAT bedeutet: »Wie du mir, so ich dir«. TIT FOR TAT kooperiert im ersten Zug, um anschließend immer das zu tun, was der andere Spieler im vorangegangenen Zug getan hat. Die Frage, die es nun für Robert Axelrod zu klären galt, lautete: Wie geht es an, daß eine so simple Taktik all die raffinierten Strategien der anderen Experten zu überflügeln vermochte? Worin besteht das Erfolgsrezept von TIT FOR TAT? Was sind die besonderen Eigenschaften, die TIT FOR TAT auszeichnen und ihr zum Sieg verhalfen?

Die Analyse dieses ersten Turniers ergab, daß sich die erfolgreichen Strategien durch zwei Eigenschaften auszeichneten, und zwar durch »Freundlichkeit« und »Nachsicht«. Eine »freundliche Strategie« ist eine solche, die nicht als erste defektiert. Unter den eingereichten Strategien befanden sich acht freundliche – und diese acht freundlichen Strategien belegten auch die ersten acht Plätze (sie ließen die restlichen Strategien sozusagen abgeschlagen hinter sich). Der Erfolg der Freundlichkeit erklärt sich bereits daraus, daß jede freundliche Strategie im Umgang mit ihren sieben gleichgesinnten Programmen und im Umgang mit ihrem eigenen Gegenstück jeweils ca. 600 Punkte macht – schließlich kooperieren sie praktisch bis zum Ende des Spiels. »Nachsicht« bedeutet die Neigung, in den Spielzügen nach einer Defektion des Gegenspielers wieder zu kooperieren. FRIEDMAN war sozusagen die am wenigsten nachsichtige Strategie unter den freundlichen; sie übte »permanente Vergeltung«, war nach einer Defektion ihres Partners also gar nicht mehr zu versöhnen, und landete aufgrund ihres nachtragenden Charakters schließlich nur auf Platz 7. Anders TIT FOR TAT: TIT FOR TAT übte Nachsicht insofern, als es sich mit einem einzigen Gegenschlag Luft machte, danach aber allen Groll vergaß und wieder zu kooperieren bereit war. Die Analyse des Turniers zeigte sogar, daß eine noch nachsichtigere Strategie als TIT FOR TAT hätte gewinnen können: TIT FOR TWO TATS. TIT FOR TWO TATS defektiert nur, wenn ihr Gegenspieler sie zweimal auf dem falschen Fuß zu erwischen suchte.*

Fazit des ersten Turniers: »Selbst ausgewiesene Strategen aus Politologie, Soziologie, Ökonomie, Psychologie und Mathematik machten systematisch die Fehler, im Hinblick auf ihren eigenen Vorteil zu sehr auf Wettbewerb eingestellt, nicht ausreichend nachsichtig und zu pessimistisch über das Entgegenkommen der anderen Seite zu sein.«

Die goldene Regel

Um eine noch bessere Grundlage für ein Verständnis der Eigenschaften erfolgreicher Strategien zu erhalten, warb Axelrod Teilnehmer zu einem zweiten Turnier an. Indem er allen Teilnehmern die Analyse des ersten Turniers zuschickte und somit alle von den

---

* Axelrod hatte den Teilnehmern TIT FOR TWO TATS übrigens als Muster für das ausstehende Turnier zugeschickt – doch niemand war bereit, damit sein Glück zu machen!

Vorzügen einer so freundlichen und nachsichtigen Strategie wie zum Beispiel TIT FOR TAT wußten, konnte dieses zweite Turnier mit 62 Teilnehmern aus sechs Ländern unter anspruchsvolleren Voraussetzungen begonnen werden. Zu den Konkurrenten gehörten ein computerbegeisterter Zehnjähriger ebenso wie Professoren der Informatik, Physik, Ökonomie, Psychologie, Mathematik, Soziologie, Politologie und Evolutionsbiologie. Vertreten waren die Vereinigten Staaten, Kanada, Großbritannien, Norwegen, die Schweiz und Neuseeland. (Der Brite war übrigens der uns schon bekannte John Maynard Smith, auf den das soziobiologische Modell der kin-selection zurückgeht.)

Dieses zweite Turnier wurde in gleicher Weise durchgeführt wie das erste, nur daß diesmal die Länge des Spiels durch einen Zufallsmechanismus bestimmt wurde, so daß schließlich niemand genau wußte, welcher Zug der letzte sein würde. Alles in allem wurden in dieser »zweiten Runde« über eine Million Züge ausgeführt. Für TIT FOR TAT entschied sich – obwohl es ausdrücklich jedem freistand – nur ein einziger: Anatol Rapoport.

Die Teilnehmer dieser zweiten Runde schienen zwei verschiedene Lehren aus den Analysen des ersten Turniers gezogen zu haben: Die einen beherzigten, freundlich und nachsichtig zu sein, die anderen meinten, es lohne sich, die Freundlichkeit und Nachsichtigkeit auszunutzen. Entsprechend waren auf der einen Seite 39 freundliche und mehr oder weniger nachsichtige Strategien vertreten, auf der anderen Seite aber eine Reihe von tückischen und gerissenen Herausforderern. Zwar machte es sich wiederum bezahlt, freundlich und nachsichtig zu sein (auf den ersten 15 Plätzen waren mit nur einer Ausnahme alles freundliche Strategien zu finden), doch verlangte die Gegenwart von Ausbeuter-Programmen diesmal noch eine weitere Eigenschaft: Provozierbarkeit! Solche Programme wie TESTER und TRANQUILIZER machten sich auf die Suche nach »Softies«, die sich nahezu alles gefallen ließen. Diese leichtlebigen und nichtprovozierbaren Strategien ließen sich zu oft durch eine »gespielte Freundlichkeit« einlullen und ausnutzen – TIT FOR TWO TATS etwa mußte sich so mit Platz 24 begnügen. Was also in dieser zweiten Runde gefordert wurde, das war Freundlichkeit, Nachsichtigkeit *und* Provozierbarkeit. Und es gab eine Strategie, die diese drei wünschenswerten Eigenschaften besaß: TIT FOR TAT! TIT FOR TAT gewann erneut, denn: Es ist freundlich, nachsichtig, und es schlägt zurück. Es mogelt nie als erster; es verzeiht eine einzelne Defektion, nachdem es sie einmal beantwortet hat; aber es übt auch für jede Defektion Vergeltung, unabhängig davon, wie gut die Interaktion bislang verlaufen ist. Somit ließe sich eine *goldene Regel* für das Gefangenendilemma aufstellen: Sei freundlich, provozierbar und versöhnlich!

Die nächste Frage, die sich Axelrod nun stellte, war: Ist TIT FOR TAT auch »robust«? Das heißt, verdankte TIT FOR TAT seinen Sieg nur der besonderen Zusammensetzung von Kontrahenten in den beiden Turnieren, also der speziellen »Umgebung«, oder kommt es wirklich in allen Umgebungen erfolgreich zurecht?

Um also die Robustheit von TIT FOR TAT zu prüfen, veranstaltete Axelrod daher (ganz für sich) sechs »Was-wäre-wenn-Spiele«, die sich jeweils aus ganz unterschiedlichen Typen von Strategien zusammensetzten und so sechs verschiedene Umgebungen für TIT FOR TAT abgaben. Resultat: TIT FOR TAT gewann fünf dieser hypothetischen Turniere und belegte im sechsten den zweiten Platz! In der Tat: TIT FOR TAT ist robust!

Die genialste und für unser Problem zweifellos interessanteste Spielvariante, die sich Axelrod nun einfallen ließ, war ein »ökologisches Turnier«. Um sich ein Bild von diesem ökologischen Turnier zu machen, brauchen Sie sich – wieder einer Idee Hofstadters folgend – nur einen Ozean vorzustellen, in dem Dutzende von Tierchen umherschwimmen, die fortwährend Gefangenendilemma miteinander spielen.

»Angenommen, jedesmal, wenn zwei der Tierchen zusammentreffen, erkennen sie einander und erinnern sich an den Ausgang früherer Begegnungen. Damit kann jedes anhand der früheren Erfahrung entscheiden, wie es sich diesmal verhalten soll.

Wenn alle Tierchen ständig herumschwimmen und unablässig aufeinanderstoßen, wird schließlich jedes jedes andere viele Male getroffen haben, so daß alle Strategien Gelegenheit hatten, sich miteinander zu messen. Mit ›sich messen‹ ist hier sicherlich nicht gemeint, daß irgendein Tierchen ein anderes unwiderruflich aus dem Rennen (sprich Ozean) wirft wie in einem K.-o.-Turnier. Nein, bei diesem Kampf geht es nur um Punkte. Bei jeder Begegnung erhält jedes Tierchen null oder mehr Punkte. Wenn dann Zeit genug verstrichen ist, kann man sicher sein, daß jedes Tierchen alle anderen etwa gleich oft getroffen hat. Alles, was nun zählt, ist: Wer hat die meisten Punkte? Dabei nutzt es Tierchen X wenig, wenn es Tierchen Y ›geschlagen‹, das heißt mehr Punkte beim Zusammentreffen mit Y als Y beim Zusammentreffen mit X erhalten hat. Auf diese Art ›Sieg‹ kommt es hier gar nicht an. Statt der ›Siege‹, die irgendein Tierchen errungen haben mag, zählt nur seine Gesamtpunktzahl – das ist der Gradmesser seiner Fähigkeit, in diesem speziellen ›Meer‹ der Strategien zu überleben. Es klingt geradezu paradox, aber ein Tierchen kann die meisten, ja alle seine Scharmützel mit anderen Tierchen verlieren und doch am Ende Gesamtsieger sein.«

Nun stellen wir uns vor, die erreichte Gesamtpunktzahl eines Tierchens entspricht seiner Nachkommenzahl – das Tierchen mit der höchsten Gesamtpunktzahl hat also die meisten Nachkommen in die Welt (oder, wenn Sie so wollen, in den Ozean) gesetzt. Entsprechend haben die Tierchen mit geringerer Gesamtpunktzahl weniger Nachkommen hinterlassen. Somit entspricht die erste Runde (bis zur Berechnung der Gesamtpunktzahl) der Simulation einer einzigen Generation. Die Nachkommen aller Tierchen der ersten Runde versuchen sich nun in einer zweiten Runde wacker zu schlagen – sie sind also die zweite Generation. Auch sie hinterlassen entsprechend ihrer erreichten Gesamtpunktzahl unterschiedlich viele Nachkommen, die sich dann als dritte Generation in eine dritte Runde stürzen – und so weiter, und so weiter, bis zur tausendsten Generation. Der Grundgedanke bei diesem ökologischen Turnier ist also, daß die erfolgreichsten Strategien in der nächsten Runde mit größerer und die weniger erfolgreichen mit geringerer Wahrscheinlichkeit wieder angewendet werden. So wird denn die Umgebung jeder Runde durch das Ergebnis der vorangegangenen bestimmt. Dieses ökologische Turnier simuliert sozusagen das »survival of the fittest« – das Überleben des Tauglichsten. Es heißt »ökologisch«, weil sich die statistische Verteilung der Strategien in jeder Generation ändert; und das hat eben zur Folge, daß sich für jede Strategie auch die Umgebung wandelt, mit der sie sich auseinanderzusetzen hat – hier wird also die »ökologische Anpassung« simuliert.

Doch zu den Ergebnissen: Da Axelrod in diesem ökologischen Turnier die 63 Programme ins Rennen schickte, die schon im zweiten (offiziellen) Computer-Turnier das Vergnügen hatten, waren hier am Anfang gute und schlechte Strategien in gleichen Anteilen vertreten. Wie zu erwarten, ließen es sich die guten Strategien gutgehen, während es den schlechten schlecht erging – die guten Strategien florierten, die schlechten starben langsam aus. Genauer: »Zunächst halbiert sich bis zur fünften Generation die anfängliche Größe der elf letztplazierten Teilnehmer, während die der meisten mittelmäßigen Teilnehmer etwa gleich bleibt und die der bestplazierten langsam wächst. Bis zur fünfzigsten Generation sind die Regeln aus dem letzten Drittel der Turnierteilnehmer fast verschwunden, während die meisten aus dem mittleren Drittel zu schrumpfen beginnen und die aus dem ersten Drittel weiterhin wachsen.«

So führt also Erfolg zu Erfolg? Jein! Denn es kommt auf den Erfolg im Umgang mit erfolgreichen Strategien an. Nur dieser Erfolg führt zu weiteren Erfolgen! Beruht der Erfolg jedoch nur auf der »Dummheit« der anderen Strategien, dann steht das eigene »ökologische Aussterben« vor der Tür: Eine Ausbeuterstrategie, die nur von der »Dummheit« der anderen lebt, schaufelt sich ihr eigenes Grab, da sie die »Dummen« schröpft und aussterben läßt, bis schließlich kein »Dummer« mehr übrigbleibt, von dem sie leben könnte – die Ausbeuterstrategien sägen an dem Ast, auf dem sie sitzen!

Ein anschauliches Beispiel für einen solchen »ökologischen Selbstmord« bot HARRINGTON, das einzige unfreundliche Programm, das im zweiten Turnier unter den ersten 15 zu bleiben vermochte. Bis etwa zur 200. Generation wuchs der Anteil HARRINGTONS an der Population – ein Erfolg, den es seiner List und Tücke verdankte. Dann aber kam die dramatische Wende: Die weniger erfolgreichen Programme starben nach und nach aus, so daß es immer weniger »blauäugige Tölpel« gab, von denen HARRINGTON sein unfeines Dasein fristen konnte. Schon sehr bald konnte HARRINGTON mit den freundlichen Strategien nicht mehr mithalten – erst vergrößerte sich der Abstand, dann blieb es abgeschlagen zurück, und schließlich folgte das Unvermeidliche: der Tod.

Wer hat das Rennen gemacht? Sie haben es erraten: TIT FOR TAT! TIT FOR TAT, die Strategie, die keinen einzigen Rivalen schlägt oder übers Ohr zu hauen versucht, TIT FOR TAT, das Programm, das freundlich, nachsichtig und provozierbar ist. Und dieses ökologische Turnier hat noch eine vierte Eigenschaft von TIT FOR TAT offenbart, eine Eigenschaft, die zusammen mit den drei schon erwähnten das rätselhafte Erfolgsrezept von TIT FOR TAT ausmacht: Verständlichkeit.

»Ein Teil seines Erfolgs«, so erklärt uns Axelrod, »mag darin liegen, daß andere Regeln seine Teilnahme antizipieren und so konstruiert sind, daß sie mit ihm gut auskommen. Mit TIT FOR TAT gut auszukommen erfordert Kooperation, und die wiederum hilft TIT FOR TAT. Selbst Regeln wie TESTER, die darauf angelegt sind, zu prüfen, was man sich erlauben kann, leisten TIT FOR TAT schnell Abbitte. Jede Regel, die versucht, TIT FOR TAT auszunutzen, schadet sich nur selbst. TIT FOR TAT profitiert aus drei Gründen davon, daß es nicht ausgebeutet werden kann:

1. Es gibt eine beachtliche Wahrscheinlichkeit, auf TIT FOR TAT zu treffen.
2. Wenn man auf TIT FOR TAT trifft, ist es leicht zu erkennen.
3. Wenn man TIT FOR TAT erkannt hat, ist leicht einzusehen, daß man es nicht ausbeuten kann.

TIT FOR TAT profitiert also von der eigenen *Verständlichkeit*. (...) Was den robusten Erfolg von TIT FOR TAT erklärt, ist die Kombination, freundlich zu sein, zurückzuschlagen, Nachsicht zu üben und verständlich zu sein. Freundlichkeit schützt vor überflüssigen Scherereien. Zurückschlagen hält die andere Seite nach einer versuchten Defektion davon ab, diese unbeirrt fortzusetzen. Nachsicht ist hilfreich bei der Wiederherstellung wechselseitiger Kooperation. Schließlich erleichtert Verständnis die Identifikation und löst dadurch langfristige Kooperation aus.«

Jetzt, wo wir das Erfolgsrezept von TIT FOR TAT in Erfahrung gebracht haben, können wir uns auch an die Beantwortung der eingangs gestellten Fragen machen: Kann eine kooperationsbereite Strategie in einer Welt voller Egoisten Fuß fassen? Welcher

Typus von Strategie vermag sich in einer komplexen Umgebung durchzusetzen, die sich aus einem breiten Spektrum unterschiedlich raffinierter Strategien zusammensetzt? Und schließlich: Kann sich eine solche Strategie nach ihrem Siegeszug in das Reich der Egoisten auch gegen die überall angezettelten Konspirationen und die immerzu erwarteten Invasionen schützen?

Wir wollen einmal mit der dritten Frage beginnen und dabei einem von John Maynard Smith entwickelten Ansatz folgen. John Maynard Smith hat nämlich die in den 40er Jahren von John von Neumann und Oskar Morgenstern entwickelte »Theorie strategischer Spiele« für die Evolutionsbiologie fruchtbar gemacht und dabei ein interessantes Modell ausgearbeitet, das heute (neben denen der »inclusive fitness« und »kin selection«) zu den wichtigsten soziobiologischen Konzepten zählt. Der Grundbegriff, den John Maynard Smith einführt, ist die *evolutionär stabile Strategie* (kurz ESS). Evolutionär stabil ist eine Strategie, die – wenn sie von der Mehrzahl der Mitglieder einer Population übernommen worden ist – von keiner alternativen Strategie übertroffen werden kann! Eine evolutionär stabile Strategie ist somit gegen Verrat von innen her immun und vermag eventuellen Invasionen erfolgreich Widerstand zu leisten! In der Soziobiologie versteht man unter Strategien natürlich unbewußte, von den Genen gesteuerte Verhaltensprogramme. »Wie du mir, so ich dir« oder »Führe alle an der Nase herum« könnten beispielsweise solche Verhaltensprogramme sein. Aber sind sie auch evolutionär stabil?

Um herauszufinden, ob TIT FOR TAT evolutionär stabil ist[*] (und das war ja mit anderen Worten unsere dritte Frage nach der »Robustheit«), bemühen wir noch einmal unsere Gefangenendilemma spielenden Tierchen, die sich so zahlreich und munter im Ozean tummeln. Angenommen, dieser Ozean wäre ausschließlich von Tierchen bevölkert, deren Lebensweisheit TIT FOR TAT lautet. Jedes Tierchen erhält also beim Zusammentreffen mit jedem anderen ein R, eine Belohnung, für wechselseitige Kooperation. Ohne

---

[*] Axelrod spricht in seinem Buch von »kollektiv stabilen Strategien«, unterstreicht aber: »Jede evolutionär stabile Regel ist auch kollektiv stabil.« Im Zusammenhang mit der Beantwortung der erste Frage werde auch ich von IMMER D als einer kollektiv stabilen Strategie sprechen.

Zweifel: Es scheint allen Tierchen demnach recht gutzugehen. Nun tritt aber infolge einer Mutation, einer zufälligen Erbänderung, ein Tierchen auf, dessen Maxime lautet: »Führe alle an der Nase herum!« Dieses Tierchen spielt also nicht TIT FOR TAT, sondern IMMER D – es defektiert unaufhörlich. Was passiert? Dieses mogelnde Tierchen erhält bei der allerersten Begegnung mit jedem TIT FOR TAT spielenden Tierchen ein T, den optimalen Lohn für einen gelungenen Streich. Da herrscht allerdings große Freude im kleinen Herzen des Tierchens, das IMMER D spielt. Doch die anderen Tierchen lassen sich, wie Sie wissen, ein solch fieses Verhalten nur ein einziges Mal bieten. Also pfeifen sie auf den hinterhältigen Erfolg von IMMER D und schlagen zurück: Sie zahlen es ihm in der kommenden Begegnung mit gleicher Münze heim. Beim zweiten Zusammentreffen von IMMER D mit allen TIT FOR TAT spielenden Tierchen kassiert immer D durchweg ein P, die Strafe für wechselseitige Defektion. Und während alle freundlichen Tierchen im Umgang mit ihresgleichen nach wie vor Belohnungen ernten, bekommt das unfreundliche IMMER D fortan nur noch Bestrafungen aufgebrummt. Auf diese Weise machen ihm die TIT FOR TAT spielenden Tierchen das Leben zur Hölle – sein anfänglicher Triumph kommt IMMER D sehr teuer zu stehen!

Was sagt uns das? Das Beispiel zeigt uns, daß keine Strategie in eine Umgebung einzudringen vermag, in der alle Teilnehmer TIT FOR TAT spielen. Denn eine alternative Strategie muß, um in die Umgebung von TIT FOR TAT einzudringen, mehr Punkte als TIT FOR TAT selbst machen. Da alle Teilnehmer in einer TIT-FOR-TAT-Umgebung aber regelmäßig ein R erhalten, muß die alternative Strategie bei ihrer geplanten Invasion schon T erhalten – ein allerdings vergebliches Unterfangen. Vergeblich, weil TIT FOR TAT mit seiner Provozierbarkeit einen solch kühnen Plan zu vereiteln weiß. TIT FOR TAT ist also eine evolutionär stabile Strategie!

Gilt diese Behauptung, TIT FOR TAT sei eine evolutionär stabile Strategie, unumschränkt? Nein. Die Behauptung gilt nur dann, wenn es auch zu mehreren Interaktionen zwischen TIT FOR TAT und der alternativen Strategie kommt. Schließlich ist TIT FOR TAT in unserem Beispiel zunächst einmal von IMMER D hereingelegt worden; wäre es bei einer einmaligen Begegnung zwischen TIT FOR TAT und IMMER D geblieben, dann wäre TIT FOR TAT natürlich gefoppt worden. TIT FOR TAT wußte seinen Mißerfolg (aus der ersten Begegnung) nur dadurch wettzumachen und in einen eigenen Erfolg umzuwandeln, daß es zu weiteren Treffen mit dem schäbigen IMMER D kam. Kurzum, korrekter muß es daher heißen: TIT FOR TAT ist genau dann evolutionär stabil, wenn der Diskontparameter w hinreichend groß ist! Das heißt in all jenen Fällen, wo die Zukunft einen ausreichend großen Schatten auf die Gegenwart wirft. Und damit haben wir denn auch die dritte unserer Fragen beantwortet: TIT FOR TAT ist eine solche kooperationsbereite Strategie, die sich auch gegen eine Invasion durch weniger kooperative Strategien schützen kann! Hat sich also erst einmal eine kooperationsbereite Strategie mit den Eigenschaften von TIT FOR TAT etablieren können, dann ist sie auch durch keine weniger kooperative Strategie mehr zu verdrängen. Oder wie Robert Axelrod treffend sagt: »Die Maschinerie für die Evolution der Kooperation enthält mit anderen Worten eine Rücklaufsperre.«

Da wir die zweite Frage (nach dem Typus einer Strategie, die sich in einer komplexen Umgebung zu behaupten vermag) bereits mit der Untersuchung des Erfolgsrezepts von TIT FOR TAT beantwortet haben, können wir uns nun auch sogleich der ersten und wohl wichtigsten Frage zuwenden: Wie kann Kooperation in einer Welt voller böswilliger Egoisten überhaupt Fuß fassen? Eine solche Welt voller böswilliger Egoisten wäre zum Beispiel ein Ozean, in dem einzig und allein Tierchen umherschwimmen, die ausschließlich IMMER D spielen. Diese Tierchen rudern also mit der ihnen eigenen Dreistigkeit herum und mogeln, was das Zeug hält. Immer wenn zwei dieser Tierchen aufeinanderstoßen, suchen sie einander übers Ohr zu hauen – mit dem Erfolg, daß beide Seiten leer ausgehen und regelmäßig ein P für wechselseitige Defektion kassieren. Dies macht ihnen aber offenbar nichts aus; vielmehr genießen sie es, wieder einmal nach Herzenslust gemogelt zu haben. »Hauptsache, der andere kriegt nichts!« sagen sie sich – nun ja, sie sind eben böswillig. Nun nehmen wir wieder einmal an, es würde ein durch Mutation entstandenes Tierchen in diese Welt der böswilligen Egoisten hineingeraten, ein Tierchen diesmal, das die Strategie TIT FOR TAT verfolgt. Freundlich, wie dieses Tierchen nun mal ist, versucht es sogleich, mit jedem anderen Tierchen, das des Weges kommt, zu kooperieren. Der Dank für seine Freundlichkeit ist, daß es schamlos ausgenutzt wird; es erhält in jeder Begegnung ein S, wie es gutgläubigen Opfern eben gebührt. Angesichts der Naivität dieses neuen Tierchens, feixen sich die Einheimischen natürlich eins – TIT FOR TAT erntet für seine Freundlichkeit nur Hohn und Spott. Im zweiten Anlauf ist unser TIT FOR TAT spielendes Tierchen selbstverständlich klüger – es mogelt ebenfalls. Was es dabei aber herausholt, ist nicht mehr als ein P für wechselseitiges Mogeln; mehr ist beim besten Willen nicht drin. Wann immer TIT FOR TAT nun einem ansässigen Tierchen begegnet, erhalten beide ein P – bis in alle Ewigkeit.

Wir sehen hier, daß nicht nur TIT FOR TAT, sondern vor allem auch IMMER D eine kollektiv stabile Strategie ist. Ich schreibe »vor allem«, weil IMMER D wirklich *immer* kollektiv stabil ist, das heißt auch unabhängig vom Diskontparameter w oder den Auszahlungsparametern T, R, P und S. Denn ein Spieler kann tun, was er will, wenn die Population, in der er sein Glück zu machen hofft, aus IMMER-D-Spielern besteht, dann wird er nie und nimmer ein besseres Ergebnis als ein IMMER-D-Spieler erzielen. Jeder Versuch, es mit Kooperation zu probieren, wird ihm – undankbarerweise – mit einem S gedankt. Ihm bleibt also nur, selbst zu defektieren, um auf diese Weise wenigstens ein P für wechselseitiges Mogeln zu erhalten.

Heißt das, daß TIT FOR TAT keine Chance gegen IMMER D hat? Nicht ganz, aber es bedeutet, daß ein einzelnes Tierchen, das auf sich *allein* gestellt TIT FOR TAT spielt, nicht in eine Welt voller böswilliger Egoisten einzudringen vermag. Anders aber: Wenn es sich um eine kleine *Gruppe* von Tierchen handelt, die auf TIT FOR TAT setzt – dann nämlich besteht durchaus eine Chance, Kooperation in Gang zu setzen. Das Tierchen, das da mutterseelenallein in einem Meer von böswilligen Egoisten zu überleben hatte, war ja deshalb »verloren«, weil es keinen einzigen Gleichgesinnten fand, der seine Kooperationsbereitschaft erwiderte. Setzen wir nun aber eine kleine Gruppe von TIT FOR TAT spielenden Tierchen in das

Reich der böswilligen Egoisten, dann trifft jedes TIT FOR TAT spielende Tierchen auch einige Male auf einen freundlichen Gesinnungsgenossen, mit dem es gemeinsam kooperieren und die Belohnung R einstreichen kann.

Nehmen wir ein einfaches Beispiel: Angenommen, zwei Tierchen treffen einander zehnmal. Nach der von uns verwendeten Auszahlungsmatrix erhält daher jedes Tierchen in einer Welt voller böswilliger Egoisten 10 Punkte, also einen Punkt für wechselseitige Defektion pro Begegnung. Nehmen wir weiter an, es befinde sich inmitten dieser Betrügerwelt eine kleine Gruppe von kooperationsbereiten TIT-FOR-TAT-Tierchen. Trifft eines dieser TIT FOR TAT spielenden Tierchen auf einen Betrüger, dann wird es beim allerersten Treffen geschröpft; anschließend schaltet es dann selbst auf stur, um sich kein zweites Mal ausbeuten zu lassen. Das auf TIT FOR TAT setzende Tierchen trägt aus der Begegnung mit dem Betrüger also nur 9 Punkte nach Hause. Klar, unser TIT-FOR-TAT-Tierchen schneidet in einer solchen Begegnung etwas schlechter als der Schurke ab. Doch treffen nun zwei der netten TIT-FOR-TAT-Tierchen aufeinander, dann kooperieren sie vom ersten Zug an; in jeder ihrer Begegnungen erhalten sie ganze 3 Punkte, summa summarum also 30 Punkte. Das ist nun allerdings ein wesentlich besseres Ergebnis als das der Schurken untereinander. »Sind nun die TIT FOR TAT spielenden Fremden ein zu vernachlässigender Anteil der gesamten Population, dann interagieren die Böswilligen fast immer mit anderen Böswilligen und erhalten nur 10 Punkte. Wenn also die TIT-FOR-TAT-Spieler häufig genug untereinander interagieren können, können sie eine höhere durchschnittliche Punktzahl erreichen als diese 10 Punkte. Sie können das schaffen, wenn sie genügend Gelegenheit haben, mit jemandem, der ihre Kooperation erwidert, 30 Punkte zu sammeln, anstatt der 9 Punkte mit einem nichtkooperativen Spieler. Wie viele Gelegenheiten werden benötigt? Wenn TIT FOR TAT einen Anteil p seiner Interaktionen mit anderen TIT-FOR-TAT-Spielern hat, ergibt sich ein Anteil von 1 − p mit Böswilligen. Die durchschnittliche Punktzahl ist also 30 p + 9 (1 − p). Wenn diese Punktzahl mehr als 10 beträgt, dann lohnt sich TIT FOR TAT im Vergleich zur Böswilligkeit, die der Hauptteil der Population zeigt. Dies gilt selbst dann, wenn nur 5 Prozent der Interaktionen der

TIT-FOR-TAT-Spieler mit anderen TIT-FOR-TAT-Spielern ablaufen. Somit kann selbst eine kleine Gruppe von TIT-FOR-TAT-Spielern einen höheren durchschnittlichen Punktwert erreichen als die große Population von Böswilligen, in die sie eintreten. Weil die TIT-FOR-TAT-Spieler ein so günstiges Ergebnis erreichen, wenn sie zusammentreffen, müssen sie sich nicht sehr oft treffen, um ihre Strategie überlegen zu machen.«

Und die Moral von der Geschicht' . . .

Kooperation vermag also dann siegreich in das Reich der böswilligen Egoisten einzuziehen, wenn sie von einem kleinen Trupp ihr Ergebener unterstützt wird. Glanz und Gloria der Kooperation werden auch ganz besonders ersichtlich, wenn man die Auszahlungen wiederum in Begriffen der »Fitneß« interpretiert, wenn man also annimmt, die erreichte Gesamtpunktzahl eines Tierchens entspreche seiner Nachkommenzahl: Kooperation, so sehen wir dann, breitet sich wie ein Lauffeuer aus, weil die kooperationsbereiten Tierchen (nach unserem Beispiel) dreimal so viele Nachkommen hinterlassen können wie die böswilligen.

Eine erfolgreiche Invasion der Kooperation erfordert übrigens ein nur geringes Ausmaß an Gruppenbildung, wenn zwei Bedingungen erfüllt sind: Kooperationsbereite Strategien können nämlich mit einem geringstmöglichen Ausmaß an Gruppierung eindringen, wenn man erstens von den Interaktionen erwarten darf, daß sie länger andauern werden, und wenn es sich zweitens bei der kooperationsbereiten Strategie auch um eine *maximal diskriminierende Strategie* handelt. Maximal diskriminierend ist eine Strategie, wenn sie auf Anhieb einen Unterschied zwischen einer kooperationsunwilligen und einer kooperationsbereiten Strategie zu machen weiß. Maximal diskriminierend heißt hier also eine kooperationsbereite Strategie, die kein zweites Mal mit IMMER D kooperiert, jedoch an ihrer erfolgreichen Kooperation mit ihresgleichen festhält! Eine solche maximal diskriminierende Strategie ist natürlich TIT FOR TAT, denn TIT FOR TAT reagiert auf die Defektion von IMMER D prompt mit dem Motto »Wie du mir, so ich dir« und unterhält mit einem anderen TIT-FOR-TAT-Spieler eine ungebrochene Kette von Kooperationen. Daraus ergibt sich das folgende von Axelrod formulierte Theorem: »Diejenigen Strategien, die in IMMER D als Gruppe mit dem kleinsten Wert für p eindringen können, sind maximal diskriminierend, wie zum Beispiel TIT FOR TAT.«

Diese Überlegungen werfen nun allerdings die Frage auf, ob nicht auch das Umgekehrte der Fall sein kann, ob nicht auch IMMER D, wenn es als kleine Gruppe erscheint, in TIT FOR TAT einzudringen vermag. Was also würde geschehen, wenn eine kleine Schar von Tierchen, die unentwegt mogeln, in den von TIT-FOR-TAT-Tierchen angefüllten Ozean geriete? IMMER-D-Tierchen, die sich daranmachen wollten, das Reich der TIT-FOR-TAT-Tierchen zu erobern, müßten irgendwie besser als die Einheimischen sein. Besser sein bedeutet, mehr Punkte zu machen (oder eben auch, mehr Nachkommen zu hinterlassen). Sie müßten dieses Ziel, mehr Punkte als die Einheimischen zu machen, wenigstens mit ihren eigenen Gefährten erreichen. Doch IMMER-D-Tierchen mogeln ja stets, sie erhalten ja nicht nur in der Begegnung mit TIT-FOR-TAT-Tierchen, sondern auch in einem Treffen mit ihresgleichen lediglich einen einzigen Punkt für wechselseitiges Mogeln! Es ist den IMMER-D-Tierchen folglich unmöglich, jemals besser als die einheimischen TIT-FOR-TAT-Tierchen abzuschneiden.

Hierin zeigt sich eine sehr erfreuliche Asymmetrie: Gruppierung ist zwar ein Mechanismus für die Initiierung von Kooperation in einer Welt voller böswilliger Egoisten, aber kein Mittel für böswillige Egoisten, in eine Welt der Kooperation einzudringen!

Nun, da wir auch die erste Frage beantwortet haben, können wir also die Geschichte von der Evolution der Kooperation abrunden: Der Anfang der Geschichte war, daß eine kleine Gruppe von Kooperationsbereiten in die Welt der böswilligen Egoisten einzudringen vermochte, weil sie eine maximal diskriminierende Strategie anwendete, die sich durch Freundlichkeit, Nachsichtigkeit, Provozierbarkeit und Verständlichkeit auszeichnete. Die Geschichte ging damit weiter, daß ihnen das Erfolgsrezept ihrer Strategie »Wie du mir, so ich dir« eine solche Robustheit verlieh, daß sie sich auch in der eroberten Welt zu behaupten vermochten. Und der Schluß der Geschichte war, daß sich diese Strategie TIT FOR TAT auch als evolutionär stabil erwies, so daß sie gegen einen Verrat von innen her immun und gegen eine Invasion von außen gefeit war – die Evolution der Kooperation war nicht mehr rückgängig zu machen, denn die Zahnräder der sozialen Evolution besitzen eine Rücklaufsperre. Und damit können wir nun die Frage, die Thomas Hobbes einst pessimistisch beantwortete – ob sich nämlich Kooperation ohne einen zentralen Herrschaftsstab entwickeln kann –, optimistisch beantworten: Ja, Kooperation kann sich auch ohne zentrale Kontrolle in einer Welt voller Egoisten entwickeln, wenn sie von einer kleinen Gruppe ausgeht, die auf Zusammenarbeit setzt! Diese »optimistische« Antwort sollte uns aber wohl nicht über die eigentlich zweifelhafte »Moral der Geschichte« hinwegtäuschen, die da lautet: *Der wahre Egoist kooperiert!*

Bleibt nur noch die Frage: Wie kommen denn eigentlich die kleinen Gruppen, derer es zum glorreichen Einzug der Kooperation bedarf, zustande? Doch ist das jetzt wirklich noch eine Frage? Wohl kaum. Denn die gleiche Frage hatten wir ja bereits mit Blick auf die Entstehung einer Gruppe von altruistischen Individuen beantwortet – und zwar mit dem von W. D. Hamilton entwickelten soziobiologischen Konzept der inclusive fitness und dem von J. Maynard Smith stammenden Modell der kin selection. Was Wunder also, wenn sich Robert Axelrod mit William D. Hamilton zusammensetzte, um mit ihm die biologischen Konsequenzen seiner strategischen Ideen zu erarbeiten. Das Ergebnis war ein 1981 in der Zeitschrift *Science* publizierter Aufsatz mit dem Titel »Die Evolution der Kooperation«, ein Aufsatz, der mit dem Newcomb Cleveland Preis der American Association for the Advancement of Science ausgezeichnet wurde. In dieser kleinen Arbeit haben Axelrod und Hamilton den Nachweis dafür erbracht, daß Kooperation auch ohne Voraussicht entstehen kann.[*]

Im Anschluß an Axelrod und Hamilton können wir sagen: Eine kleine Gruppe von Kooperationswilligen kann über den Mechanismus der Sippen-Selektion entstehen. Ein Gen für Kooperation

---

[*] Diese Arbeit bildet übrigens in etwas veränderter Form das fünfte Kapitel und einen ganz besonderen Leckerbissen des hier schon mehrmals zitierten Buches von Axelrod, das sich ohnedies schon so »thrilling« wie ein Krimi liest.

vermag sich genau dann auszubreiten, wenn es seinen Trägern zu einer Maximierung seiner Gesamtfitneß verhilft. Daß es sich bei dem Gen für Kooperation um ein »rentables« und von der natürlichen Selektion prämiertes Gen handeln kann, zeigt beispielsweise die folgende Überlegung: Eine Mutante, also ein Tierchen, das inmitten einer Welt voller böswilliger Egoisten plötzlich die neuartige Strategie TIT FOR TAT verwendet, schneidet nicht viel schlechter als die Einheimischen ab. Um das oben benutzte Beispiel wieder heranzuziehen: Bei zehn Begegnungen zwischen zwei Tierchen erhalten die IMMER-D-Spieler 10 Punkte für wechselseitige Defektion und das TIT-FOR-TAT-Tierchen 9 Punkte, weil es sich beim allerersten Treffen hat hereinlegen lassen. Da es nicht wesentlich schlechter als die IMMER-D-Tierchen abschneidet, wird das TIT-FOR-TAT-Tierchen also auch nicht wesentlich weniger Nachkommen als die Einheimischen hinterlassen. Die Nachkommen unseres TIT FOR TAT spielenden Tierchens erben mit sehr großer Wahrscheinlichkeit die gleiche Strategie – TIT FOR TAT. Diese Nachkommen stellen dann bereits eine solche kleine Gruppe dar, die miteinander kooperierend mehr Punkte als die Einheimischen machen und aufgrund ihres Erfolgs in die IMMER-D-Population eindringen werden. Wann immer die Nachfahren unserer Mutante aufeinandertreffen, kooperieren sie, so daß sie eben regelmäßig die Belohnung R (= 3 Punkte) einstreichen. Auf diese Weise tragen sie ganze 30 Punkte aus den zehn Begegnungen mit den Anverwandten heim. Da wir die Gesamtpunktzahlen in Begriffen der Fitneß interpretieren, bedeutet dies, daß das Gen für Kooperation seinen Trägern zu einer dreimal so hohen Nachkommenzahl verhilft. Es erhöht die Fitneß seiner Tierchen derart, daß sie sich in Windeseile ausbreiten werden. So wird die zunächst kleine Gruppe von Kooperationswilligen größer und größer. Und das bemerkenswerte dabei ist, daß die zunehmende Größe der Gruppe auch ihren Erfolg vergrößert: Je mehr Tierchen kooperieren, desto größer ist der Fitneßgewinn der Kooperationswilligen. Dies liegt einfach daran, daß es für TIT FOR TAT keine eigentlichen Gegner, sondern nur Partner gibt; es lebt nicht von der Rivalität, sondern von der Partnerschaft – es lebt von der Kooperation. Angesichts der Tatsache, daß bei unseren TIT-FOR-TAT-Tierchen nicht lediglich Partnerschaft, sondern vor allem auch Verwandtschaft vorliegt, nimmt sich ihre Kooperation aus dem Blickwinkel des Gens noch etwas anders aus: Das Gen für Kooperation eines unserer TIT-FOR-TAT-Tierchen betrachtet ein anderes TIT FOR TAT spielendes Tierchen nicht nur als einen Partner und Mittel zum eigenen Erfolg, sondern eben auch als einen Träger desselben Gens. Das Gen ist somit auch auf unmittelbare Weise am Erfolg des anderen Tierchens interessiert.

Dem spieltheoretischen Ansatz Axelrods fügt sich ein breites Spektrum biologischer Wirklichkeit ein, zumal es, wie er und Hamilton ausführen, zur Verwendung einer Strategie nicht einmal eines Gehirns bei den Organismen bedarf – selbst Bakterien und Viren sind imstande, eine Strategie anzuwenden. Da Bakterien beispielsweise auf ausgewählte Gesichtspunkte ihrer chemischen Umgebung reagieren, können sie auch unterschiedlich auf das Verhalten anderer Organismen antworten; sie können also eine genetisch gesteuerte »bedingte Strategie« anwenden. Grundsätzlich kann man sagen, daß eine Strategie wie zum Beispiel TIT FOR TAT den Organismen lediglich die Fähigkeit abverlangt, einen früheren Interaktionspartner wiederzuerkennen und sich an den Ausgang des letzten Treffens zu erinnern. Je höher man natürlich auf der evolutionären Leiter neuraler Komplexität hinaufsteigt, desto umfangreicher wird das spieltheoretisch beschreibbare Verhalten. So gestatten ein komplexeres Gedächtnis und eine verbesserte Fähigkeit, zwischen vielen verschiedenen Individuen unterscheiden zu können, selbstverständlich immer raffiniertere Strategien und immer mehr Interaktionen. Doch selbst in den Fällen, wo Organismen nicht dazu fähig sind, den Interaktionspartner wiederzuerkennen, erlauben es ihnen Ersatzmechanismen, eine Strategie wie etwa TIT FOR TAT verfolgen zu können. Um sicherzustellen, daß alle seine Interaktionen mit demselben Partner ablaufen, kann ein Organismus beispielsweise versuchen, einen dauerhaften Kontakt zum Partner aufrechtzuerhalten. Einer solchen Lösung des Problems begegnen wir vor allem in den sogenannten *Symbiosen*. Symbiosen demonstrieren, daß Kooperation keineswegs vor der Artenschranke haltmacht, sie zeigen, daß auch Organismen verschiedener Arten erfolgreich miteinander kooperieren, und zwar ganz nach dem bekannten Motto: »Eine Hand wäscht die andere.« –

Symbiosen sind Partnerschaften zum wechselseitigen Vorteil zwischen Angehörigen verschiedener Arten. Zu den bekanntesten Beispielen von wechselseitig vorteilhaften Symbiosen gehört zweifellos die zwischen Pilzen und grünen Algen, die gemeinsam eine Flechte bilden. Nicht minder bekannt ist wohl die Symbiose zwischen Ameisen-Akazien und Ameisen: Hier gewährt die Akazie den Ameisen eine komfortable Wohnstatt und regelmäßige Mahlzeiten, verlangt als Miete aber von den Ameisen, daß sie sich ihrem Schutz widmen. Ein anderes interessantes Beispiel ist das der Ameisen und Blattläuse. Die Blattläuse verstehen sich großartig darauf, den köstlichen Saft von Pflanzen auszusaugen. Da sie sich aber nicht ganz so gut darauf verstehen, diesen Saft der Pflanzen auch zu verdauen, scheiden sie regelmäßig eine noch recht nahrhafte Flüssigkeit an ihrem Hinterende aus – den sogenannten »Honigtau«. Nach diesem zuckerreichen Honigtau sind nun die Ameisen ganz verrückt – sie versuchen ihn aufzufangen, sobald er die Blattlaus verläßt. Die Blattläuse scheinen Verständnis für diese Schwäche der Ameisen zu haben, denn sie warten mit dem Ausscheiden des Honigtaus oft so lange, bis eine heißhungrige Ameise zur Stelle ist und durch eine sanfte Berührung zu verstehen gibt, daß sie bereit ist, ihr Dinner einzunehmen. Die Ameisen wissen diese Freundlichkeit der spendablen Blattläuse so sehr zu schätzen, daß sie deren persönlichen Schutz übernehmen. Zuweilen erschöpft sich die Dankbarkeit der Ameisen nicht allein darin, den »Bodyguard« der Blattläuse zu spielen – sie übernehmen sogar die Pflege der Blattlauseier und die regelmäßige Fütterung der »Blattlaus-Babys«!
Ein letztes Beispiel von symbiotischer Partnerschaft soll dieses Kapitel über Kooperation beschließen: In der Korallenriffgemeinschaft bestreiten einige Arten kleiner Fische, zu denen auch die Garnelen gehören, ihren Lebensunterhalt von einer recht eigentümlichen Beschäftigung, nämlich der des »Putzens«. Diese Putzerfische schwimmen in das Maul großer Fische anderer Arten und nehmen dort »Säuberungsaktionen« vor, das heißt, sie lesen ihren »Klienten« Parasiten von den Zähnen und Kiemen ab – Parasiten, die die Putzerfische dann verputzen. Diese Partnerschaft erfreut offenbar beide Seiten, denn der Putzerfisch erhält auf diese Weise eine leckere Mahlzeit, und der Klient gelangt in den Genuß

einer kostenlosen kosmetischen Behandlung. Ja, das Geschäft unserer Putzerfische floriert derart, daß man große Fische dabei beobachten konnte, wie sie wie ungeduldige Kunden vor einem Kosmetiksalon Schlange standen!

Symbiosen können also immer dann entstehen, wenn sich Individuen verschiedener Arten finden, die einander viel zu bieten haben, weil sie sich beispielsweise auf unterschiedliche Talente verstehen, die sich zum wechselseitigen Vorteil in eine Partnerschaft einbringen lassen. Auch wir Menschen gehen wohl in gewisser Weise solche symbiotischen Partnerschaften ein – oder wie sollte man es nennen, wenn wir zum Beispiel einen unglückseligen Kater Tom mit Milch und Fisch zu versorgen bereit sind, damit er unseren köstlichen Bluemaster vor der pfiffigen Maus Jerry bewahrt? Auch wenn Toms Talent, Mäuse zu fangen, bekanntlich nicht viel größer als das unsrige ist, zeigt unser Ansinnen doch einmal mehr, daß der wahre Egoist in der Tat kooperiert ...

Der erste Freigelassene der Schöpfung

DASS DER MENSCH DAS EDELSTE
GESCHÖPF SEI, LÄSST SICH SCHON
DARAUS ABNEHMEN, DASS ES IHM
NOCH KEIN ANDERES GESCHÖPF
WIDERSPROCHEN HAT.

G. CH. LICHTENBERG

Das Wunder und der Ruhm des Universums

Seit uralten Zeiten wandelt durch das Labyrinth menschlichen
Denkens ein Gespenst – ein Gespenst, das viele Gesichter hat und
von seiner übersinnlichen Kraft Gebrauch macht, an verschiedenen Orten gleichzeitig zu sein. Es spukt im Reich der Torheit, und
es spukt im Reich der Weisheit; es hält jene zum besten, die sich
durch Witz auszeichnen, aber auch jene, die mit Aberwitz verse-
hen sind; es treibt mit allen Opfern seinen Mutwillen und wird von
ebendiesen Opfern doch zugleich auch geschätzt und geachtet; ja,
man kann geradezu sagen, daß ihm die Opfer Hochachtung zollen
und ihm den Zugang zu ihren Mysterien gewährt haben. Dieses
Gespenst, dessen bloße Erwähnung jedermann sogleich mit Ehr-
furcht erfüllt und das nur mit erhabener Miene und feierlichem
Ton beschworen wird, dieses Gespenst hat trotz seiner verwirrend
vielen Gesichter doch nur einen einzigen Namen – es heißt »Dualismus«. Die Beobachtung, daß von ihm nur unter allerlei bedeu-
tungsvollen Gebärden und mit hochgezogenen Brauen gesprochen wird, läßt ahnen, wie sehr die menschlichen Geister ihn ins
Herz geschlossen haben. Schon lange bevor der französische Philosoph René Descartes mit geschickt geführter Feder die Apo-
theose des Dualismus zeichnete, hielten es unsere Ahnen aus
grauer Vorzeit mit ihm – das Gedankengebäude, das sie uns hinterließen und uns als ihr geistiges Erbe anvertrauten, ist das »duali-
stische Weltbild«. Da gibt es die Materie, und da gibt es den Geist;
da gibt es den Leib, und da gibt es die Seele; da gibt es das Gute,

99

und da gibt es das Böse; da gibt es den Himmel, und da gibt es die Hölle; da gibt es den Gott, und da gibt es den Teufel; da gibt es ein Reich der Notwendigkeit, und da gibt es ein Reich der Freiheit; da gibt es die Natur, und da gibt es die Kultur . . . Zwischen dem Reich der Notwendigkeit, in dem die Materie ihr geistloses Dasein fristet und auch unser ach so verachteter Leib Quartier bezogen hat, und dem Reich der Freiheit, in dem unser Geist – alle Naturgesetze verachtend – seine tollkühnen Sprünge macht, klafft ein tiefer Riß, ein schier unüberwindlicher Abgrund. Allein der Mensch, die »Krone der Schöpfung«, ist diesseits wie jenseits des Abgrundes zu Hause – als janusköpfiger Wandler zwischen zwei Welten. Denn der Mensch, »das Wunder und der Ruhm des Universums«, er ist nicht mehr bloße Natur, er ist vor allem Kultur – er ist ein Kulturwesen von Natur aus. Kraft seines Geistes, mit dem er begnadet ist, schafft er die Kultur, deren vornehmste Aufgabe es ist, die Natur im Menschen zu bändigen. So entwirft der »Homo duplex« mit Bewußtsein und weiser Voraussicht, unbeirrt und von den Fesseln der schnöden Natur befreit, jene Kultur, die nach seinem Bilde Gestalt gewinnt und fortan den Menschen schafft.

So beschreibt der Dualismus den Menschen als ein aus aller Natur herausragendes Geschöpf – als das »transanimalische Wesen«. Denn was ihn von der gewöhnlichen Kreatur in so beispielloser Weise abhebt, das sind sein übernatürlicher Geist, seine Vernunft und seine Sprache. Er ist das Tier, das Sprache hat, ein »zóon lógon échon«, wie Aristoteles schrieb; er ist das mit Vernunft begabte Tier, ein »animal rationale«, wie die lateinische Tradition sagt; und er ist das Wesen mit dem »supranaturalen Geist«, wie uns das idealistische Weltbild lehrt. Mit Geist, Vernunft und Sprache schuf der Mensch sich seine eigene Welt. Er verließ das Reich der Natur, um – alle Brücken hinter sich niederreißend – ins Reich der Kultur einzuziehen. So führt nun kein Weg mehr von der Natur zur Kultur. Jede Unternehmung, die sich das ehrgeizige Ziel steckt, den Weg zu verfolgen, den der Mensch hier zurückgelegt hat, ist offenbar zum Scheitern verurteilt. Denn jedem neugierigen Auge bietet sich der Anblick einer tiefen und unüberwindlichen Kluft, die so bedrohlich zwischen dem Reich der Natur und dem Reich der Kultur liegt – eine Kluft, die die Verwegenen zur Umkehr nötigt.

Als den »ersten Freigelassenen der Schöpfung« hat Johann Gottfried Herder den Menschen bezeichnet. Und in dieser Bezeichnung drückt sich das gesamte »Rätsel des Humanen« aus: Das Rätsel des menschlichen Geistes, das Rätsel der menschlichen Freiheit und das Rätsel der menschlichen Kultur. Als der »erste Freigelassene der Schöpfung« bewegt sich der Mensch offenbar »jenseits der Natur«. Und so muß denn jede Bemühung, das Rätsel des Humanen mit *natürlichen* Mitteln zu lösen, als eine vergebliche Liebesmüh erscheinen. Nein, mehr noch: Jedes Unterfangen, mit natürlichem Blick erfassen zu wollen, was »jenseits der Natur« gelegen ist, muß sich geradezu als dreist, wenn nicht gar gefährlich ausnehmen. Da natürliche Mittel allemal unzulänglich und ungeeignet sind, um das »supranaturale Wesen Mensch« zu erfassen, läuft jeder naturalistische Ansatz Gefahr, das eigentliche Wesen des Menschen zu verkennen. Wer also die Stirn hat, eine Brücke vom Reich der Natur zum Reich der Kultur zu schlagen, ohne im geringsten vor der Verwegenheit seines Unterfangens zu erschrekken, der setzt sich dem Verdacht aus, die Würde des Menschen anzutasten, der setzt sich dem Vorwurf aus, einem verarmten Selbstverständnis das Wort zu reden . . .

Das alles sind sehr vertraute Töne. Sie klingen auch jenen noch im Ohr, die sich – trotz aller Vorurteile und Dogmen – jüngst aufmachten, um einen erneuten Versuch zu wagen, das sogenannte Reich der Freiheit zu erforschen. Ein kleiner Trupp von Soziobiologen, unter ihnen Richard D. Alexander, Robin Fox, Charles J. Lumsden, Christian Vogel und Edward O. Wilson, stieß zu der gewaltigen Kluft vor, die zwischen dem Reich der Natur und dem Reich der Kultur lauert. Auf seinem Wege wurde der Trupp von den mahnenden Appellen an die Würde und Einzigartigkeit des Menschen begleitet. Doch wie sollte sich eine Gruppe von Forschern durch *Vorurteile* aufhalten lassen, wenn sie *Argumente* im Gepäck trägt? Die Einzigartigkeit des Menschen, der sich als Krone der Schöpfung und als Meilenstein auf dem Weg zum Allmächtigen empfindet, bleibt doch so lange eine bloße Behauptung, bis sie sich im Vergleich mit der »übrigen Kreatur« erweist. Bloße Behauptungen, die zwar unserer Selbstliebe schmeicheln und zu jenem eitlen Selbstverständnis beitragen, von dem wir so gern und wonnevoll zehren, können keine Antwort auf eine aufrichtige Frage darstellen. Und die Gefahr, daß die Wahrheit unserer Eitelkeit ins Gesicht schlägt, sollte uns nicht davon abhalten, auf die Beantwortung unserer Fragen zu drängen. Alle Theorien, die von unseren Wünschen und Hoffnungen getragen werden, sind verdächtig, sagte der englische Philosoph David Hume. Aber auch Appelle, die sich auf narzißtische Behauptungen gründen und auf Behinderung der Wahrheitssuche abzielen, stehen im starken Verdacht, einer unliebsamen Ohrfeige vorbeugen zu wollen: Wenn ihre Hoffnungen und Träume auf dem Spiel standen, haben sich die Menschen aller möglichen Unaufrichtigkeiten schuldig gemacht. So schauderte denn dem kleinen Trupp von Soziobiologen auch nicht vor dem vermeintlich schwindelerregenden Abgrund, der von der dualistischen »Zwei-Welten-Lehre« als unüberwindlich beschrieben wird. Mit dem großen Genetiker Theodosius Dobzhansky sagten sie sich: Zwar haben die menschlichen Gene ihren Primat in der menschlichen Evolution in gewisser Weise an eine nichtbiologische Kraft, an die Kultur, abgetreten, doch darf man eben nicht vergessen, daß diese Kraft vollkommen vom menschlichen Genotyp abhängt. Weiter sollte man im Gedächtnis behalten, daß die Kultur auf dem ganz *natürlichen* Wege der biologischen Evolution hat entstehen können. Auch dies deutet an, daß man den keineswegs zu übersehenden Abgrund zwischen den »beiden Welten« auch nicht überschätzen darf; es gilt hier also, zumindest die biologische Evolution der menschlichen *Kulturfähigkeit* zu ergründen. Und schließlich darf man nicht vergessen, daß der »kulturschaffende Geist« immerhin an ein Organ gebunden ist, das – wie alle anderen Organe auch – während der biologischen Evolution durch die natürliche Selektion geformt wurde: das Gehirn. Unser Bewußtsein und unser Denken, mit denen wir nach traditioneller Auffassung unsere Kultur »planen und entwerfen«, sind Funktionen ebendieses Gehirns. Und dieses von den Genen gesteuerte Gehirn dient der Auseinandersetzung mit der Umwelt – und das heißt auch der Kultur. In diesem Sinne ist Kultur also auch immer schon an Natur gebunden – an das natürliche Organ Gehirn. Wenn also der Geist nicht vom Himmel fiel, dann muß es auch prinzipiell möglich sein, den Einfluß der Natur auf die Kultur zu untersuchen. Mit den Fragen: »Inwieweit beeinflußt die menschliche Natur die menschliche Kultur?« und: »Beeinflußt auch die Kultur unsere Natur?« machen wir uns auf, die ersten ans Licht geförderten Funde des kleinen Trupps von Soziobiologen zu sichten, der die *Natur der Kultur* zu ergründen sucht.

Das Robinson-Eiland am Ende der Welt

In allen uns bekannten Kulturen finden wir Sprache, religiöse Rituale, Ethik, Recht, Regierung, Ehe, Erziehung, Arbeitsteilung, Werkzeugherstellung, Eigentumsrechte, Erbschaftsregeln, Inzesttabus, Nahrungstabus, Pubertätsbräuche, Bestattungsriten, Eschatologie, Schicksalsaberglauben, Tanz, Medizin, Folklore und anderes mehr. Dies alles sind Merkmale, die für menschliche Kulturen charakteristisch sind. Wann immer wir uns Menschen vorstellen, und sei es selbst auf einem abgelegenen »Robinson-Eiland am Ende der Welt«, sehen wir sie Gebete sprechen, Götter beschwichtigen, Dämonen beschwören, Zauberformeln murmeln, um einen Medizinmann herumtanzen, Reinlichkeitsrituale einhalten, Recht sprechen, Strafen verhängen, Opfer bringen, Kinder erziehen, Arbeiten verrichten, Handel betreiben, Gastfreundschaft pflegen, Geschenke machen, den Körper schmücken und Künste üben. All diese Verrichtungen und Tätigkeiten gehören so untrennbar zum Menschen, daß man sagen möchte, sie sind eben Teil der »menschlichen Natur«. Wollte uns jemand sein Erstaunen und seine Verwunderung darüber zum Ausdruck bringen, daß ein bislang unbekanntes Volk entdeckt wurde, das – »Man höre und staune!« – Kultur besitzt, so würden wir ernstlich an seiner geistigen Gesundheit zweifelnd sagen: »Das ist doch nur *natürlich*.« Kultur – selbst bei »Naturvölkern« – erscheint uns so natürlich, daß wir keinen Moment daran zweifeln, daß »jenseits der Kultur« aufwachsende Menschen Kultur »erfinden« würden. Würden wir uns in einer Mußestunde in Spekulationen über jenes grausame Experiment ergehen, das dem Pharao Psammetichus und König Jakob IV. von Schottland zugeschrieben wird, nämlich Kinder in vollkommener sozialer Isolation von ihren Angehörigen aufzuziehen, dann kämen wir sehr wahrscheinlich zu dem gleichen Schluß wie der amerikanische Anthropologe Robin

103

Fox von der Rutgers University. Er meint, diese neuen Adams und Evas würden nicht nur sprechen *können* und im Laufe der Zeit eine Sprache entwickeln, die für Sprachwissenschaftler analysierbar und übersetzbar wäre, sondern sie würden auch eine Gesellschaft entwickeln, in der Ethik, Recht und Religion anzutreffen sind. Sie würden einander Mythen und Legenden erzählen, religiöse Rituale pflegen, Ehen schließen, Gesetze erlassen, die Diebstahl und Mord verbieten, sie würden Werkzeuge und Waffen produzieren, Lieder singen, Feste feiern, ihre Kinder unterrichten und Kranke heilen. In der Überzeugung, daß unsere neuen Adams und Evas eine Kultur mit all ihren typischen Merkmalen gestalten würden, werden wir noch bestärkt, wenn wir hören, daß selbst »unsere haarigen Vettern«, die Schimpansen, eine rudimentäre Kultur besitzen. So benutzen Schimpansen beispielsweise Werkzeuge und Waffen. Mit Stöcken und von Blättern befreiten Pflanzenstengeln »angeln« sie nach Termiten. Sie graben mit ihren Werkzeugen die Termitenhügel auf und schlürfen die daran hochlaufenden Termiten rasch ein. Mit Stöcken knacken sie Kisten, und aus gekauten Blättern stellen sie »Schwämme« her, mit denen sie Wasser aus Baumhöhlen zu holen wissen. Um sich gegen andere Schimpansen oder auch Raubkatzen zu verteidigen, schlagen sie mit Stöcken und ausgerissenen Pflanzen oder werfen mit Steinen. Bei alledem vermögen sie ihre Techniken auch zu vermitteln – sie »lehren« ihre Gefährten also. So können sich erfundene Techniken durch Imitation in einer Horde ausbreiten. »Karten«, so mutmaßt Edward O. Wilson, »die der spanische Zoologe Jorge Sabater Pi kürzlich über den Werkzeuggebrauch bei Schimpansen hergestellt hat, könnten unbemerkt in einem Kapitel über primitive Kulturen in einem Lehrbuch der Anthropologie untergebracht werden. Zwar sind die Beweise für die Erfindung und Übermittlung von Methoden des Werkzeuggebrauchs überwiegend indirekter Natur, doch ist ihnen zu entnehmen, daß es den Affen gelungen ist, die Schwelle der kulturellen Evolution zu überschreiten und damit in einer bedeutsamen Hinsicht in die Domäne des Menschen eingedrungen zu sein.«

Wie definieren wir nun aber Kultur? Was gilt uns als das zentrale Charakteristikum von Kultur? Um die Natur der Kultur erforschen zu können, sollten wir, denke ich, eine eher pragmatische Definition wählen, eine Definition, die uns wirklich dabei behilflich sein kann, die Evolution der Kultur zu verstehen. In seinem 1980 veröffentlichten Buch »The Evolution of Culture in Animals« hat John Tyler Bonner von der Princeton University eine solche Definition vorgeschlagen: Kultur ist die Weitergabe von Information durch Verhalten! Anders ausgedrückt: Kultur ist die Weitergabe von Informationen durch den Vorgang von Lehren und Lernen! Diese Definition, die die *Art der Informationsübertragung* betont, hat wenigstens zwei ganz entscheidende Vorzüge. Zum einen läßt sich mit ihr die Kulturevolution auch bei Tieren (wie zum Beispiel beim Schimpansen) erfassen, und zum anderen setzt sie uns instand, die Ähnlichkeiten zwischen biologischer und kultureller Evolution genauer zu beschreiben. Es ist nämlich gerade der Informationsfluß, der sich als roter Faden durch die biologische und durch die kulturelle Evolution hindurchzieht. In der biologischen Evolution werden Informationen als Gene chemisch kodiert und gespeichert. Durch die identische Replikation werden sie vervielfältigt, wobei sie zuweilen durch Mutationen, durch die »Abschreibfehler«, auch abgeändert werden. In der sexuellen Fortpflanzung, im Verschmelzen zweier Keimzellen, werden die Informationen dann ständig rekombiniert. Und schließlich werden die Informationen in Form der genetischen Vererbung von Generation zu Generation weitergegeben. Diesen Prozeß können wir mit Christian Vogel als *biogenetische Informationsübertragung* bezeichnen – und die Entwicklung, die daraus resultiert, als *biogenetische Evolution.*

In der Evolution des Lebendigen bildete sich recht bald ein zweiter Weg des Informationserwerbs, der Informationsverarbeitung und der Informationsweitergabe heraus – ein Weg, der aufgrund seiner Effektivität im Laufe der Evolution mehr und mehr an Bedeutung gewinnen sollte: *Lernen*. Bei diesem von der genetischen Kodierung, den Mutationen und der sexuellen Fortpflanzung unabhängigen Weg der Informationsübertragung werden von den Organismen aktiv Informationen aus der Umwelt aufgenommen, im Gehirn gespeichert, auf individuelle Weise verarbeitet und durch den Vorgang von Lehren und Lernen an andere Individuen weitergegeben. Die Lernfähigkeit verleiht den Organismen eine größere Flexibilität und Anpassungsfähigkeit in ihrem Verhalten und ermöglicht jenes Charakteristikum kultureller Entwicklung, das wir als »Tradition« bezeichnen. Diesen zweiten Weg der Informationsweitergabe nennen wir *tradigenetische Informationsübertragung*, und die Entwicklung, die dieser zweite (keineswegs auf den Menschen beschränkte) Weg ermöglichte, heißen wir *tradigenetische Evolution*. Da der zweite Weg, wie wir gesehen haben, von der biologischen Evolution geebnet wurde, ist es nicht zu übersehen, daß biogenetische und tradigenetische Entwicklung aufs engste miteinander verknüpft sind: Tradition und Kultur wurzeln also in der biologischen Evolution!

Die Wirksamkeit der Prozesse, die den biogenetischen Wandel bestimmen, läßt sich auch in der tradigenetischen Evolution nachweisen. Da ist zunächst einmal die *Vererbung*: So wie die morphologischen, physiologischen und ethologischen Merkmale von Organismen vererbbar sind, erscheinen auch die kulturellen Merkmale vererbbar. Durch den Vorgang des Lernens können wir uns das geistig-kulturelle Erbe unserer Vorfahren aneignen und es sodann durch den Vorgang des Lehrens auf unsere Kinder übertragen. So wie sich die biogenetisch weitergereichten Informationen durch *Mutationen* ändern, so lassen sich auch die kulturellen Merkmale durch Fehler, Entdeckungen, Erfindungen, Revolutionen oder durch bewußte Planung abändern. So wie die phänotypischen Merkmale von Organismen von der *Selektion* entweder begünstigt oder aber verworfen werden, so können sich auch kulturelle Merkmale ausbreiten und die Kulturlandschaft erobern, während andere eher sang- und klanglos untergehen. So wie genetische Einheiten der sogenannten *Drift* zum Opfer fallen können, können auch kulturelle Merkmale zufällig verlorengehen. Bibliotheken, Galerien und Museen könnten niederbrennen; ganze Völker – wie zum Beispiel die Indianer – könnten aussterben, ohne ihre Geschichte, ihre Religion und ihre Künste weitergegeben zu haben. Und schließlich kann auch die *Isolation*, wie sie zwischen andersartigen Organismen wirksam ist, zu einer Trennung menschlicher Kulturen führen.

Bedeutsamer als die Ähnlichkeiten dürften die Unterschiede zwischen biogenetischer und tradigenetischer Evolution sein. Denn den Grund für den Erfolg und die Überlegenheit der tradigenetischen Evolution werden wir in diesen Unterschieden zu erblicken haben: Während die Informationen im biogenetischen Prozeß (in der Regel) nur einmal, eben am Beginn des individuellen Lebens, aufgenommen werden, lassen sich im tradigenetischen Prozeß zeitlebens Informationen aufnehmen. Da uns die Fähigkeiten des Lernens und Lehrens bis ins hohe Alter erhalten bleiben, können wir unentwegt neugierig forschen und unsere angesammelten Kenntnisse und Lebensweisheiten vermitteln. Es ist also die tradigenetische Evolution, die jene »Erblichkeit erworbener Eigenschaften« ermöglicht, die Lamarck irrtümlicherweise für den biogenetischen Prozeß angenommen hatte. Während uns die genetische Informationsübertragung des biogenetischen Prozesses die Informationen »aufnötigt«, gestattet uns der tradigenetische Prozeß, selbst darüber befinden zu können, ob wir der angebotenen Informationen bedürfen. Wir haben also keine Möglichkeit, die Gene unserer Eltern zurückzuweisen, doch wir können uns (mehr oder weniger) von ihren Vorstellungen, Anschauungen und Werten lossagen. Während der biogenetische Prozeß ferner eine genaue Richtung des Informationsflusses vorschreibt, erlegt uns der tradigenetische Prozeß keine solchen Beschränkungen auf. Unsere Gene können wir nur unseren leiblichen Kindern, nicht aber unseren Eltern übereignen. Während sich die biogenetisch zu übertragenden Informationen also nur von einer Generation zur nachfolgenden Generation weiterreichen lassen, gestattet uns der tradigenetische Prozeß, unsere individuell erworbenen Erfahrungen auch unseren Eltern oder Großeltern mitzuteilen. Und mehr noch: Der tradigenetische Prozeß ist an keinerlei genealogische Verwandtschaft gebunden – er kennt keine genealogischen Grenzen. Wir können nicht nur von jedermann lernen, wir können auch jedermann lehren. Erst der tradigenetische Prozeß ermöglichte es uns, der (wohlgemeinten?) Aufforderung zu folgen: Gehet hin in alle Welt, und lehret sie ...! So können sich in der tradigenetischen Evolution Informationen also wie ein Lauffeuer ausbreiten. Eine Idee, ein Gedanke, eine Vorstellung, eine Erfindung, eine Gewohnheit und anderes mehr kann binnen kurzer Zeit um sich greifen und »Schule machen«. Und schließlich: Während die biogenetische Evolution nur aus ihren Erfolgen lernt, gibt uns die tradigenetische Evolution die

Möglichkeit an die Hand, auch aus unseren Irrtümern zu lernen. Mutationen tauchen plötzlich und zufällig auf – sie müssen sich an der natürlichen Selektion bewähren. Die biogenetische Evolution ist sozusagen blind für die Bedürfnisse ihrer Organismen, sie experimentiert »ins Blaue hinein«. Mutationen »auf Bestellung« gibt es da nicht. Anders in der tradigenetischen Evolution: Wir lernen nicht nur aus unseren Erfolgen, sondern auch aus unseren Fehlern; wir können lernen, wie man lernt, und lernen, Fehler zu vermeiden; wir wissen in die Zukunft zu schauen, wissen, was uns not tut, können planen, konstruieren, verwerfen und neuentwickeln; wir können abschätzen, was sich bewährt, und vermeiden, was unseren Anforderungen nicht gerecht wird . . .

All diese Unterschiede machen die Überlegenheit und den großen Erfolg der tradigenetischen Evolution aus. Und all diesen Unterschieden verdankt der tradigenetische Wandel sein atemberaubendes Tempo. Da wir absehen können, welchen kulturellen Merkmalen die Selektion ihr »Gütezeichen« verleihen wird, vermögen wir uns mehr oder weniger auf »selektionsgerechte« Kulturmerkmale zu konzentrieren. Wir müssen also nicht erst das Schicksal unserer geistig-kulturellen Schöpfungen über Generationen hinweg verfolgen, um zu sehen, was sich bewährt, sondern wissen ihr Schicksal bereits am Reißbrett zu prophezeien. Die Schöpfungen, denen eine erfolgreiche Zukunft und ein glückliches Schicksal winken, können sich in Windeseile ausbreiten und von heut auf morgen zum Gemeingut werden. Was heißt »von heut auf morgen« – dank unserer modernen Telekommunikation vermögen wir via Satellit alle nur denkbaren Informationen *simultan* über den gesamten Globus zu verbreiten. Wovon Teilhard de Chardin träumte, eine »Noosphäre«, ein dichtes Netzwerk gemeinsamen Wissens zu schaffen, das die Erde ähnlich umspannt wie die Biosphäre die lebenden Organismen, das ist heute längst kein Traum mehr. Auch unser Wissenszuwachs wird mit diesem atemberaubenden Tempo vorangetrieben. Unsere naturwissenschaftlichen Erkenntnisse und Informationen wachsen exponentiell, wenn nicht hyperbolisch. Die Tatsachen, die die rastlosen Naturwissenschaftler in diesem unvorstellbaren Tempo ans Licht fördern, und die Ideen, die uns in den kaum noch zu überschauenden Fachzeitschriften angeboten werden, verdoppeln sich in nur zehn Jahren. Es ist gar keine Frage, daß der – sicherlich auch anfälligere – tradigenetische Wandel der zweifellos schnellere und effektivere ist – er ist radikaler als der biogenetische Wandel. Man kann annehmen, daß seit dem Zeitpunkt, da sich der Erfolg des tradigenetischen Wandels abzeichnete, ein starker Selektionsdruck auf immer leistungsfähigeren Gehirnen lastete. Und die vielfältigen kognitiven und intellektuellen Fähigkeiten, die unter diesem Selektionsdruck entstanden, formten Schritt für Schritt unsere heutige Kultur.

Vom Menschenaffen zum Herrentier

Mit dem Aufblühen der Kultur sehen wir eine gewisse Änderung der Selektionsbedingungen auftreten: Es wird eine »künstliche Selektion« wirksam. Seit den Anfängen primitiver Heilkunst bis hin zur modernen Medizin gelingt es uns mit immer größerem Erfolg, todbringenden Krankheiten vorzubeugen oder sie gar ganz auszurotten. Man denke nur an die Impfung gegen potentiell tödliche Kinderkrankheiten oder an den Sieg über die Schwindsucht. Mit jedem medizinischen Erfolg sorgen wir aber zugleich dafür, daß defekte Gene nicht mehr aus unseren Populationen eliminiert werden. Des weiteren ist hier auch an unsere aktive Geburtenkontrolle zu denken. Während die Fortpflanzungsrate in der biogenetischen Evolution sozusagen »von der Natur überwacht« wird, sind es in der tradigenetischen Evolution die Individuen selbst, die über die Zahl ihrer Nachkommen wachen. Die mit Pille, Kondom, Interruptio oder staatlichen Maßnahmen betriebene Geburtenkontrolle ändert die Selektionsbedingungen noch drastischer. Und spätestens hier deutet sich an, daß die menschliche Evolution weder als rein biologischer noch als rein kultureller Prozeß betrachtet werden kann: Zwischen Natur und Kultur besteht offensichtlich eine Wechselwirkung. Es ist die wechselseitige Verflechtung von biogenetischer und tradigenetischer Evolution, die für das atemberaubende Tempo verantwortlich ist, mit der sich der Mensch in nur fünf Jahrmillionen »vom Menschenaffen zum Herrentier« entwickelte.

Gemeinsam mit dem Mathematiker und Biophysiker Charles J. Lumsden von der University of Toronto ist Edward O. Wilson den Spuren dieses faszinierenden Prozesses gefolgt. Sie tauften diesen Prozeß, dem der Mensch seinen beispiellosen Siegeszug verdankt, *Gen-Kultur-Koevolution*. Gene und Kultur sind durch ein elastisches, aber unzerreißbares Band miteinander verknüpft. Gene und Kultur schufen Hand in Hand den Menschen: Die Gene entwarfen die Architektur des Gehirns, sie formten den kulturschaffenden Geist und diktierten die Regeln, nach denen dieser Geist die Kultur gestaltete. Die Individuen, die Träger solcher Regeln waren, die einen Überlebens- und Reproduktionserfolg verliehen, setzten sich in ihrer Population über viele Generationen hinweg tendenziell durch, so daß auch die Kultur die biogenetische Evolution beeinflußte. Die Gen-Kultur-Koevolution beschreibt den großen Kreislauf von Ursachen und Wirkungen, der von den Genen zur Kultur und von der Kultur zu den Genen zurück verläuft. So wird der von Ideen, Entdeckungen und Erfindungen vorangetriebene Wandel der Kultur von den Genen im Zaum gehalten, während der Druck der kulturellen Schöpfungen zugleich die Überlebenschance der Gene beeinflußt. Die biologischen Vorgänge, die die Kultur gestalten, werden also in Reaktion auf kulturelle Veränderungen selbst wieder beeinflußt.

Mit der Gen-Kultur-Koevolution haben Charles J. Lumsden und Edward O. Wilson erstmals ein monistisches und naturalistisches Erklärungsmodell geliefert, das den Rückkopplungseffekten zwischen Natur und Kultur Rechnung trägt, ein Modell, das endlich mit der konventionellen Vorstellung von der Evolution des Menschen aufräumt, wonach die Kultur »an die Stelle der Natur« getreten sei. Um zu zeigen, wieviel Natur in der Kultur steckt, gingen C. J. Lumsden und E. O. Wilson von der einfachen Überlegung aus, daß das menschliche Gehirn als biologisches Substrat und außerordentlich komplexe Struktur ein evolutionäres Produkt ist, das der natürlichen Selektion unterliegt. Die Gene, die den Aufbau des Gehirns steuern, kontrollieren auch dessen Funktionsweise – sie diktieren auch die Regeln, nach denen tradigenetische Informationsaufnahme, Informationsverarbeitung und Informationsweitergabe erfolgen. Somit lenken die Gene nicht nur den

Vorgang des Lernens, sie bestimmen auch, was gelernt werden muß und gelernt werden kann. Sowohl der Lernprozß als auch das Produkt dieses Lernprozesses sind also der natürlichen Selektion unterworfen. Auf diese Weise werden unserem »freien kulturschaffenden Geist« offensichtlich auch Grenzen gesetzt. Der Geist, der von der ihm zugestandenen Freiheit einen Gebrauch macht, der dem Ausbreitungserfolg der Gene nachteilig ist, wird von der natürlichen Selektion ausgemerzt. So zwingt die Natur also auch den freien und kulturschaffenden Geist unter ihr ehernes Gesetz, nötigt ihn, sich dem biogenetischen Imperativ zur Fitneß-Maximierung zu beugen.

Diese relative Abhängigkeit des Geistes von den Genen mag ein Mißbehagen auslösen, das uns zunächst für die Vorteile dieser »gezähmten Freiheit« blind sein läßt. Und darum wollen wir uns jetzt auch mit Charles J. Lumsden und Edward O. Wilson auf eine imaginäre Reise in die Galaxien begeben, auf eine Reise, von der wir nicht nur mit vielen neuen Eindrücken, sondern vor allem auch mit einem besseren Verständnis für die Vorzüge unserer begrenzten Freiheit zurückkehren werden. Das Ziel unseres fiktiven Ausflugs ist »Utopia«. Utopia liegt irgendwo im endlosen Labyrinth des Universums, fernab von unserem Sternensystem Milchstraße. So unvorstellbar wie die Entfernung, die wir bis dorthin zurückzulegen haben, so erstaunlich und bemerkenswert ist die Zivilisation, der wir auf Utopia begegnen. Die Lebewesen, die uns dort so freundlich willkommen heißen, sind erstaunlich intelligent und kennen keinerlei Gewalt. Sie sind athletisch gebaut, wohnen in großartigen Städten und besitzen eine Kunst und eine Wissenschaft, die unserer in jedem Falle ebenbürtig ist. Doch es gibt da etwas, das uns zutiefst beunruhigt: Die freundlichen Bewohner, die wir »Eidylons« nennen wollen, sind genetische Automaten! Alles, was diese Eidylons denken, fühlen und wollen, ist in ihren Gehirnen vorprogrammiert. Ein Eidylon (dessen vollständiger wissenschaftlicher Name »Eidylus strictus«, »unflexibler Fachmann«, lautet) kann nur lernen, was sich schon in seinem ausschließlich genetisch determinierten Repertoire befindet. So mutet es uns irgendwie seltsam an, daß die Eidylons, deren Sprache und Schrift, deren Kommunikation und Konvention und deren Ästhetik und Kunst doch genetisch determiniert sind, Schulen und Universitäten besitzen, auf denen die Details ihrer Kultur gelehrt und gelernt werden. Wie kann, so fragen wir uns verwundert, eine solche Zivilisation zugleich von den Genen determiniert sein und im Rahmen der Kultur tradiert werden? Offenbar verhält es sich mit den Eidylons ähnlich wie mit dem kalifornischen Weißschopfsperling, der den Gesang seiner Spezies erst hören muß, um ihn zu lernen, dabei aber keine anderen Töne hervorzubringen vermag als jene, die sich schon in seinem genetischen Repertoire finden. Die Eidylons sehen und begreifen also sehr wohl, daß es auch Alternativen zur Eidylon-Kultur gibt, daß man eine Auswahl zwischen verschiedenen Sprachen, Schriften, Mythen, Religionen und anderen kulturellen Errungenschaften treffen kann, doch wird die zu treffende Auswahl eben ausschließlich von den Genen bestimmt: Sie lernen zwar, doch ihr Lernprozeß ist streng kanalisiert!

Hinsichtlich ihrer Intelligenz und Leistungsfähigkeit, daran ist kein Zweifel, stehen die Eidylons unserer Spezies keineswegs nach; doch der Weg, auf dem sie ihre Informationen aufnehmen, verarbeiten und weiterreichen, ist von dem unserigen offensichtlich grundverschieden. Dies liegt sehr wahrscheinlich an den verschiedenen Lebensräumen, in denen sich die Eidylons und die Menschen zu behaupten hatten. Der Lebensraum der Menschen enthält sehr vieles, was sich rasch verändert. Hätten wir den Weg beschritten, den die Eidylons eingeschlagen haben, dann wären wir garantiert in eine Sackgasse geraten. Als genetische Automaten hätten wir keinerlei Gelegenheit gehabt, uns dem raschen Wandel unseres Lebensraums anzupassen. Der zwar leistungsfähige, doch völlig unflexible Geist der Eidylons wäre uns zum Fluch geworden und hätte uns Kopf und Kragen gekostet. Bei einem Wandel unserer natürlichen Umgebung hätte dieser Geist unser Schicksal besiegelt. Daß wir uns in den vergangenen fünf Jahrmillionen behaupten und vom Niveau des Affenmenschen zum gegenwärtigen Homo sapiens aufsteigen konnten, verdanken wir gerade unserer Vielseitigkeit und Wendigkeit, unserer nahezu beispiellosen Flexibilität. Das Erfolgsrezept der Spezies Mensch liegt in ihrer Anpassungsfähigkeit, einer Anpassungsfähigkeit, die erst dadurch möglich wurde, daß die Gene ihre absolute Kontrolle über den menschlichen Geist zugunsten einer relativen Entscheidungsfreiheit aufgaben. Nicht »genetischer Determinismus«, sondern »gezähmte Freiheit« ist die Strategie unserer Gene. Die Gene verhalten sich, um ein Bild von David P. Barash zu gebrauchen, wie geschickte Reiter: »Wenn Sie auf einem Pferd einen steilen, schlammigen Hang hinunterreiten, werden Sie in Schwierigkeiten geraten, wenn Sie darauf bestehen, jeden seiner Schritte zu lenken. Sie haben gar nicht genug Zeit, dem Pferd zu sagen, wann und wohin es jedes Bein bewegen soll, und außerdem kennt es seine Fähigkeiten besser als Sie. Ihre beste Strategie ist es, Ihrem Pferd ›seinen Kopf‹ zu lassen, das heißt, ihm zu erlauben, seine Schritte selbst zu wählen. Eine ähnliche Strategie wenden die menschlichen Gene an, die im Lauf der Zeit ›entdeckt‹ haben, daß sie besser abschneiden, wenn sie uns ›unseren Kopf‹ lassen, als wenn sie darauf bestehen, eine starre Kontrolle auszuüben.«

Unser kulturschaffender Geist besitzt also deshalb eine gewisse Freiheit, weil er als »Sklave der Gene« seinen Dienst nicht so gut verrichten könnte. Die ihm von den Genen zugestandene Freiheit versetzt den Geist in die Lage, dem biogenetischen Imperativ zur Fitneß-Maximierung noch besser, noch effektiver und noch »geistvoller« gerecht zu werden. Doch wie groß ist diese uns verliehene Freiheit eigentlich?

Um die Reichweite unserer geistigen Freiheit wenigstens annähernd abschätzen zu können, folgen wir C. J. Lumsden und E. O. Wilson auf eine zweite imaginäre Reise in die entlegenen Galaxien. Diesmal begegnen wir Lebewesen, die das genaue Gegenteil der Eidylons darstellen. Sie heißen »Xenidrine« (Xenidris anceps). Die Xenidrine kommen mit einem Geist zur Welt, den man als »Tabula rasa«, als »unbeschriebenes Blatt«, bezeichnen muß. Ihr Geist kennt keine genetischen Zwänge oder Vorschriften – er ist frei und offen. Es sind erst die Umwelt, die Kultur, die Erziehung und die persönlichen Erfahrungen, die das »unbeschriebene Blatt« beschriften. So stehen den Xenidrinen wirklich alle kulturellen Möglichkeiten offen. Ohne jede Mühe wissen sie sich jede nur denkbare Sprache, jede nur denkbare Konvention, jede nur denkbare Kunst und jede nur denkbare Moral anzueignen. Die Auswahl, die die Xenidrine bei der Aneignung und Weitergabe der kulturellen Errungenschaften treffen, wird ausschließlich durch kulturelle Impulse bestimmt. Während sich die Eidylons also durch einen eisernen Willen auszeichneten, zeigen die Xenidrine eine ungeheure Wandlungsfähigkeit. Waren die Eidylons präzise arbeitende Automaten, so sind die Xenidrine eher hochintelligentes Treibholz. Die Xenidrine sind aus jenem Holz geschnitzt, aus dem nach Meinung extremer Behavioristen der Mensch besteht – ohne Natur, ohne Rückgrat, unendlich formbar, unendlich konditionierbar. An dem Geist der Xenidrine hätten auch die englischen Empiristen des 18. Jahrhunderts ihre wahre Freude, denn er entspricht tatsächlich einem Stück weißen Papiers, bar jeden Charakters und ohne jegliche Ideen – ein leeres Buch, in das erst die Erfahrung Zeile für Zeile hineinschreibt. Hätte der Philosoph John Locke die Xenidrine fragen können: »Was seid ihr?«, dann hätten sie ihm (zu seiner großen Befriedigung) geantwortet: »Wir sind nur das, was man uns zeigt, nicht mehr und nicht weniger!«

Die Vorstellung, daß der Mensch einen derartigen »xenidroiden Geist« besitzt, geistert immer noch lebhaft herum. In den Köpfen extremer Milieutheoretiker und Vulgär-Marxisten hat sich die feste Überzeugung eingenistet, daß der Geist bei Geburt einem unbeschriebenen Blatt gleicht, daß der Mensch keine Natur besitzt, sondern lediglich das Produkt seiner Geschichte und der ökonomischen Umstände darstellt, unter denen er heranreift. So willkommen manchem Ideologen dieser »xenidroide Geist« auch sein mag– wir Menschen besitzen ihn nicht. Der menschliche Geist ist weder ein Sklave der Gene noch ein Sklave der Kultur! Er entstand in einem unaufhörlichen Prozeß von Wechselwirkungen zwischen Genen und Kultur, er wurde durch die Gen-Kultur-Koevolution geformt. Die Gene bestimmen die Entwicklungsrichtungen des Geistes, sie statten ihn mit Regeln und Grundsätzen aus, die ihn instand setzen, die Welt rasch und überlebensadäquat zu erfassen. Diese Entwicklungsrichtungen oder Entwicklungstendenzen des Geistes haben Charles J. Lumsden und Edward O. Wilson als *epigenetische Regeln* bezeichnet. Sie bewirken, daß der sich entwickelnde menschliche Geist einigen kulturellen Alternativen automatisch den Vorzug gegenüber anderen gibt. Epigenetische Regeln beeinflussen unseren Spracherwerb, unsere Logik, unsere einfache Arithmetik und unser Farbvokabular. Epigenetische Regeln prägen unsere Denkgewohnheiten, lassen uns vermuten, daß alles seinen zureichenden Grund habe, daß ganz Ähnliches »denselben« Grund habe, daß die Natur keine Sprünge mache und daß hinter allem natürlichen Schalten und Walten verborgene Absichten und Zwecke liegen. Epigenetische Regeln bewirken weiter, daß wir Ereignisse mit geringer Wahrscheinlichkeit zugleich in ihren oft verheerenden Auswirkungen unterschätzen, sie verleiten uns zu Fehlurteilen über Kriege und ökologische Krisen, sie lassen uns die Folgen von Überschwemmungen, Dürreperioden, Erdbeben und Vulkanausbrüchen verkennen; sie beeinträchtigen unser Verständnis für Bevölkerungswachstum, für Zinseszins und vernetzte Systeme mit Rückkopplungen; sie leiten unsere Intuition und verleiten uns zu Täuschungen über die Kehrseite so mancher Medaille; sie besorgen unser dualistisches Denken, unsere oft so unzulänglichen Schwarzweiß-Urteile und unsere willkürlichen Aufteilungen in gut und böse, heilig und profan, gerecht und ungerecht; sie verführen uns zu anthropomorphen und anthropozentrischen Vorstellungen, machen uns unsere Einzigartigkeit und Unentbehrlichkeit glauben und veranlassen uns zum Selbstbetrug über den eigenen Tod, so daß wir sagen: »Alle Menschen müssen sterben – und vielleicht auch ich.« Epigenetische Regeln bestimmen ferner unseren Geschmack, sie beeinflussen unseren Speiseplan und sorgen dafür, daß wir nahrhafte Kost als köstlich und zuckerreiche als süß empfinden. Und schließlich beeinflussen die epigenetischen Regeln auch unser Verhalten und unsere Gefühle: Sie sind für die sogenannten Universalien im menschlichen Sozialverhalten verantwortlich, für all das, was wir nicht erst lernen müssen, sondern angeborenerweise mit auf die Welt bringen, für das, was wir uns mit allen anderen Menschen teilen. So bestimmen die epigenetischen Regeln unsere Mimik, prägen unseren Gesichtsausdruck, wenn wir fröhlich, traurig, zornig oder ängstlich sind, und lehren uns zu lachen, zu weinen und zu fürchten. Auch die Gefühle wie Angst oder Furcht, Lust oder Begierde, Zurückhaltung oder Scheu, Wut oder Empörung gehören so zu unserer ersten Natur, sie motivieren und kontrollieren unser Sozialverhalten. Gefühle sind durch unsere Vernunft nur schwer zu beeindrukken, dennoch aber nicht irrational: Sie besitzen die *Rationalität des Überlebens*. Hunger und Durst lassen uns nach Nahrung suchen; Angst und Furcht lassen uns Gefahren meiden und riskanten Situationen aus dem Wege gehen; sexuelle Lust und Begierde lassen uns nach einem Partner suchen; Wollust und Orgasmus machen das »aufwendige und mühevolle Geschäft der Zeugung« zur verführerischsten und süßesten Sache von der Welt; Liebe, Treue und Zärtlichkeit, Sehnsucht, Wehmut und Sorge binden uns an den geliebten Partner und unsere Kinder; Eifersucht läßt uns mutig um den Geliebten kämpfen; mit Trauer und Melancholie antworten wir auf das Zerreißen einer Bindung; mit Verehrung, Bewunderung und Begeisterung folgen wir unseren Idolen; mit Entrüstung, Verachtung und Abscheu kehren wir dem Gemeinen und Ehrlosen den Rücken zu; mit Empörung, Wut und Haß lehnen wir uns gegen den Bedrücker und Tyrannen auf; mit Verantwortlichkeit, Schuld und sensiblem Gewissen suchen wir einen loyalen Umgang mit den Sozialpartnern zu sichern ...

In unserem Verhalten schlagen sich diese epigenetischen Regeln sozusagen als »Maximen« nieder: »Lerne vom Erfolgreichen!« ist zum Beispiel eine solche Handlungsanweisung unseres biologischen Erbes. »Folge den Idolen!« lautet offenbar eine andere: Jeder weiß, wie weit dieses Bedürfnis, sich jemandem anzuschließen und anzuvertrauen, Schutz und Halt zu suchen, reichen kann – in der Liebe bis zur »sexuellen Hörigkeit«, in der Religion bis zur Heiligenverehrung und zum Reliquienkult, in der Politik bis zur Massenhysterie und Anbetung des »unfehlbaren Führers«. »Strebe aufwärts!« ist eine weitere von uns befolgte Maxime: Ob in der Schule, in der Familie, beim Sport, beim Militär, am Stammtisch, im Berufsleben, in der Seminargruppe, in einer Konferenz, einer Firma oder einer Regierung – überall streben wir nach einem oberen Rang, einem »guten Posten«, nach Ansehen und Würden, nach Prestige und Dominanz, nach Macht und Einfluß. Ob jemand nun Bierfilze oder Briefmarken, Autogramme oder Gästebücher, Jagdtrophäen oder Pokale, »gefallene« Mädchen oder schnelle Autos, Geld oder Antiquitäten, lexikalisches Wissen oder wissenschaftliche Auszeichnungen sammelt – immer entdecken wir den Wunsch nach Anerkennung und Ansehen, immer erkennen wir das Bestreben, verehrt zu werden und einen Ruf zu haben.

Eine andere Maxime schließlich ließe sich mit einem »territorialen Imperativ« umschreiben: »Bis hierher und nicht weiter!« Der Mensch zeigt sich bekanntlich in vielfältiger Weise an bestimmte »Plätze« gebunden und interessiert, an Plätze, die er in geradezu eifersüchtiger Weise beaufsichtigt und verteidigt – angefangen von der Wohnung über einzelne von ihm bevorzugte Sessel, seinen Schreibtisch im Büro, seinen Platz im Zugabteil, in der Bibliothek, der Sauna und am Badestrand bis hin zum »Stammtisch« im Wirtshaus. Überall sucht er den von ihm in Anspruch genommenen Platz als sein »Revier« und seinen »Besitz« zu markieren, sei es durch ein Namensschild, das er an der Wohnungstür anbringt, durch die zwanglos über den Stuhl geworfene Jacke, das Familienfoto auf dem Schreibtisch, die zurückgelassene Brille in der Bibliothek, das ausgebreitete Handtuch am Strand oder die »sicherheitshalber« am Stammtisch liegengelassenen Zigaretten. Jeder beansprucht sein »privates Reich«, jeder verlangt nach »persönlicher Distanz«, jeder fordert einen »sozialen Abstand«, und jeder wünscht, daß dies respektiert wird. Und so bitten wir denn beispielsweise auch durch Klingeln oder Klopfen um Erlaubnis, wenn wir eine fremde Wohnung oder ein Büro zu betreten wünschen – wir benehmen uns daselbst unwillkürlich zurückhaltender, zögernder und gehemmter und lassen uns einen Platz zuweisen; in der Sauna und am Badestrand halten wir den zum »Anstand« gehörenden Abstand ein; im Restaurant oder Café fragen wir höflich, ob noch Platz sei; und um diese Genehmigung, Platz nehmen zu dürfen, bitten wir beispielsweise beim Betreten eines Zugabteils selbst dann, wenn wir sicher sein dürfen, daß noch etwas frei ist. Wollte sich jemand in einem halbleeren Café – die vielen freien Tische ignorierend – zu uns setzen, würden wir es unwillkürlich als aufdringlich empfinden; sollte es dieser ungebetene, recht kecke Gast zudem versäumen, eine höfliche Einladung zum Platznehmen einzuholen, würden wir es geradezu als herausfordernde Dreistigkeit verstehen; wagte er es schließlich gar, ohne jedwede Worte unsere auf den freien Platz gelegten persönlichen Sachen beiseite zu nehmen, um es sich dort bedenkenlos bequem zu machen, betrachteten wir dies wohl endlich als den Gipfel der Impertinenz. Wenn unser Anspruch auf Distanz, Privatheit und sozialen Abstand nicht respektiert wird, fühlen wir uns provoziert – die »territoriale Respektlosigkeit« reizt sozusagen unseren »Revierverteidigungsinstinkt«.

Alle diese epigenetischen Regeln haben sich während unserer langen Geschichte an der natürlichen Selektion bewährt, sie haben sich als adaptiv erwiesen und befähigten uns zur Anpassung an die Gegebenheiten, in die wir hineingeboren wurden. Sie halfen uns in der Auseinandersetzung mit unserer natürlichen Lebenswelt und verhalfen uns dazu, in dieser komplizierten Welt zu überleben. Die epigenetischen Regeln dienen unserem Geist also als Orientierungshilfen, sie helfen ihm, mit den verwirrend vielen Eindrücken und Augenblicksinformationen zurechtzukommen und sie in einer dem Individuum zugute kommenden Weise zu ordnen. Und genau hier liegen die Vorzüge unserer eingeschränkten geistigen Freiheit. Genau hier erweisen sich die Vorteile der Strategie, die unsere Gene gewählt haben – die Strategie der »gezähmten Freiheit«. Ein leerer, ohne jedwede Orientierungshilfen ausgestatteter Geist müßte vor der verwirrenden Vielfalt und Buntheit unserer Lebenswelt bedingungslos kapitulieren. Die Freiheit des Geistes, der bei seiner Geburt einem unbeschriebenen Blatt gliche, würde sich als Ohnmacht erweisen. Ohne Natur und ohne Rückgrat besäße der Geist keinerlei Macht, die Erfahrungswelt überhaupt bewältigen zu können. Die Macht, derer der Geist zur Bewältigung seiner Erfahrungswelt bedarf, verleihen ihm die Gene. Der Preis dieser Macht war Freiheit. Und wer wollte behaupten, daß dieser Preis zu hoch war – erkauften wir damit doch unser Leben und unsere Kultur.

Wie sehr uns die Gene im Zaum halten, spüren wir zumeist nur dann, wenn wir »durchzugehen« suchen, wenn wir uns bemühen, mal alle »genetischen Hürden« zu nehmen. In welche Schwierigkeiten geraten wir beispielsweise beim Betrachten der Lithographien von M. C. Escher, wenn wir nach guter alter Gewohnheit versuchen, zweidimensionale Bilder – wie etwa den »Wasserfall« oder »Treppauf und Treppab« – dreidimensional zu interpretieren. Die epigenetischen Regeln, die man als »angeborene Lehrmeister« bezeichnen kann, erweisen sich hier als »unbelehrbar«.

Oder denken wir an die im wahrsten Sinne des Wortes »unvorstellbaren« Strukturen, die die moderne Physik in der Relativitätstheorie, der Quantenmechanik, der Elementarteilchenphysik und der Kosmologie beschreibt – hier läßt uns wirklich die Vorstellungskraft im Stich. Nichteuklidische Räume, akausale Prozesse, Äquivalenz von Masse und Energie, Welleneigenschaften der Materie, Teilcheneigenschaften des Lichts, masselose Teilchen, Quarks, Schwarze Löcher und vieles andere mehr können wir uns überhaupt nicht mehr anschaulich machen. Oder versuchen Sie mal, die epigenetischen Regeln, die Ihre Mimik beeinflussen, über den Haufen zu werfen. Versuchen Sie mal, bei freudiger Überraschung die Nase zu rümpfen, anstatt die Brauen zu heben. Oder versuchen Sie doch mal, Ihre Gefühle zu belehren, Ihre Freude in Gram, Ihre Zerknirschung in Hochgefühl oder Ihre Angst in Lässigkeit zu verwandeln. Von einer Freiheit des Geistes, gar von einer unumschränkten, kann hier wirklich nicht die Rede sein. Unsere »liebgewordenen Gewohnheiten« im Denken, Fühlen und Handeln sind Teil unseres biologischen Erbes. Sie sind nicht immer »gut« oder »richtig«, doch sie haben sich in unserer Vergangenheit bewährt, sie halfen uns, unsere Geschichte zu meistern und unseren Weg zu gehen. Daß sie einen Teil unserer evolutionären Vergangenheit widerspiegeln, läßt sich in beeindruckender Weise an unseren Ängsten zeigen. Anstatt uns vor den modernen und lebensnahen Gefahren wie Messern, Schußwaffen, Steckdosen, Autos, Giften und Sprengstoff zu fürchten, empfinden wir noch immer Angst vor jenen Gefahren, denen unsere Vorfahren ausgesetzt waren: Gewitter, Abgründe, Schlangen und Spinnen.

Bevor wir im folgenden vier Beispiele der Gen-Kultur-Koevolution beleuchten, wollen wir den großen Kreislauf von Ursachen und Wirkungen zusammenfassen, der von den Genen zur Kultur und von der Kultur zu den Genen zurückverläuft. Die Gene determinieren den Aufbau und die Funktionsweise des Gehirns und der Drüsen, sie bestimmen über die Art der Zusammenarbeit zwischen Nervenzellen und Hormonen und beeinflussen so in erster Linie die epigenetischen Regeln. Die epigenetischen Regeln gestalten den kulturschaffenden Geist, sie lassen ihn beim Denken, Fühlen und Wollen auf adaptive Konzepte zurückgreifen und formen so unsere Handlungs- und Neigungsstruktur. Auf diese Weise beeinflussen die epigenetischen Regeln die endgültigen Formen der Kultur. In einigen Individuen sind epigenetische Regeln wirksam, die es ihnen ermöglichen, sich in ihrer Kultur besser durchzusetzen und erfolgreicher fortzupflanzen. Daher breiten sich die erfolgreichen epigenetischen Regeln mit den Genen, in denen sie codiert sind, in ihrer Population aus. So beeinflußt nun die Kultur ihrerseits die Gene.

Die Natur der Kultur

In der biogenetischen Evolution stellt, wie wir in den vorangegangenen Kapiteln gesehen haben, das Gen die »Einheit der Selektion« dar. Es ist die Grundeinheit, an der die natürliche Selektion angreift. Das Gen ist es, das sich letztlich in einer Population durchsetzt oder aus ihr eliminiert wird. Ließe sich nun nicht eine ähnlich reale und diskrete Grundeinheit finden und definieren, die sich in der tradigenetischen Evolution durchsetzt oder aber ausgemerzt wird? Die Soziobiologie sagt: Ja! In der Kultur sind es ja vor allem die Werkzeuge, die Waffen, die Konventionen, die Mythen, die Religionen, die Riten, die Tabus und anderes mehr, die sich behaupten oder aber aus der Tradition verbannt werden. Solche und andere Artefakte und mentale Konstruktionen repräsentieren in der Kultur die Grundeinheiten. Diese tradigenetischen Grundeinheiten haben Charles J. Lumsden und Edward O. Wilson als *Kulturgene* bezeichnet. Sie definieren das Kulturgen als »eine relativ homogene Gruppe geistiger Konstruktionen oder ihrer Produkte«. Das Kulturgen ist also die Grundeinheit der tradigenetischen Evolution – es ist der »kulturschaffende Faktor«.

Um uns den großen Kreislauf der Gen-Kultur-Koevolution noch einmal zu veranschaulichen, wollen wir jetzt einmal vier solcher Kulturgene näher untersuchen: Das erste Kulturgen, das uns hier interessieren soll, ist ein »Sex-Tabu« – das sogenannte »post partum coitus taboo«. In vielen Gesellschaften, vor allem in den tropischen Regionen, ist es den Frauen aufs strengste verboten, nach der Entbindung eines Kindes mit ihren Männern zu schlafen. Wenn sich dieses Verbot nur auf die ersten vier oder sechs Wochen nach der erschöpfenden Geburt bezöge, dann fänden wir es sicherlich ohne Schwierigkeiten einsichtig und würden es ohne weiteres als vernünftig bezeichnen. Allein dieses Tabu gilt über einige Jahre hinweg: In manchen Kulturen kann der Frau der Sexualverkehr mit ihren angetrauten Männern tatsächlich für bis zu vier Jahre verwehrt werden! Da zögert man nun doch ein wenig, ob dieses Tabu wirklich noch »vernünftig« zu nennen ist. Ist das nicht eine reichlich überzogene Forderung, mit der die Kultur hier an das »schwache Geschlecht« heranzutreten wagt? Mit welchem Recht verbietet die Kultur den Frauen ihren vielleicht einzigen Spaß? Das Leben in den tropischen Zonen ist freudlos genug – muß man den Frauen nun zu allem Überfluß auch noch ihre sinnlichen Freuden verbieten? Freud selbst hatte vermutlich solche Tabus vor Augen, als er mit großem Recht vom »Unbehagen in der Kultur« sprach ...

Sie werden nun natürlich wissen wollen, welche »triftigen Gründe« die offenbar ein wenig überspannten Moralapostel dieser Gesellschaft vorzubringen haben: Wodurch sollte eine solche Zumutung »gerechtfertigt« werden können? In der Gewißheit, Ihrem Zorn weitere Nahrung zu bieten, will ich einmal die vielleicht empörendsten »Rechtfertigungen« nennen. Die einen sagen: »Es kränkt die Götter, wenn eine junge Mutter Sex hat, basta!« Und die anderen sagen: »Der Same des Mannes verdirbt die Milch der Frau, darum!« Das klingt in unseren längst »aufgeklärten Ohren« natürlich einfach lächerlich. Und keine unserer emanzipierten und zu »neuem Selbstwertgefühl« erstarkten Frauen würde sich ihr unbestreitbares Recht auf Sex durch solche mittelalterlichen und stark nach »Patriarchat« riechenden Sprüche nehmen lassen.

Wenn wir die Bedingungen, unter denen die betroffenen Frauen leben müssen, aber einmal genauer untersuchen, dann werden wir sehen, daß hinter dem scheinbar völlig unsinnigen Tabu eine »fitneßmaximierende Weisheit« steckt und daß die Frauen, die sich diese vermeintliche Unterdrückung gefallen lassen, keineswegs »wehrlose Opfer des niederträchtigen Patriarchats« sind.

R. B. Lee hat sich in der Kalahari einmal umgeschaut und die Lebensbedingungen der dortigen Buschfrauen beobachtet. Die

Bevölkerung, so berichtet Lee, lebt zu etwa zwei Dritteln von dem, was die Frauen auf Sammelexkursionen an Pflanzen und Früchten pflücken. Alle zwei oder drei Tage müssen die Frauen daher unter extremer Trockenheit und bei Temperaturen bis zu 40 Grad Celsius im Schatten umherziehen. Um die vielen hungrigen Mäuler einigermaßen stopfen zu können, schleppen sie von ihren Ausflügen etwa 15 bis 20 Kilogramm Sammelgut heim. Als würden die Hitze, die Trockenheit und die Last noch nicht strapaziös genug sein, müssen sie auch noch ihre Kinder bei der erschöpfenden Arbeit ständig mit sich herumtragen: Die Kinder bis zu zwei Jahren lasten ununterbrochen auf der Schulter der Mutter, während die älteren glücklicherweise auch schon mal ein Stück alleine gehen.

Nun stellen Sie sich angesichts dieser ökologischen, ökonomischen und kulturellen Bedingungen einmal vor, eine junge Mutter würde in kurzen Abständen weiteren Kindern das Leben schenken. Zum einen hieße dies, den Hunger eines zusätzlichen Kindes zu stillen, zum zweiten müßte sie sich fortan mit zwei Kindern auf ihren Ausflügen herumschleppen, und zum dritten bedeutete das, daß sie wegen der ihr aufgebürdeten Last weniger Nahrung heimwärts tragen könnte. Eine Frau, die das für etwa vier Jahre lang geltende Koitus-Tabu verletzte, setzte sich damit also keineswegs nur kulturellen, sondern vor allem auch natürlichen Risiken aus – sie würde sich in einen wahren »Teufelskreis« hineinbegeben: Mehr Kinder bedeutete mehr Hunger, mehr Hunger verlangte mehr Nahrung, mehr Kinder und mehr Nahrung aber hieße noch größere Last, noch größere Last erforderte noch härtere Knochenarbeit – bei alledem würde auch noch die Flucht vor Raubtieren erschwert und die Gefahr vergrößert, einem Hitzschlag zum Opfer zu fallen! Wenn eine junge Mutter sich und ihre Familie also nicht an den Bettelstab bringen will, dann tut sie gut daran, die Geburt des nächsten Kindes aufzuschieben und das geltende Tabu einzuhalten. Wollte eine Frau daher wirklich den Versuch machen, ihre Jäger-und-Sammler-Gefährtinnen »reproduktiv zu überrunden«, also ganz schnell mehr Kinder in die Welt setzen, dann gliche dieser Versuch tatsächlich einem »Selbstmordversuch«. Und so verwundert es uns denn auch nicht weiter, daß die Kalahari-Buschfrauen das Sex-Tabu keineswegs als Zumutung empfinden.

N. Blurton Jones und R. M. Sibly haben sich als selbstverständlich neugierige und eifrige Soziobiologen einmal die Mühe gemacht, durch peinlich genaue Kosten/Nutzen-Analysen und Computersimulationen herauszubekommen, wie groß der Geburtenabstand sein müßte, damit eine Kalahari-Buschfrau einen optimalen Fortpflanzungserfolg erzielte. »In welchem Abstand lassen sich unter den Lebensbedingungen der Kalahari-Buschfrauen Kinder erfolgreich aufziehen?« lautete die Frage, die Blurton Jones und Sibly vom Computer gern beantwortet haben wollten. Die Antwort des Computers lautete: Der optimale Geburtenabstand beträgt unter den gegebenen Bedingungen 3,88 Jahre. Eine Buschfrau sollte also rund vier Jahre mit der Geburt eines weiteren Kindes warten, wenn sie ihre Nachkommen erfolgreich aufziehen will. Damit deckt sich der »rationale Vorschlag« des Computers also nahezu haargenau mit den mythisch begründeten Vorschriften des Sex-Tabus! Das »post partum coitus taboo« drückt somit eine »biologische Weisheit« aus, von der sich die Buschleute nichts hätten träumen lassen. Es ist, als hätten die egoistischen Gene den »Erfindern des Tabus« ins Gewissen geredet.

Dieses Beispiel zeigt noch einmal recht deutlich den großen Kreislauf der Gen-Kultur-Koevolution: Der Druck der natürlichen Selektion wirkt hier auf die Kultur und hilft ein (mythisch begründetes) Tabu formen, das seinerseits wieder auf die Fitneß-Maximierung zurückwirkt. So nehmen die Gene an der Gestaltung der Kultur teil, und die Kultur beeinflußt ihrerseits wieder die Überlebenschancen der Gene: Natur und Kultur gehen Hand in Hand und greifen einander wechselseitig unter die Arme!

Bei der Frage nach dem eventuell fitneßmaximierenden Wert eines Kulturgens müssen wir also auch die ökologischen und ökonomischen Bedingungen berücksichtigen. Es ist natürlich leicht einzusehen, daß sich das »post partum coitus taboo« der Kalahari-Buschleute in unseren Breiten wohl kaum hätte durchsetzen können: Für unsere Frauen würde es biologisch keinerlei Sinn machen, die Geburt nachfolgender Kinder so weit hinauszuschieben – es gibt keine ökologische und ökonomische Notwendigkeit dafür. Gleiches gilt von dem nun zu beschreibenden Kulturgen: Bei einigen westafrikanischen Völkern gibt es ein Tabu, das den Genuß der sogenannten »Yam«-Frucht verbietet. Wie im Fall des Sex-Tabus auch, gilt dieses Nahrungs-Tabu nur für eine bestimmte Zeit, und zwar für die recht lange Regenzeit. »Yam ist tabu«, sagt man in dieser Zeit ganz einfach. Ich habe leider nicht die geringste Ahnung, mit welcher Begründung man den Leuten verbietet, von dieser offenbar köstlichen, in jedem Fall aber sehr nahrhaften Frucht zu naschen. Aber wir dürfen sicher sein, daß für die Rechtfertigung des Verbots wieder irgendein Mythos herhalten muß. »Warum läßt man die Leute nicht allezeit sich ein paar von diesen Früchten gönnen?« so fragen wir unwillkürlich. Der amerikanische Anthropologe William Durham ist dieser Frage nachgegangen und weiß uns einen biologisch sinnvollen Grund für das Tabu anzugeben: Diese westafrikanischen Völker, die das Nahrungs-Tabu zu befolgen haben, sind irgendwann dahintergekommen, daß sich wirtschaftliche Anbauflächen auch durch Roden und Abbrennen von Waldstücken gewinnen lassen. Zunächst herrschte offenbar eitel Sonnenschein über diese kulturelle Errungenschaft. Schon bald aber stellte sich heraus, daß diese Medaille auch eine Kehrseite hat: Die vielversprechende brandrodende Wirtschaftsform führte nämlich zu einer Anreicherung der gefährlichen Mückenart Anopheles gambiae, die Malaria-Erreger überträgt. Die Gefahr, an der lebensbedrohlichen Malaria zu erkranken, bestand in diesen Gebieten zwar schon vorher, doch das Brandroden vergrößerte dieses Risiko beträchtlich, indem es den Mücken plötzlich wahre Brutstätten verschaffte. Die Regenzeit ist somit zu einer Zeit des Kampfes gegen die unheilvolle Malaria geworden.

Wie schützen sich nun die Westafrikaner vor dieser Gefahr? So eigentümlich es zunächst klingen mag: Es ist ein potentiell tödliches Gen, das sie vor der Malaria schützt. In diesen Malaria-Gebieten ist nämlich ein Allel stark angereichert, das für die lebensbedrohende Sichelzellen-Anämie verantwortlich ist. Dieses als HbS bezeichnete Allel ruft ein starkes »Sicheln« der roten Blutkörperchen und damit einen lebensgefährlichen anämischen Zustand hervor. Daß dieses in reinerbiger Kombination tödliche Allel in diesen Gebieten noch gedeihen kann, verdankt es dem erfreulichen Umstand, daß es in mischerbiger Kombination einen hohen Grad an Malaria-Resistenz verleiht. Das Leben der Westafrikaner ähnelt somit einer halsbrecherischen Gratwanderung: Erben sie zwei HbS-Allele, dann gehen sie an der Sichelzellen-Anämie zugrunde, erben sie keines, fallen sie der Malaria zum Opfer. Gewappnet gegenüber beiden Gefahren sind daher nur diejenigen, die in diesem »Russischen Roulette der Gene« lediglich ein HbS-Allel erben – ihre roten Blutkörperchen »sicheln« zwar in gefährlicher Weise, doch macht sie dieses Sicheln auch gegen die Malaria widerstandsfähiger ... Die Yam-Frucht nun enthält eine chemische Substanz, die das zwar gefährliche, aber auch vor Malaria schützende Sicheln vermindert. So nahrhaft und köstlich die Yam-Frucht also auch sein mag, man sollte sie in der Regenzeit vermeiden, weil sie ansonsten das vor der Malaria schützende Sicheln minderte. In der Trockenzeit hingegen, wenn die Malaria-Gefahr vorüber ist, kann man sich gut und gern den Magen damit vollschlagen und das Sicheln reduzieren.

Wir sehen also: Das Nahrungs-Tabu, das den Genuß der Yam-Frucht in der Regenzeit verbietet, ist biologisch sinnvoll – es stellt eine Anpassung an die ökologischen Bedingungen Westafrikas dar und hilft zu überleben. Um den Kreislauf noch einmal zusammenzufassen: Das Brandroden führte zu erhöhter Malaria-Gefahr, und die erhöhte Malaria-Gefahr begünstigte den Verzicht auf die Yam-Frucht. Hier hat also offenbar ein Kulturgen eine natürliche Bedrohung verstärkt, worauf die natürliche Selektion mit der Begünstigung eines neuen Kulturgens antwortete. Das ist ein typischer biogenetisch-tradigenetischer Rückkopplungsprozeß und ein gutes Beispiel für die Verwobenheit von Natur und Kultur.

Unser nächstes Beispiel soll einmal veranschaulichen, wie sich der Gen-Egoismus auch im geltenden Recht einer Kultur niederschlägt. Es bereitet der Soziobiologie offensichtlich keine Schwierigkeit, das in Deutschland und vielen anderen Ländern bestehende Erbrecht zu verstehen, das stets die ehelichen Kinder als gesetzliche Erben behandelt: Wann immer jemand stirbt, ohne ein Testament hinterlassen zu haben, sorgt unser Gesetz dafür, daß seine ehelichen Kinder die Hinterlassenschaft erhalten können. »Natürlich«, sagen wir, »schließlich liegt es einfach im reproduktiven Interesse der Menschen, daß ihr Hab und Gut ihren eigenen Nachkommen zufällt: Sie sollen das Erbe darauf verwenden, sich noch erfolgreicher fortzupflanzen und somit auch die Gene des Verstorbenen besser ausbreiten zu können.«

Nun gibt es aber auch ein anderes Erbrecht, und zwar ein Erbrecht, das nicht die ehelichen Kinder, sondern die Neffen und Nichten als gesetzliche Erben vorsieht. Genauer: Wenn ein Mann verstirbt, dann geht sein Besitz nicht auf die Söhne und Töchter über, die seine Ehefrau ihm geboren hat, sondern auf die Kinder seiner Schwester. Ein solches Gesetz, das nicht die ehelichen Kinder, sondern die Kinder der Schwestern zu Haupterben erklärt, bezeichnet man als »Avunkulat«.

Wie kommt es, so fragen wir uns sogleich, zu einem so eigentümlichen Erbrecht? Widerspricht das nicht allen soziobiologischen Erwartungen? Wenn man seine eigenen Gene so erfolgreich als irgend möglich ausbreiten möchte, dann sollte man doch seine leiblichen Nachkommen unterstützen und nicht die Kinder der Schwester; schließlich teilt man sich mit den Söhnen und Töchtern die Hälfte seiner Gene, mit den Neffen und Nichten aber nur ein Viertel seiner Gene? Das ist alles richtig! Aber sehen wir uns doch besser einmal das Leben eines solchen Stammes etwas näher an, der das Avunkulat praktiziert; vielleicht beantworten sich unsere berechtigten Fragen sodann ja von selbst: Der französische Kanada-Pionier Samuel de Champlain hat das Avunkulat bei den Huronen beobachtet. Einen Winter, den Winter 1615/16, verbrachte er bei diesen am Huronsee lebenden Indianern. »Während des Winters, der vier Monate dauerte«, so schreibt Champlain in seinem Reisebericht, »hatte ich genügend Muße, um ihr Land, ihre Sitten und Gebräuche kennenzulernen, desgleichen ihre Lebensweise, Art und Form ihrer Versammlungen und andere Dinge, die ich beschreiben möchte.« Zu diesen »anderen Dingen« gehört vor allem die dortige Promiskuität: Ob nun ledig oder verheiratet, die Frauen dürfen mit jedem Mann schlafen, auf den sie gerade Lust haben! Und dies, ohne daß üble Nachrede sie träfe: ». . . wenn die Nacht kommt, gehen die jungen Frauen von einer Hütte zur anderen, genau wie die jungen Männer, und nehmen sich, doch ganz ohne Gewalt, was ihnen gut scheint, wobei sie aber alles dem Willen der Frauen überlassen. Der Ehemann macht das gleiche bei seiner Nachbarin, aber es entsteht keine Eifersucht deshalb unter den Eheleuten, es kommt zu keiner Ehrlosigkeit oder Beschimpfung: so ist es eben der Brauch des Landes.« Dies alles erscheint uns »sittsamen Christenmenschen« natürlich nahezu unglaublich: Jeder mit jedem – und das ohne Eifersucht und Gewalt? Doch wie auch immer – die Passage aus Champlains Bericht, auf die es uns wirklich ankommt, ist folgende: »Die Kinder, die auf diese Weise von einer Frau geboren werden, können nicht sicher sein, daß sie legitim sind. Es gibt dann auch einen Brauch, der dieser Gefahr [entgegen]steuert: Die Kinder sind, was den Besitz und die Würde angeht, niemals die Erben ihres Vaters, von dem man, wie ich schon sagte, nicht sicher sein kann, daß er sie gezeugt hat. Die Ehemänner setzen vielmehr zu ihren Nachfolgern und Erben die Kinder ihrer Schwestern ein, von denen sie sicher sein können, daß sie von diesen geboren worden sind.«

Wenn wir jetzt, wo uns Champlain einen kurzen Einblick in das Sittenleben der Huronen gewährt hat, nochmals fragen, warum es dort ein Avunkulat gibt, dann liegt die Antwort wohl auf der Hand: Wegen des »sittenlosen Lebenswandels« der Huronen-Frauen! Anders ausgedrückt: Das Avunkulat der Huronen ist eine sinnvolle Anpassung an die Promiskuität. Ein Hurone, der seinen Besitz und seinen Status den Söhnen und Töchtern vererben würde, die seine Ehefrau zur Welt gebracht hat, liefe nämlich Gefahr, all seinen Reichtum an fremde Kinder verschenkt zu haben. Denn wenn sich seine Gattin bald mit diesem, bald mit jenem ergötzt hatte, muß er verständlicherweise stark bezweifeln, der Vater ihrer Kinder zu sein. Sie könnten ja schließlich von jedem stammen. Das Beste, was der Hurone in einer solchen Situation daher machen kann, ist, daß er all sein Hab und Gut den Kindern seiner Schwester zukommen läßt. Denn mit den Kindern, die seine leibliche Schwester geboren hat, ist er eben garantiert verwandt: Ganz gleich, wer die Väter dieser Kinder sein mögen, sie sind so oder so Neffen und Nichten, Verwandte, mit denen sich der Hurone ein Viertel seiner Gene teilt. Fortpflanzungsstrategisch gesehen, gehen die Huronen also auf Nummer Sicher: Besser in Neffen und Nichten investieren als in »Kuckuckseier«!

Unser viertes und letztes Beispiel für die Gen-Kultur-Koevolution führt uns vom kanadischen Huronsee weg auf die griechische

Insel Karpathos. Auf dieser Insel begegnen wir einem Kulturmerkmal, das für die Soziobiologie geradezu herausfordernd ist, nämlich dem »Zölibat«, also dem Verzicht auf Ehe und Kinder! Das Zölibat, so scheint es, müßte den Soziobiologen eigentlich ein Dorn im Auge sein. Schließlich widerspricht der Verzicht auf eigene Kinder dem evolutionsbiologischen Grundsatz, daß alles Lebendige darauf aus ist, sich möglichst erfolgreich fortzupflanzen! Und da nach der Soziobiologie auch der Mensch diesem biogenetischen Imperativ zur Fitneß-Maximierung gehorcht, dürfen wir wohl mit vollem Recht gespannt darauf sein, wie sie die Frage nach der Herkunft des Zölibats beantwortet: Wie können Menschen, die doch angeblich an erfolgreicher Fortpflanzung interessiert sind, ein zölibatäres Leben eingehen?

Um zu verstehen, wie sich das Zölibat auf Karpathos entwickeln konnte, müssen wir uns zunächst die Lebensbedingungen der dortigen Bevölkerung näher anschauen. Wie der französische Sozialanthropologe Bernard Vernier berichtet, leben die Bewohner dieser Insel ausschließlich von der Landwirtschaft. Da der Boden auf Karpathos nun aber sehr schlecht ist, nagen die meisten ansässigen Bauern geradezu am Hungertuch. Lediglich den wenigen Großbauern, die sich im Laufe der Zeit die besten Ländereien unter den Nagel reißen konnten, geht es wirtschaftlich recht gut. Sie besitzen beispielsweise die Mühlen und andere wichtige Produktionsmittel. Um ihre ökonomische Vormachtstellung und ihren politischen Einfluß bewahren zu können, haben diese Großbauern oder »Canacares« denn auch ein eigenes Erbrecht: Sie pflegen das sogenannte »Anerbenrecht«. Das Anerbenrecht schreibt vor, daß der Grundbesitz des Erblassers nicht geteilt werden darf. Stirbt der Großbauer, dann werden sein Besitz und seine Ländereien nicht unter den Kindern und sonstigen Verwandten aufgeteilt, sondern gehen vollständig und ungeteilt auf einen einzigen Erben über. Diese Erbregelung garantiert also, daß Haus und Hof, mithin Macht und Einfluß der Familie, erhalten bleiben. Würde der Großbauer seinen Reichtum dagegen zu gleichen Teilen an verschiedene Nachkommen vererben, dann würden seine Familienangehörigen schon bald genauso am Hungertuch nagen müssen wie die übrigen Karpathos-Bauern.

128

So günstig dieses Erbrecht auch für den Weiterbestand der Linie ist, so ungünstig ist es doch für diejenigen Familienmitglieder, die beim Tode des Großbauern einfach leer ausgehen. Denn im konkreten Fall sieht das Anerbenrecht so aus, daß der älteste Sohn das gesamte Vermögen des Vaters und die älteste Tochter das gesamte Vermögen der Mutter erbt – alle jüngeren Söhne und Töchter erhalten nichts! Und genau diese »um ihr Erbteil betrogenen« Geschwister sind es denn auch, die ein zölibatäres Leben führen. Wenn beispielsweise die älteste Tochter einen anderen Canacares-Erben heiratet, dann folgen ihr die jüngeren Schwestern: Sie bleiben unverheiratet und fristen ihr Dasein als Mägde auf dem Hof ihrer großen Schwester. Während sich die glücklich verheiratete Erbin allein dem Kinderkriegen widmet, kümmern sich die jüngeren Schwestern um Haus und Hof. Sie leben praktisch wie »Sklavinnen«, denn sie müssen die harten Arbeiten auf dem Felde verrichten, ohne irgendeinen wirklichen Lohn dafür verlangen zu können. Oft müssen sie sogar in den Viehunterständen übernachten. Und auch sonst schließt das Bauernpaar sie in jeder Hinsicht von ihrem mehr oder weniger aufwendigen Lebensstandard aus. Vernier schreibt:»Die Ältesten beiden Geschlechts, die die Produktionsmittel besaßen, beuteten ihre Geschwister aus und brachten sie um den Lohn ihrer Arbeit ... Die Erstgeborenen verfügten alle über die gleichen Privilegien – und sei es nur die Möglichkeit zu heiraten und Kinder zu haben. Wenn sich ihre Lebensumstände auch durch die ungleiche Verteilung des Grundbesitzes unterschieden, widersetzten sich doch alle grundsätzlich der Heirat einer jüngeren Schwester. Kurzum, die ältesten Geschwister hatten untereinander gleichartige Interessen, die objektiv im Widerspruch zu denen der unverheirateten jüngeren Schwestern standen. Wohl waren die Familien auch von Herrschafts- und Ausbeutungsbeziehungen durchdrungen, doch war es hier – im Unterschied zu Klassenbeziehungen – die herrschende Gruppe der erstgeborenen Geschwister, die, indem sie sich biologisch reproduzierte, sich zugleich die Untertanen beschaffte, die sie benötigte.«

Die Frage, die sich uns sogleich aufdrängt, lautet jetzt natürlich: Warum lassen sich die jüngeren Schwestern auf so ein Leben ein? Warum pfeifen sie nicht einfach auf ihre ältere Schwester und gehen ihren eigenen Weg? Nun, »ihren eigenen Weg« zu gehen ist leicht gesagt. Wohin soll ihr »eigener Weg« sie denn führen? Zur Heirat? Heiraten und eigene Kinder bekommen wäre selbstverständlich schön. Aber wen könnten sie denn schon heiraten? Alle wohlhabenden Männer, also alle Canacares-Erben, heiraten verständlicherweise nur Canacares-Erbinnen, also nur »gute Partien« – an »Sklavinnen« haben diese Männer kein Interesse! Die einzigen Männer, die vielleicht bereit wären, sie zu heiraten, wären die »normalsterblichen Karpathos-Bauern«; aber das sind eben arme Teufel, die nichts zu beißen haben. Einen solchen Mann zu heiraten bedeutete, daß sie fortan selbst am Hungertuch nagen müßten. In einer solchen Ehe nähme ihr Traum von eigenen Kindern die Gestalt eines Alptraums an: Sie würden deutlich sehen, wie sie sich und die ihren mit der Geburt von Kindern an den Bettelstab brächten!

Ein anderer Weg, der den jüngeren Schwestern offenstünde, wäre der, daß sie auf einem fremden Hof arbeiteten. Aber was brächte es ihnen schon ein, wenn sie bei einem anderen Großbauern die Sklavinnen spielten: Sie könnten auch dort nicht heiraten und Kinder bekommen! Die dritte und letzte Möglichkeit, die uns jetzt noch einfallen könnte, wäre die, daß die Schwestern Karpathos verließen und anderswo ihr Auskommen suchten. Aber das ist einer jener verwegenen Träume, die auf immer und ewig »bloße Träume« bleiben: Die eigene Zukunft in einem fremden Land ist viel zu ungewiß!

Angesichts dieser ausweglosen Situation ist es für die Schwestern wirklich am besten, wenn sie der Ältesten folgen. Wenn sie auf dem Hof ihrer großen Schwester auch hart zu arbeiten haben und allerlei Ungerechtigkeiten über sich ergehen lassen müssen, kommt ihre Sklaverei doch letztlich auch ihnen zugute; schließlich dient alles, was sie dort tun, im Endeffekt dazu, daß ihre älteste Schwester sich erfolgreicher fortpflanzen kann – und somit eben noch mehr Neffen und Nichten hervorbringt, mit denen sich die Schwestern ein Viertel ihrer Gene teilen. Wenn man es mit den Augen des »egoistischen Gens« sieht, ist das aufopferungsvolle und sklavische Verhalten der Schwestern also alles andere als eine Torheit. Sie tun das beste, was sie in ihrer Lage nur tun können: Sie erhöhen ihre Gesamtfitneß!

130

Unter bestimmten Bedingungen, so sehen wir, kann also sogar das Zölibat ein geeignetes Mittel sein, um den Ausbreitungserfolg der eigenen Gene zu befördern. Voraussetzung hierfür ist, daß der zölibatär Lebende Verwandten dabei hilft, sich noch erfolgreicher fortzupflanzen. Eine solche Form des »Zölibats« läßt sich auch im Tierreich oft beobachten: Bei mehr als 150 Vogelarten hat man entdecken können, daß immer wieder einige Individuen auftreten, die »ledig« bleiben und ihr Leben lang bei der Aufzucht von fremden Nestlingen behilflich sind. Sie spielen sozusagen »Baby-sitter« für andere Vögel, indem sie deren Junge füttern und be-schützen. Dieses altruistische Verhalten der Junggesellen hat man als »Helfer am Nest-Syndrom« bezeichnet. Bei näherem Hinsehen durfte man jedoch feststellen, daß die Helfer keineswegs wahllos helfen: Sie halfen nämlich ausschließlich ihren Eltern und ihren Geschwistern. Ihr Babysitten entpuppte sich so also als ein bloßer Akt von Nepotismus – es war die bekannte gen-egoistische Vetternwirtschaft!

Homo Homini Lupus

DER MENSCH GEBRAUCHT VER-
NUNFT ALLEIN, UM TIERISCHER
ALS JEDES TIER ZU SEIN.
J. W. v. GOETHE

Die Tyrannei des Bösen

Ganz gleich, welches Kapitel unserer Geschichte wir auch aufschlagen mögen – es ist eine Geschichte von himmelschreienden Verbrechen, eine Geschichte von nahezu unglaublichen Massakern und Blutbädern, eine Geschichte von entsetzlichen Kriegsgreueln und einer schier an Irrsinn grenzenden Mordlüsternheit. Jede einzelne Seite dieses Buches legt mit exhibitionistischer Schamlosigkeit ein Zeugnis von dem erschreckenden Blutrausch der Menschen ab, ein Zeugnis von Raubzügen, Eroberungen, Plünderungen und Verwüstungen, ein Zeugnis von Verfolgungen, Vergewaltigungen, Folterungen und Morden – jede einzelne Seite ist unwiderruflich rot von Blut. Das Buch unserer Geschichte, so steht fest, gibt einen unmöglich zu widerlegenden Beweis von dem grenzenlosen Haß, dem unstillbaren Machthunger und der maßlosen Blutrünstigkeit des Menschen, es stellt – Zeile für Zeile – den düstersten und unheimlichsten Zug unserer Natur bloß.

»Vielgestaltig ist das Ungeheure, doch nichts ist ungeheurer als der Mensch«, wie Sophokles im Tone des mahnenden Sehers verkündete. Doch so offenbar die Greueltaten des »Ungeheuers Mensch« sind, so dunkel und rätselhaft ist die Heraufkunft unserer Barbarei: Wer diktiert die Tyrannei des Bösen? Wer gab dem Bösen die Macht in die Hand, mit der es uns regiert? Wie kam das Böse überhaupt in die Welt?

Viel Tinte ist vergossen worden, um diese Fragen nach den Wurzeln des Bösen zu klären. Und immer wieder scheiterten diese

Bemühungen an dem endlosen Streit darüber, ob die nachweisliche Gewalttätigkeit des Menschen nun angeboren oder erworben sei: Wem verdankt der Mensch seine »Ungeheuerlichkeit« – der Natur oder der Kultur? Sind Mord und Totschlag unser Schicksal – ein Schicksal, das von einer übernatürlichen, bösen Macht über uns verhängt wurde und dem wir hoffnungslos ausgeliefert sind? Oder sind das Ungeheure, das Erschreckende und Dämonische des Menschen eine jener zweifelhaften Errungenschaften unserer Kultur? Was also läßt uns über Leichen gehen, zu gnadenlosen Killern und reißenden Bestien werden???

Für Thomas Hobbes beispielsweise stand es fest, daß die Natur den Menschen so ungesellig gemacht und sogar einen zu des anderen Mörder bestimmt habe. Für Friedrich Nietzsche war es der unaufhörlich und unablässig drängende »Wille zur Macht«, der all die brutalen und sadistischen Exzesse unserer Geschichte gebar. Nach dem düsteren Melodramatiker Robert Ardrey stammen wir einfach von räuberischen Mörderaffen ab – auf Schritt und Tritt von einem »territorialen Imperativ« getrieben. Für Sigmund Freud endlich sind wir die Sklaven des »Thanatos« – unfreiwillige Knechte eines im dunkeln wirkenden Todestriebes. – Lastet demnach eine Art »Fluch« auf uns?

Ganz anders nahm sich dagegen die Überzeugung von Jean-Jacques Rousseau aus: Er zeichnete das Bild vom »edlen Wilden«, der mit der Natur und seinesgleichen in Frieden und Eintracht lebte – erst eine zu Mördern und Verbrechern erziehende Gesellschaft habe den Menschen abgrundtief schlecht und böse gemacht. Ähnlich suchte der amerikanische Psychologe J. Dollard die Wurzeln des Bösen in den Enttäuschungen und Entbehrungen, die wir alltäglich in unserer Kultur erleiden müssen: Vor allem die Reinlichkeitserziehung unserer Kinder und die Unterdrückung der infantilen Sexualität soll die Menschen aggressiv gemacht haben. Als die Vernachlässigung der Reinlichkeitserziehung und das gestattete Ausleben der Sexualität keine friedfertigeren Kinder zeugte, machten die guten Psychologen plötzlich das Abstillen von der Mutterbrust, ja, einige gar das »Trauma der Geburt« für die Boshaftigkeit der Menschen verantwortlich! Und bis zum heutigen Tage findet schließlich die Überzeugung der amerikanischen Psychologen A. Bandura und R. H. Walters eine große Anhängerschaft, nach der alle Aggressivität erlernt wird. Die von der bloßen Gereiztheit über die Brutalität bis hin zum rauschhaften Sadismus reichende Aggressivität des Menschen sollte nicht das Erzeugnis eines unabwendbaren und schicksalhaften Aggressionstriebes sein, sondern schlicht das Ergebnis eines Lernprozesses. Danach wären alle Gewalttätigkeiten und Morde, ja, selbst Kriege (!?) schon dadurch abwendbar und vermeidbar, wenn man die künftigen Generationen endlich unter dem hehren Ideal der Nächstenliebe und Friedfertigkeit erziehen würde ...

Unabhängig von all diesen »monokausalistischen Theorien« suchte Konrad Lorenz mit seinem 1963 erschienenen Buch »Das sogenannte Böse« den Grundstein zu einer wirklichen »Naturgeschichte der Aggression« zu legen. Seine vor allem durch den deutsch-österreichischen Humanethologen Irenäus Eibl-Eibesfeldt präzisierte »Biologie von Krieg und Frieden« sollte die Tyrannei des Bösen aus ihren natürlichen Entstehungsbedingungen, aus ihren evolutionären Wurzeln und Funktionen, erklären – sie sollte das Unbegreifliche dieser Tyrannei begreiflich machen. Nur dadurch, so meinten Lorenz und Eibl-Eibesfeldt ganz richtig, nur dadurch, daß Naturwissenschaftler und Geisteswissenschaftler in gemeinsamer Anstrengung nach den Wurzeln des Übels suchen, wird es vielleicht auch möglich sein, dieses Übel zu entwurzeln und unschädlich zu machen: »Wo immer der Mensch die Macht erlangt hat, ein Naturgeschehen willkürlich in eine bestimmte Richtung zu lenken, verdankt er sie seiner Einsicht in die Verkettung der Ursachen, die es bewirken. Die Lehre vom normalen ... Lebensvorgang, die sogenannte Physiologie, bildet die unentbehrliche Grundlage für die Lehre von seiner Störung, für die Pathologie.«

Für Konrad Lorenz und Irenäus Eibl-Eibesfeldt waren die auf Hobbes und Rousseau zurückgehenden Überlegungen gleichermaßen unbefriedigend: Weder die Natur noch die Kultur, so meinten sie, tragen die alleinige Schuld an der Tyrannei des Bösen. Ihrer Meinung nach entstammen die erschreckenden Auswüchse des Bösen vielmehr einem Wechselspiel von Natur und Kultur: Irgendwie muß die Natur der Kultur in die Hände gespielt haben, damit die Verbrechen unserer Geschichte überhaupt möglich wurden. Doch wie ist dieser notwendige Anteil aus unserer »ersten Natur« überhaupt entstanden? Worin liegt der geheimnisvolle und zugleich unheilschwangere Nutzen des »sogenannten Bösen«, daß es von der Natur überhaupt hervorgebracht wurde? Wozu also könnte das Böse gut sein???

Wie wir alle nur zu gut wissen, leben wir nicht in jenem von Sagen umwobenen Land, wo Milch und Honig fließen. Weder uns noch unseren Vorfahren war es jemals vergönnt, ein himmlisch anmutendes Leben im märchenhaften Schlaraffenland zu führen, wo einem die gebratenen Tauben nur so in den Mund fliegen. Fernab vom verheißungsvollen »gelobten Land« mußten sich unsere Vorfahren in einer feindlichen, von Raubtieren und Naturkatastrophen heimgesuchten Umwelt behaupten und ihr mühsam erworbenes »täglich Brot« im Schweiße ihres Angesichts verzehren. Um in dieser von Mangel und Not gezeichneten Welt überleben zu können, mußte man kämpfen. Die Aggression war daher eine unerläßliche Waffe im Kampf ums Dasein! Dieser Waffe hatte man sich immer zu bedienen, wenn es galt, etwas »in den Magen« zu bekommen oder »seine Haut zu retten«, wenn es also darum ging, Beutetiere zu erlegen oder sich der Raubtiere zu erwehren. Doch kampfbereit und wehrhaft mußte man sich nicht allein gegenüber den Tieren zeigen, sondern vor allem auch gegenüber den Artgenossen: Gerade weil sich der Mensch neben seinen Befürchtungen auch seine Bedürfnisse teilt, ist der Mensch des Menschen größter Rivale. Und so mußten unsere Vorfahren denn auch in erster Linie mit ihresgleichen um die notwendigen »Lebensmittel« wetteifern. In diesem Kampf um nur begrenzt verfügbare Ressourcen aber war die Aggression ein »gutes Mittel«, um den Sieg davonzutragen: Nur wer sich für seine Bedürfnisse »stark« zu machen wußte, wird den Kampf ums Dasein bestanden haben.

So verschaffte die Aggression Vorteile im Kampf um einen Lebensraum und half, zuverlässige Nahrungsquellen erobern und verteidigen zu können. Auch in der Rivalität um einen attraktiven Fortpflanzungspartner war die Aggression von großem Nutzen: Sie half, Nebenbuhler zu vertreiben und die ersehnte Gunst der

Geliebten zu erringen. Weiter diente die Aggression dazu, seine Nachkommen vor allen feindlichen Angriffen schützen und verteidigen zu können. Ferner erwies sie sich auch als ein »gutes« Mittel, um sich in der Rangordnung der eigenen Gruppe einen der oberen Plätze erkämpfen zu können. Und schließlich sorgte die »moralistische Aggression«, mit der man sich gegen die groben Verletzungen des »Gesellschaftsvertrages« wendet, auch für »Ruhe und Ordnung« in der eigenen Sippe. So gesehen, wird es also deutlich, daß das »Böse« einen »guten Zweck« erfüllte – es stand im Dienste des eigenen Überlebens! Ja, die Aggression, so könnte man – Goethe rezitierend – gar sagen, sie nimmt sich aus wie »ein Teil von jener Kraft, die stets das Böse will und stets das Gute schafft«.

Da das Böse also offensichtlich gute Dienste zu leisten vermag, vermutete Konrad Lorenz hinter der Aggression einen angeborenen Instinkt. Diesem »Aggressionsinstinkt«, den er vom Freudschen »Todestrieb« sehr wohl unterschieden wissen wollte, ordnete er eine »endogene Reizerzeugung«, einen »angeborenen Auslösemechanismus« und ein besonderes »Appetenzverhalten« zu. Das bedeutete, daß es sich bei der Aggression um einen spontanen, sich rhythmisch aufstauenden und auf Entladung drängenden Trieb handelte. Danach verhielte es sich mit der Aggressivität des Menschen also etwa wie mit seinem Hunger oder seiner Sexualität: Wie dem durch ungewollte Enthaltsamkeit geplagten Manne Lüsternheit und Begierde überkommen kann, daß ihm nahezu jede Megäre als »sexueller Hurrikan« erscheint, so vermag uns zuweilen eine Streitsucht und Kampfeslust zu überfallen, daß uns selbst die »Fliege an der Wand« in hemmungslosen Zorn geraten lassen kann. Diese endogene Reizerzeugung würde uns nach der Vorstellung von Konrad Lorenz also rhythmisch in aggressive Stimmung versetzen, so daß wir gezwungen sind, unsere von der bloßen Gereiztheit bis zum Tobsuchtsanfall reichende Aggression regelmäßig abzureagieren. Für dieses Abreagieren aggressiver Stimmungen haben wir uns denn auch bekanntlich zu allen Zeiten gewisse »Ventilsitten« zu schaffen gewußt, die eine kathartische und befreiende Wirkung versprachen: Die Römer hatten ihr »spectaculum« im Amphitheater bei den Gladiatorenkämpfen; heute sitzt man im Madison Square

Garden und schlägt sich begeistert und voller Wonne auf die Schenkel, wenn im Boxring jemand »auf die Knie geht«; ähnlich gerät man auf der Pyrenäenhalbinsel in Ekstase, wenn der Stierkämpfer – vom Publikum frenetisch angefeuert – dem erschöpften und blutenden Tier den »Todesstoß« versetzt; und nicht zuletzt kann auch der Fußballfan im Londoner Wembley-Stadion in orgiastische Stimmung geraten, wenn das gegnerische Team »niedergemacht« wird und er mit Flaschen nach den »Feinden« werfen kann. Aggressive Spannungen können selbstverständlich auch verbal abreagiert werden. Eine Schimpfkanonade abzufeuern oder aber mal jemanden richtig »herunterzuputzen« mag auf viele wirklich »befreiend« wirken. Die guten Mönche, denen es auferlegt wurde, arglos wie ein Lamm zu sein, verstanden sich auf das Fluchen bekanntlich meisterhaft: Der heilige Ambrosius von Mailand – er möge in Frieden ruhen – soll darin ein so unbestrittener Meister gewesen sein, daß er noch heute seinesgleichen suchen müßte. Daß die Bestrafung eines Bösewichts durch einen Dritten ebenfalls unsere aggressiven Spannungen löst, beweisen unsere Rechtsprechung und unsere Politik: Um sich den berechtigten Zorn des aufgebrachten Volkes vom Halse zu halten, haben sich ja in unserer wenig rühmenswerten Geschichte Regierungen schon oft des Schachzuges bedient, einen – zumeist unschuldigen – Kopf rollen zu lassen; nachdem das Volk dann Blut gesehen und sich auf diese Weise für sein Leid entschädigt gefühlt hatte, konnte es beruhigt in die Schenke ziehen, um dort auf das Wohl der ehrbaren und rechtschaffenen Regierung anzustoßen. Daß Strafe »um des lieben Friedens willen« sein muß, veranschaulicht übrigens auch die von Sigmund Freud geschätzte Anekdote, in der einer der drei Dorfschneider gehängt werden soll, weil der einzige Dorfschmied ein todwürdiges Verbrechen begangen hat. Strafe muß eben sein, auch wenn sie nicht den Schuldigen trifft. Und schließlich besitzt auch der Humor seine kathartische Wirkung: Ein Spottgedicht zu verfassen, eine Karikatur zu zeichnen, einen gepfefferten Witz zu reißen oder aber breitbeinig, die Hände in die Seiten gestemmt, jemanden unverhohlen und dreist ins Gesicht zu lachen – dies alles sind Möglichkeiten, »tödlich zu verletzen« und sich selbst »Genugtuung« zu verschaffen.

Da Konrad Lorenz noch der Überzeugung war, daß die natürliche

Selektion nur solche Verhaltensweisen prämiere, die auch dem »Wohlergehen der Art« dienen, mußten sich seiner Ansicht nach mit der Evolution des »sogenannten Bösen« auch Hemmungsmechanismen entwickelt haben, die ein Töten von Artgenossen verhindern helfen. Zu diesen aggressionshemmenden Signalen gehört beispielsweise die vom Neigen des Hauptes bis zum Fußfall reichende Demutsgebärde. Aggressionshemmend wirken auch kindliche Beschwichtigungsappelle, bei denen der Kopf gesenkt oder schräg zur Seite geneigt wird, um dann, hilflos dreinschauend, zu schmollen. Nicht nur beschwichtigend, sondern geradezu »entwaffnend« wirkt ferner das Lächeln. Jeder, der Kinder hat, wird wohl das Gefühl kennen, dem »kleinen Teufel« – trotz guter Gründe – nicht böse sein zu können, nur weil er abwechselnd schmollt und entwaffnend lächelt. Und schließlich wirkt selbstredend auch das Mitleid auslösende Weinen beschwichtigend. Um einem weinenden Kind oder einer weinenden Frau etwas anzutun, bedarf es wohl fürwahr eines Herzens aus Stein.

Für eine wirkliche »angeborene Tötungshemmung« schien Konrad Lorenz auch die im Tierreich so häufig gemachte Beobachtung zu sprechen, daß gerade solche Tiere, die einander sehr leicht verletzen oder gar töten könnten, ihre gefährlichen Waffen gegen einen Artgenossen nicht einsetzen. Sie kämpfen vielmehr in ritualisierter Weise miteinander und beobachten in ihren Turnierkämpfen sozusagen die Regeln der Fairneß: So umschlingen zwei rivalisierende Klapperschlangen einander beispielsweise am Hals und suchen den Gegner lediglich niederzuringen, obgleich doch ein einziger Biß zur Tötung und somit zum Ausschalten der Konkurrenz hinreichen würde.

Wie kommt es nun aber, so fragt man sich jetzt natürlich, zu dem auf Tötung und Vernichtung von Artgenossen abzielenden Krieg? Wie kann es angesichts der guten Wirkungen des »bösen Prinzips« zu so verheerenden Massakern und Blutbädern kommen, wie sie sich doch nachweislich zu allen Zeiten zugetragen haben? Wie kann man ernsthaft von einer angeborenen Tötungshemmung beim Menschen sprechen, wenn unsere Geschichte in so erschreckender Weise von Kriegsgreueln gezeichnet ist? Wie also beantworteten Konrad Lorenz und Irenäus Eibl-Eibesfeldt die schon viel zu oft vergeblich gestellte und doch so dringende Frage: »Warum Krieg?«

Tatsächlich scheint der Krieg so alt wie die Menschheit zu sein – der »edle Wilde«, der mit der Natur und seinesgleichen in Frieden und Eintracht lebte, erweist sich im Lichte der archäologischen Funde und historischen Daten als ein Mythos. Allein seit 3600 v. Chr. sollen nicht weniger als 14 000 kriegerische Auseinandersetzungen zwischen verschiedenen Völkern stattgefunden haben, die über drei Milliarden Menschenleben kosteten! Um diese zu allen Zeiten und überall stattgefundenen Kriege erklären und mit dem Konzept der innerartlich wirksamen »Tötungshemmung« vereinbaren zu können, hat Konrad Lorenz den Krieg als ein Produkt der kulturellen Evolution und der mit ihr einhergehenden »Pseudospeziation« beschrieben: Die verschiedenen miteinander konkurrierenden Sozialverbände, die ihre jeweilige Herkunft, ihre Wurzeln und ihre Geschichte vermutlich auch auf verschiedene Ahnen und Stammväter zurückführten, divergierten in ihrer kulturellen Entwicklung; sie schlossen sich aufgrund ihrer je eigenen Kultur, ihrer Bräuche, Rituale und Sprachen gegenseitig voneinander ab. Diese divergierende kulturgeschichtliche Entwicklung habe zur sogenannten Pseudospeziation oder Schein-Artenbildung geführt, in deren Verlauf sich die unterschiedlichen Kulturgruppen wie unterschiedliche Arten betrachteten. Der Schein-Artenbildung, so meinte Lorenz, verdanken wir nicht nur unsere traditionsgeschichtliche Vielfalt und unseren kulturellen Reichtum, sondern vor allem auch unsere Höherentwicklung: »Es sind die Verschiedenheiten der Kulturen, die für die Höherentwicklung der Menschheit maßgeblich gewesen sind. Sie brachten es mit sich, daß die verschiedenen Kulturen *auf verschiedenen Gebieten und auf verschiedenen Mitteln* in Wettbewerb miteinander traten. Sie lebten von verschiedener Nahrung, sie benutzten verschiedene Werkzeuge und kämpften mit verschiedenen Waffen. Diese in früheren Zeiten vorherrschende Form des interkulturellen Wettbewerbs war einer der wichtigsten Faktoren, die den Menschen auf höhere Intelligenz, geistige Wendigkeit, Erfindungsgabe usw. gezüchtet haben. Ja, sie waren höchstwahrscheinlich schon in früher Zeit maßgeblich für die rapide Vergrößerung des Großhirns, was immer die philosophischen An-

thropologen über die ›erkenntnistheoretische Monstrosität‹ des An-
passungsprinzips denken mögen.«

Doch wie so oft, hatte auch das Aufblühen verschiedener und
voneinander unabhängiger Kulturen seine Kehrseite der Medaille.
Sie gereichte dem Menschen nicht allein zum Segen, sondern –
melodramatisch formuliert – auch zum Fluch! Die Pseudospeziation
gebar nach Lorenz nämlich den unheilvollen Ethnozentrismus, die
vermessene Überheblichkeit, den anmaßenden Stolz und die Ge-
ringschätzung und Verachtung anderer Kulturen bis hin zum erbit-
terten Nationalhaß. Die benachbarten Kulturgruppen sprachen sich
gegenseitig das Menschsein ab und bezeichneten einander als Barbaren oder Un-Menschen. Sie verhielten sich aufgrund der verschiedenen Sitten und Bräuche, der unterschiedlichen Sprache und Kultur wie zwei gänzlich unverwandte Arten. Lorenz schreibt: »Auf der
Minusseite der Rechnung dessen, was die Menschheit dem zwischen
Kulturen sich abspielenden Wettbewerb schuldet, stehen Haß und
Krieg. (Wie schon in meinem Aggressionsbuch dargestellt wurde),
führen die Faktoren, die kleinste Kulturgruppen zusammenhalten
und von anderen isolieren, letzten Endes zu blutiger Entzweiung.
Dieselben Mechanismen des kulturellen Verhaltens, die zunächst so
produktiv erscheinen, der Stolz auf die eigene und die Verachtung
jeder anderen Tradition, können mit dem Größerwerden der Gruppen und mit der Verschärfung ihres Aufeinandertreffens den Anlaß
geben zum kollektiven Haß in seiner gefährlichsten Form. Von der
in kleinen Prügeleien sich äußernden Feindschaft, die wir Schotten-
gymnasiasten für die ›verächtlichen‹ und ›ordinären‹ Schüler des
Wasa-Gymnasiums empfanden, gibt es alle Übergänge zum erbit-
terten Nationalhaß, der alle Gewalten kollektiver Aggression entfes-
selt und alle Tötungshemmungen zum Schweigen bringt.«

Mit der Pseudospeziation haben sich nun nach Lorenz auch die
aggressiven Auseinandersetzungen auf das zwischenartliche Niveau verschoben: Die Menschen verhielten sich fortan wie Jäger, die
einander als Beutetiere betrachteten. Nicht mehr der konstruktive,
sondern der destruktive Charakter der Aggression kam dabei zum
Tragen: Der faire Kommentkampf wurde durch den Vernichtungs-
kampf abgelöst. Um die immer noch wirksame Tötungshemmung
zu überwinden, wurden die Propaganda und die Indoktrination zur

Dehumanisierung der Freinde eingesetzt – sie festigten das Feind-
bild und riefen zum Kampf gegen die »Unmenschen« auf. Unter
den gruppenvereinigenden Symbolen stehend, wurde an den Auto-
ritätsgehorsam appelliert und zur Vernichtung der »Barbaren« auf-
gerufen. »Wahrscheinlich waren die ersten von unseren Ahnen
entwickelten Symbole, die für ein konkretes Ding standen, ja vielleicht die ersten Symbole überhaupt solche des kriegerischen Zu-
sammenhaltes, wie Kriegsbemalungen oder Kriegsflaggen. Wie
leicht die kollektive und militante Begeisterung zu einem Kulturen
vernichtenden Letalfaktor werden kann, wissen wir alle.« Im Ange-
sicht dieser durch kulturelle Ritualisation hervorgebrachten Symbole konnten die Kampfbegeisterung, der Enthusiasmus und der
Fanatismus geschürt werden. Denn die Symbole »sind der Liebe,
der Verehrung und vor allem der Verteidigung gegen alle Gefahren
ebenso würdig wie die geliebtesten Mitmenschen. (. . .) Die primi-
tivste und wahrscheinlich auch in der menschlichen Kulturge-
schichte als erste auftretende Reaktion auf die in Rede stehenden
gruppenverteidigenden Symbole ist der Gruppenverteidigung der
Schimpansen homolog. Wir heutigen Menschen treten zur Verte-
digung der Symbole unserer Kultur mit den gleichen angeborenen
Bewegungsweisen der haaresträubenden, kinnvorschiebenden, verstandumnebelnden kollektiven Kampfreaktion an, mit der ein
Schimpanse unter Einsatz seines Lebens seine Gruppe verteidigt.
Ein ukrainisches Sprichwort sagt: ›Wenn die Fahne fliegt, ist der
Verstand in der Trompete.‹ «
   Die Tötungshemmung aber, die Appelle der Beschwichtigung,
die Signale zur Bandstiftung und Mitleidserweckung sind durch
die Entwicklung der Waffentechnik gänzlich ausgeschaltet worden. Die Distanz, aus welcher der Krieger seinen Feind beispielsweise mit Pfeil und Bogen zu töten vermochte, machte das
Lächeln, das Händeheben, das Senken des Hauptes und die sonstigen Beschwichtigungsgebärden vergeblich und machtlos. Und
darüber hinaus entband das Autoritätsgefälle zugleich von der
Verantwortung: Einer Autorität gehorchend und mit zahllosen
Kampfgefährten in Reih und Glied stehend, verdünnte sich die
eigene Verantwortlichkeit. Irenäus Eibl-Eibesfeldt berichtet in
diesem Zusammenhang von Experimenten, die die Wirkung der

Dehumanisierung und verteilten Verantwortung demonstrieren: »Dreiergruppen von Versuchspersonen erhielten die Aufgabe, im Rahmen eines fingierten Lernexperimentes anderen Personen elektrische Strafreize zu erteilen, wann immer sie Fehler machten. Glaubte jede Person für sich, für die Stärke des Strafreizes verantwortlich zu sein, dann gab sie niedere Strafreize. War jedoch mitgeteilt worden, aus den Strafreizen der drei in der Gruppe zusammenarbeitenden Personen würde automatisch ein Mittelwert errechnet, dann verleitete diese Verdünnung der Verantwortung zum Austeilen höherer Strafreize. Noch stärker wirkten sich allerdings dehumanisierende Kommentare aus. Hörten die Versuchspersonen über ein ›wie zufällig‹ angeschaltetes Mikrophon abfällige Bemerkungen über ihre Opfer, dann gaben sie ihnen später stärkere Strafreize – und umgekehrt geringere, wenn die Opfer zuvor als verständnisvoll und sympathisch geschildert worden waren. Die aggressive Bereitschaft der Versuchspersonen nahm im Verlauf einer Versuchsreihe zu. Die mittlere Schockstärke nahm weniger stark zu, wenn eine Rückmeldung über die Wirksamkeit erfolgte. Blieb eine solche aus, dann eskalierte die Strafreizstärke, aber nur für die Gruppe, die Dehumanisierendes gehört hatte.«

Einer solchen Strategie zur Verteilung und Verdünnung der Verantwortlichkeit hat man sich ja offenbar auch während des Dritten Reiches bewußt bedient. Es ist natürlich eine heikle Angelegenheit, über die Verantwortung jedes einzelnen Mitbeteiligten bei der Ausführung der zahllosen nationalsozialistischen Verbrechen bis hin zur sogenannten »Endlösung« Spekulationen anzustellen. Auf jeden Fall ist es ebenso erschreckend wie erstaunlich, daß sich die meisten »Braunhemden« scheinbar wirklich allein durch den Verweis auf den Gehorsam, den sie ihren Vorgesetzten schuldeten (!?), *entschuldigt* fühlten. Zu *verantworten* hatten sie sich vor ihrem Gewissen – *ihr Gewissen* jedoch war der »Führer«. Und tatsächlich sind die psychischen Mechanismen zur Schuldverdrängung durch die Strategie der Verteilung der Verantwortung noch enorm aktiviert worden: Da gab es, wie jeder weiß, die Leute, die »nur« am Schreibtisch saßen, um zwischen einem Täßchen Kaffee und der nächsten Zigarette voller Routine Haftbefehle und Todesurteile auszustellen;

da gab es die »vielbeschäftigten Leute mit der weißen Weste«, die diese Haftbefehle und Todesurteile im Vorbeigehen und mit der nämlichen Routine unterzeichneten; da gab es die Leute, die »lediglich« ihre Pflicht taten, wenn sie in die Wohnungen eindrangen, um die »Untermenschen« gemäß des Befehls »in Gewahrsam« zu nehmen; da gab es die Leute, die diese »Erzfeinde« dann »lediglich« zum nächsten (Todes-)Zug trieben; da gab es die Leute, die »nur« für einen »reibungslosen Transport« verantwortlich waren; da gab es die Leute, die diese »Exemplare einer unwürdigen und zur Ausrottung bestimmten Rasse« in die Gaskammern zu drängen hatten; und da gab es schließlich die Leute, die – ohne auch nur ein Opfer zu sehen – das Zyklon B in die Schächte schütteten . . . Schuld? Warum? Niemand hat eines der Opfer »mit eigenen Händen« umgebracht. Verantwortung? Warum? Alle haben »nur« getan, wozu sie »verpflichtet« waren . . .! Das – und dies kann man nicht oft genug betonen – sind die grausamen und furchtbaren Folgen der verstandumnebelnden Propaganda, der gedankenlähmenden Indoktrination, des sorgfältig gezüchteten Kadavergehorsams und der ausgeklügelten Verteilung und Verdünnung der Verantwortlichkeit. Das sind die Strategien, die das Töten von Artgenossen bis hin zum Völkermord – trotz vielleicht angeborener Tötungshemmung – einfach machen. Und das sind auch die Gefahren, denen wir angesichts der modernen Waffentechnik begegnen müssen: Heute, wo die Erde zum atomaren Pulverfaß gemacht worden ist, genügt ein Knopfdruck, um das Schicksal von Millionen von Menschen zu besiegeln. Eine Tatsache, die der Verstand dessen, der am Schaltpult sitzt, gar nicht zu fassen vermag. Menschen mit dem Verhaltensrepertoire und der Denkstruktur eines Steinzeitmenschen sitzen an diesem Schaltpult!

»Warum Krieg?« so fragten wir. Kriege – so schrecklich das auch klingen mag – sind in der Vergangenheit sehr wahrscheinlich adaptiv gewesen. Der blutige Kampf ums Dasein erfolgte vor allem zwischen den sich mehr und mehr ausbreitenden und miteinander um nahrungsreiche Gebiete konkurrierenden Sozialverbänden. Um die durchschnittliche Fitneß in einer Gruppe zu erhöhen, mußten neue Territorien erobert und weitere Frauen herangeschafft werden. Und ein gewonnener Krieg belohnte die Sieger mit diesen nur begrenzt verfügbaren und reproduktiv wertvollen Ressourcen. Überdies fielen dem Sieger auch die Viehbestände, die Nahrungsmittelvorräte, die Werkzeuge und Waffen der Verlierer in die Hände. Daß Kriege, ganz gleich, aus welchen Gründen sie auch angezettelt wurden, im Effekt die Fitneß der siegreichen Krieger erhöhten, veranschaulicht der Sieg der Israeliten über die Midianiter, wie er im 4. Buch Mose im 31. Kapitel beschrieben wird: »Und der Herr sprach zu Mose: Räche die Kinder Israels an den Midianitern – und sie führten das Heer wider die Midianiter, wie der Herr dem Mose geboten hatte, und erwürgten alles, was männlich war. – Und die Kinder Israels nahmen gefangen die Weiber der Midianiter und ihre Kinder und brachten's zu Mose – und Mose ward zornig über die Hauptleute des Heeres – und sprach zu ihnen: Warum habt ihr alle Weiber leben lassen? – So erwürgt nun alles, was männlich ist unter den Kindern, und alle Weiber, die Männer erkannt und beigelegen haben; aber alle Kinder, die weiblich sind und nicht Männer erkannt haben, die laßt für euch leben.«

Ein Koloß auf tönernen Füßen

Das Lorenzsche Gedankengebäude ist in den letzten Jahren mehr und mehr ins Wanken geraten. Die bewährten soziobiologischen Erklärungsmodelle und zahlreiche neuere Beobachtungen haben gezeigt, daß der von Konrad Lorenz errichtete Koloß auf tönernen Füßen steht. Vor allem die Entmythologisierung der Floskel vom »Wohlergehen der Art« hat ein ganz neues Bild von der »Natur der Aggression« entstehen lassen. Die Fragen, die durch das Ableben des Mythos vom Wohlergehen der Art ins Leben gerufen wurden, lauteten vor allem: Gibt es einen universalen Aggressionsinstinkt, wie ihn Konrad Lorenz postulierte? Ist ein innerer Antrieb zu aggressivem Verhalten biologisch überhaupt sinnvoll? Und: Kann es unter dem ununterbrochenen Druck des biologischen Imperativs zur Fitneß-Maximierung wirklich eine Tötungshemmung geben? – Diese drei Fragen sollen im folgenden aus der Sicht der Soziobiologie und im Lichte neuerer Forschungsergebnisse beantwortet werden.

Wir sagten, alle Organismen sind genetisch darauf programmiert, den Vermehrungserfolg ihrer Gene zu erhöhen, sie folgen einem evolutionären Trend zur Fitneß-Maximierung und gehorchen sozusagen ihren »egoistischen Genen«. Die Fitneß der Organismen wird an der Anzahl ihrer erfolgreichen Aufzuchten und ihres Beitrags zum Fortpflanzungserfolg Verwandter gemessen – eben als »inclusive fitness« oder Gesamtfitneß. Bestimmt wird die Fitneß dabei von der Fähigkeit, im Kampf ums Dasein, im Wettbewerb um die lebensnotwendigen Ressourcen erfolgreich konkurrieren zu können. Der Konkurrenzerfolg aber hängt somit auch von den ethologischen Anpassungen der Organismen ab. Und insofern erfolgreiches Konkurrenzverhalten mit dem Überleben und der Ausbreitung der Gene belohnt wird, kann man sagen, daß die Evolution die Fähigkeit von Organismen zur Konkurrenz um begrenzte Ressourcen optimiert. Eine wirklich optimale Konkurrenzstrategie zeichnet sich dadurch aus, daß sie den größtmöglichen Nutzen bei möglichst geringen Kosten sichert, daß sie dem »Prinzip Eigennutz« auf die »preiswerteste« Weise Rechnung trägt. Nun kann man grundsätzlich zwei Konkurrenzstrategien unterscheiden: Eine, bei der sich die Organismen um ihre Konkurrenten gar nicht kümmern, sondern einfach zusehen, sich ohne großen Aufwand ein möglichst großes Stück der vorhandenen Ressourcen zu sichern, und eine, bei der sich die Organismen aktiv mit ihren jeweiligen Konkurrenten auseinandersetzen. Die erste Strategie wird oft als *scrambling competition*, die zweite als *Interferenz* bezeichnet. Für die uns zunächst interessierende Frage nach der Universalität des Aggressionsinstinkts muß nun die erste Konkurrenzstrategie von größter Bedeutung sein. Dieser Wettbewerbsform bedienen sich die Organismen, wenn es ihnen verwehrt ist, die lebensnotwendigen Ressourcen monopolisieren zu können, oder wenn die Kosten und Risiken der vielleicht möglichen Monopolisierung größer sind als der daraus resultierende Nutzen. So schreibt auch der Konstanzer Verhaltensbiologe Hubert Markl: »Wenn etwa die Nahrung eines Räubers oder Pflanzenfressers so dünn verteilt oder über einen großen Raumbereich so unvorhersagbar und unregelmäßig verbreitet auftritt oder wenn Geschlechtspartner, wie etwa bei vielen Fluginsekten, so unstet und daher für einen Partner kaum zu ›bewachen‹ sind, ist deren Verteidigung gegen Konkurrenten entweder ganz unmöglich oder mit weit größerem Kostenaufwand und geringerem Ertrag verbunden als eine Strategie opportunistischen Zugreifens bei allen sich bietenden Gelegenheiten. Ähnliches kann auch für jene Tiere gelten, deren Bestand nicht so sehr durch knappe Ressourcen in Grenzen gehalten wird, sondern eher durch andere Kontrollfaktoren wie Feinde, Parasiten, Krankheitserreger oder Witterungseinflüsse. Für sie kann aktiver Streit mit Konkurrenten um für alle reichlich vorhandene Ressourcen unter Umständen kein lohnendes Verhalten sein, da er ja nur unnötige Fitneßkosten durch Energie- und Zeitverschwendung verursachen würde.«

Organismen werden also je nach den Bedingungen, unter denen sie leben, die eine oder die andere Konkurrenzstrategie »bevorzugen«. Je nachdem, welche Strategie unter den gegebenen Bedingungen die günstigere und preiswertere ist, werden sie entweder *scrambling competition* oder *Interferenz* an den Tag legen. Die »Entscheidung« hängt dabei also davon ab, welche Konkurrenzstrategie jeweils den größeren Fitneßgewinn abwirft und zugleich das Kosten/Nutzen-Verhältnis optimiert. Daraus folgt einerseits, daß Aggression im Evolutionsprozeß nur dann selektiert wird, wenn sie – als Mittel zum Zweck – fitneßoptimierend wirkt und andererseits, daß es eben deshalb keinen universalen Aggressionstrieb gibt, da es sich nicht für jeden Organismus gleichermaßen lohnt, mit »Zähnen und Klauen blutigrot« zu kämpfen. Und so beantworten denn auch Lumsden und Wilson unsere eingangs gestellte Frage folgendermaßen: »Wo es diesen Konkurrenzkampf nicht gibt, fehlt auch die Fähigkeit zu aggressivem Verhalten. Die Populationen einiger pflanzenfressenden Insektenarten werden durch Freßfeinde, Krankheiten und Abwanderung klein gehalten. Sie vermehren sich nur selten so stark, daß es an ihnen Nahrung, Unterschlupf oder geeigneten Stellen für das Ablegen von Eiern fehlt. Solche Spezies sind nicht darauf ›angewiesen‹, daß der Konkurrenzkampf ihre Populationsstärke reguliert, und deshalb gehört aggressives Verhalten nicht zu ihrem Repertoire. Man kann daher auch sagen, daß es im Verhalten der Tiere keinen allgemeinen Aggressionsinstinkt gibt, wie dies in den frühen Schriften von Sigmund Freud, Robert Ardrey und Konrad Lorenz behauptet wird. Aggressives Verhalten ist opportunistisch und evoluiert zu bestimmten Formen, die je nach den besonderen Bedürfnissen der Spezies genetisch programmiert sind.«

Unsere zweite an die moderne Evolutionsbiologie, speziell an die Soziobiologie gerichtete Frage lautete: Ist ein innerer Antrieb zu aggressivem Verhalten biologisch überhaupt sinnvoll? Und damit zielen wir auf den heftig geführten Streit um die Spontaneität aggressiven Verhaltens. Die Diskussion um die physiologischen Mechanismen der eventuellen endogenen Reizerzeugung ist freilich noch nicht beendet. Dennoch läßt sich über einen inneren Antrieb zu aggressivem Verhalten – über vage Spekulationen hinausgehend – durchaus sinnvoll diskutieren. Eine Möglichkeit dazu bietet sich in der kritischen Überprüfung des Anpassungswertes eines spontanen und auf Entladung drängenden Aggressionsinstinktes. Hierzu muß man sich zunächst einmal klarmachen, was ein solcher Aggressionstrieb evolutionsbiologisch bedeuten würde.

Mit der Behauptung, dem »agonalen System«, also dem Kampf- und Fluchtverhalten, liege eine endogene Reizerzeugung zugrunde, die sich im Appetenz- oder Suchverhalten zeige, lehnte sich Lorenz, wie erwähnt, an das bestätigte Spontaneitätsmodell des Nahrungstriebes an. Ein Tier wird um so wahrscheinlicher Hunger verspüren und auf Nahrungssuche gehen, je mehr Zeit seit der letzten Mahlzeit vergangen ist. Würden Tiere rein reaktiv, also allein beim Anblick oder je nach Angebot eines Beutetieres, Hunger bekommen, so müßten sie unter natürlichen Bedingungen jämmerlich verhungern; ein solches Tier könnte vielleicht im »ökologischen Schlaraffenland«, nicht jedoch in der von Mangel und Existenzkampf gezeichneten Natur überleben. Sofern Tiere also nicht im Land, wo Milch und Honig fließen, leben, ist ein innerer Antrieb zur Nahrungssuche denn auch lebensnotwendig. Ist nun aber ein innerer Antrieb zu Kampf- und Fluchtverhalten ebenso adaptiv? Ein solcher Antrieb zum Kampfverhalten würde das Tier um so wahrscheinlicher auf Rivalensuche treiben, je mehr Zeit seit dem letzten Kampf verstrichen ist. Und das hieße, daß solche Tiere gerade dann, wenn sie ein von Rivalen freies Gebiet gefunden haben und ungestört ihre Jungen aufziehen können, mit wachsender Wahrscheinlichkeit ausziehen, um ihren spontanen Kampftrieb abzureagieren, und dabei andere und sich selbst erneut gefährden. Gleiches gilt natürlich auch für die endogene Reizerzeugung der Angst und des damit verknüpften Fluchtverhaltens. Es ist durchaus sinnvoll, daß ein Tier beim Aufeinandertreffen mit Fremdem und Unbekanntem mit Angst reagiert und eine gesteigerte Fluchtbereitschaft zeigt. Doch macht es wenig Sinn, wenn dieses Tier im Zusammenleben mit dem vertrauten Sozialverband rhythmisch und ohne äußeren Anlaß von unbestimmter Angst geplagt wird und regelmäßig vor nicht vorhandenen Feinden flieht. Eine endogene Reizerzeugung mit dazugehöriger Appetenz des Kampf- und Fluchtverhaltens kostete die Tiere also viel unnötige Energie und Mühe und setzte sie außerdem beträchtlichen Gefahren und Risiken aus – sie kostete offenbar so viel, daß sich die Tiere ihre Anschaffung wohl kaum hätten »leisten« können. Denn die Evolution selektiert vor allem auch nach ökonomischen Gesichtspunkten, und es ist sehr zweifelhaft, daß sie einer solchen »Fehlinvestition« ihren Segen gab.

Zur Rechtfertigung eines spontanen und auf Entladung drängenden Aggressionsinstinktes hat der Lorenz-Schüler Paul Leyhausen eine etwas abstrus anmutende Wahrscheinlichkeitstheorie aufgestellt: »In der freien Natur tritt aber in der Regel ein Gegner um so wahrscheinlicher auf, je länger man keinem begegnet.« Mit der Behauptung, ein Gegner werde um so wahrscheinlicher auftreten, je länger ein solcher ausgeblieben sei, unterstellt Leyhausen eine angeblich in der freien Natur gültige Gesetzmäßigkeit. Die sich rhythmisch anstauende und auf Entladung drängende Kampfeslust wäre demnach unter dem Wirken dieser Gesetzmäßigkeit zustande gekommen ... Nun gibt es aber offenbar keine solche Gesetzmäßigkeit, die das Erscheinen eines Feindes diktierte! Vielmehr treten Gegner zufallsverteilt auf. Die Wahrscheinlichkeit, auf einen Rivalen zu stoßen, wird weder dadurch erhöht, daß man lange keinem begegnete, noch dadurch gesenkt, daß man eine solche unliebsame Begegnung gerade hinter sich hat – die Wahrscheinlichkeit ist also zu allen Zeiten die nämliche. Ich sehe beispielsweise nicht, weshalb sich die Wahrscheinlichkeit, morgen überfallen und ausgeraubt zu werden, dadurch erhöhen sollte, daß ich heute keinem Verbrecher zum Opfer gefallen bin; und sehe eben auch nicht, weshalb die Wahrscheinlichkeit, einem Räuber ins Netz zu gehen, morgen deshalb geringer sein sollte, weil ich bereits heute das eher zweifelhafte Vergnügen hatte. Und so baut denn wohl auch subjektiv niemand auf Leyhausens imaginäre Gesetzmäßigkeit: Keine Frau – um ein extremes, aber bedauerlicherweise realistisches Beispiel zu nehmen –, die heute vergewaltigt worden ist, wird morgen durch den absurden Gedanken beruhigt auf die Straße gehen können, daß sich die Wahrscheinlichkeit, abermals vergewaltigt zu werden, nun dadurch verringert habe, daß sie ja gerade am Vortage einem Lüstling zum Opfer gefallen ist; vielmehr wird sie – entgegen der Prognose, die man aufgrund der Leyhausenschen Gesetzmäßigkeit aufstellen müßte – ängstlicher und mißtrauischer denn je zuvor sein. Und so erinnert denn die Leyhausensche Argumentation den Seewiesener Soziobiologen Wolfgang Wickler auch an den Kabarettisten-Vorschlag, »eine eigene Bombe im Fluggepäck mitzunehmen, um die Wahrscheinlichkeit zu senken, daß eine zweite mit einem Luftpiraten an Bord kommt«.

Was nun aber ist mit unserer dritten Frage: Kann es unter dem ununterbrochen wirksamen Druck des biologischen Imperativs zur Fitneß-Maximierung wirklich eine »Tötungshemmung« geben? Wie bereits erwähnt, hat Konrad Lorenz aus der Beobachtung, daß Tiere ihre Artgenossen nur sehr selten bis aufs Blut bekämpfen und mit großer Regelmäßigkeit faire Kommentkämpfe führen, auf eine solche »innerartlich wirksame Tötungshemmung« geschlossen. Es schien ihm, als würden die Tiere natürlicherweise unser biblisches Gebot »Du sollst nicht töten!« befolgen. Da er noch der Vorstellung vom »Wohlergehen der Art« anhing, erschien ihm diese Tötungshemmung, dieses »moral-analoge Verhalten«, wie er auch sagte, nur konsequent: »Die arterhaltende Zweckmäßigkeit eines solchen Hemmungsmechanismus ist ebenso offensichtlich wie die Unzweckmäßigkeit des Umbringens von Artgenossen.« Dementsprechend interpretierte Konrad Lorenz die Fälle, in denen es nun aber tatsächlich zur Tötung von Artgenossen, ja sogar zur Tötung eigener Nachkommen kam, als »Unfälle«.

Wie erklärt nun aber die Soziobiologie die Tatsache, daß Tiere so oft »mit behandschuhter Faust und stumpfem Florett« kämpfen? Tun die Tiere nach der Theorie des egoistischen Gens nicht gut daran, ihre Rivalen zu ermorden? Ein Tier, das keine Rücksichten der Fairneß kennt, würde einem Kommentkämpfer doch stets überlegen sein – warum sollte es also seinen Vorteil nicht rigoros ausnutzen?

In der befolgten Fairneß der Tiere zeigt sich offenbar eine gewisse »Großmut«, die uns zu Recht an den bereits besprochenen »Altruismus« erinnert. Daher liegt es denn auch nahe, die Lorenz-sche »Tötungshemmung« anhand der soziobiologischen Erklärungsmodelle der Sippen-Selektion, der Reziprozität und der evolutionär stabilen Strategie zu prüfen. So wie die Soziobiologie für das Problem des Altruismus die Prognose stellen konnte, daß Uneigennützigkeit und Kooperation mit der Verwandtschaftsnähe zunehmen werden, so läßt sich für das Problem der aggressiven Konkurrenz auch eine *Aggressionsmäßigung* nach Maßgabe des genetischen Verwandtschaftsgrades erwarten: Da die Gesamtfitneß eines Tieres nicht allein durch dessen direkten Fortpflanzungs-erfolg bestimmt wird, sondern eben auch durch den indirekten reproduktiven Erfolg über genetisch verwandte Individuen, werden daher auch Verhaltensweisen gemäßigter oder gezügelter Aggression (gegenüber Verwandten) durch die Selektion begünstigt. Oder anders ausgedrückt: Organismen sind ja genetisch darauf programmiert, den Vermehrungserfolg ihrer Gene zu maximieren, und mit dem Töten von Verwandten, die doch Kopien der eigenen Gene beherbergen, würden sie sich nur »ins eigene Fleisch schneiden«. Da die Evolution die Organismen also auf eine maximale Gesamtfitneß hin selektiert, ist es für den von Organismen anzustrebenden Vermehrungserfolg ihrer eigenen Gene *vorteilhaft*, Verwandten gegenüber »Großmut« und »Barmherzigkeit« zu zeigen. Lassen die Tiere daher »Gnade walten«, so tun sie dies weder aus angeborener Friedfertigkeit noch zum »Wohlergehen der Art«, sondern schlicht und ergreifend wegen der Fitneß-Prämie, die ihnen hierfür winkt. Der Kommentkampf (zwischen genetisch verwandten Individuen!) läßt sich also als eine Auswirkung der Sippen-Selektion verstehen – er ist somit eine Konsequenz des Gen-Egoismus!

Weshalb nun aber Tiere auch Nichtverwandten gegenüber Gnade walten lassen und innerhalb einer ganzen Population überhaupt mit behandschuhter Faust und stumpfem Florett turnierartig gekämpft wird, dies hat John Maynard Smith anhand spieltheoretischer Modellanalysen verständlich machen können. Maynard Smith folgend, denken wir uns einmal eine x-beliebige Population irgendeiner Art, in der lediglich zwei Kampfstrategien existieren: eine »Falken«-Strategie und eine »Tauben«-Strategie. Jedes Tier unserer fiktiven Population gehorcht entweder der einen oder der anderen vorprogrammierten Verhaltenstaktik, jedes Tier gebärdet sich also entweder stets als »Falke« oder aber stets als »Taube«. »Falken« steigen mutig und entschlossen in den Ring, sie sind echte Kampfmaschinen, die weder Erbarmen noch Konventionen kennen; sie kommen sofort zur Sache, schlagen auch unter die Gürtellinie und fighten so lange, bis ihre Rivalen oder aber sie selbst erschöpft auf die Bretter gehen – sie sind gnadenlose K.-o.-Boxer, bei denen es nie ohne Veilchen abgeht! Die »Tauben« hingegen streiten auf noble Art und Weise; sie suchen ihren Kontrahenten lediglich durch allerlei imposante Gebärden einzuschüchtern, sie drohen recht geschickt und kunstvoll und beachten auch sonst die geheiligten Konventionen – sie geben sich wie echte Gentlemen, denen eine Verletzung ihres Rivalen unverzeihlich erschiene! Stößt nun eine Taube auf einen Falken, so tänzelt sie gekonnt und leichtfüßig durch den Ring; muß sie dann aber zu ihrem großen Bedauern feststellen, daß sich der Falke davon wenig beeindruckt zeigt, so wirft die Taube sogleich freiwillig das Handtuch und räumt eilends den Kampfplatz – damit hat sie freilich keine gute Figur abgegeben, doch immerhin ihre kostbare Gesundheit gerettet. Trifft dagegen ein Falke auf einen anderen Falken, so währt der gnadenlose Fight, bis einer von ihnen ernstlich verletzt oder gar tot am Boden liegenbleibt. Und geraten schließlich zwei Tauben in Streit, dann versuchen sie einander so lange durch selbstherrliche Posen zu beeindrucken, bis es einer der beiden wirklich zu dumm wird und sie sich endlich daran erinnert, daß es für einen echten Ehrenmann noch seriösere Dinge zu erledigen gibt; man geht auseinander, ohne daß auch nur eine einzige Feder geflogen wäre.

Wir können jetzt willkürlich Punktzahlen für die Kämpfenden festlegen. Sagen wir, ein Sieger trägt mit seinem Erfolg 50 Punkte davon; ein Verlierer »bekommt nichts«, also 0 Punkte; wer sich im Kampf eine ernste Verletzung eingehandelt hat, kassiert –100; und wer in einer langwierigen Auseinandersetzung kostbare Zeit vergeudet hat, dem schreiben wir –10 an. Wir können uns diese Punkte als unmittelbar in die Währung des Gen-Überlebens konvertierbar vorstellen. Ein Individuum, das eine hohe Punktzahl erreicht, das heißt, eine hohe »Prämie« bekommt, ist ein Individuum, das viele Gene im Genpool hinterläßt.

Wir wollen nun herausfinden, ob eine der beiden Strategien, Falke oder Taube, evolutionär stabil ist, ob sich eine der beiden Strategien also dadurch auszeichnet, daß sie langfristig von keiner alternativen Strategie übertroffen werden kann. Um dies in Erfahrung bringen zu können, müssen wir die Durchschnittsprämien ermitteln. Also stellen wir uns zunächst eine reine Tauben-Population vor. Wie erwähnt, kommt es bei Auseinandersetzungen zwischen Tauben niemals zu Verletzungen. Wenn zwei Tauben in den Ring steigen, dann versucht jede, ihren Konkurrenten durch eine selbstherrliche Show zu beeindrucken. Vielleicht starrt jede Taube der anderen so feindselig und mordlüstern in die Augen, daß sie hoffen kann, die andere werde gleich weiche Knie bekommen und sich »in die Hosen machen«. Wer zuerst «die Hosen wechseln« muß, hat verloren, bekommt also nichts, das heißt 0 Punkte.

Da der Verlierer nun aber Zeit verschwendet hat und sich – um im Bild zu bleiben – überdies »neuer Unterwäsche« bedienen muß, kassiert er eine Strafe von –10 Punkten. Der Gewinner hingegen erhält die umstrittene Ressource, das heißt 50 Punkte. Insofern aber auch er kostbare Zeit darauf verwenden mußte, den Kontrahenten aus dem Ring zu vertreiben, zahlt er natürlich auch eine Strafe von –10. Summa summarum streicht der Gewinner also 40 Punkte ein.

Wir können davon ausgehen, daß jede einzelne Taube die Hälfte ihrer Auseinandersetzungen gewinnt und die Hälfte verliert: Mal verläßt sie den Ring als strahlender Sieger mit der errungenen Ressource, mal als eingeschüchterter Verlierer mit »nassen Unterhosen«. In einer reinen Tauben-Population entspricht die durchschnittliche Prämie pro Auseinandersetzung daher dem Mittel zwischen +40 und –10, also +15.

Nehmen wir nun aber an, in der Population trete ein durch Mutation entstandener Falke auf. Da er weit und breit der einzige Falke ist, sind alle Kämpfe, die er führt, gegen Tauben. Falken schlagen Tauben immer, somit erzielt er in jedem Kampf +50, und das ist seine durchschnittliche Prämie. Er erfreut sich eines enormen Vorteils gegenüber den Tauben, deren Nettoprämie lediglich +15 beträgt. Infolgedessen werden sich die Falkengene schnell über die gesamte Population verbreiten. Aber jetzt kann sich ein Falke nicht mehr darauf verlassen, daß jeder Rivale, den er trifft, eine Taube ist. Um ein extremes Beispiel zu nennen: Wenn sich die Falkengene so erfolgreich ausbreiten würden, daß die gesamte Population schließlich aus Falken bestünde, dann wären alle Kämpfe nunmehr Falkenkämpfe. Jetzt liegen die Dinge völlig anders. Wenn zwei Falken aufeinandertreffen, so wird einer von ihnen ernstlich verletzt und bekommt –100 Punkte, während der Gewinner +50 erzielt. Jeder Falke in einer Falkenpopulation kann erwarten, daß er die Hälfte seiner Kämpfe gewinnt und die Hälfte seiner Kämpfe verliert. Die durchschnittliche Prämie, die er pro Kampf zu erwarten hat, liegt daher in der Mitte zwischen +50 und –100, das heißt bei –25. Denken wir uns jetzt eine einzelne Taube in einer Population von Falken. Zwar verliert sie alle ihre Kämpfe, andererseits aber wird sie auch niemals verletzt. Ihre durchschnittliche Prämie in einer Falkenpopulation ist 0, wogegen die durchschnittliche Prämie für einen Falken in einer Falkenpopulation –25 beträgt. Die Taubengene werden daher dazu tendieren, sich in der gesamten Population auszubreiten.

Entgegen dem vielleicht entstandenen Eindruck ist es nun aber nicht so, daß hier fortwährend eine »Revolution« der anderen folgt, etwa in dem Sinne, daß die Falken zunächst die »Staatsgeschäfte« an sich reißen und die Tauben unterjochen, dann wieder die Tauben eine »Diktatur der Tauben« entwerfen und die Falken »vor die Tür setzen«, bis dann wieder ein »Geheimbund« von Falken im Untergrund zu konspirieren beginnt, und so fort. Vielmehr bildet sich eine stabile Proportion von Tauben zu Falken heraus. Diese stabile Rate liegt (für das von uns benutzte Punktsystem) bei $5/12$ Tauben zu $7/12$ Falken. Hat sich dieses stabile Verhältnis herausgebildet, so ist der Gewinn für Tauben und Falken gleich: Die durchschnittliche Prämie beträgt 6 ½, unabhängig davon, ob das Individuum nun eine Taube oder ein Falke ist! Alle Abweichungen von diesem stabilen Verhältnis werden bestraft: Würde die Zahl der Falken in der Population zu steigen beginnen, so daß die Relation nicht mehr $^7/_{12}$ wäre, so würde sich für die Tauben ein zusätzlicher Erfolg abzuzeichnen beginnen, und die Relation würde zu dem stabilen Zustand zurückschwingen. So wie das stabile Geschlechtsverhältnis 50 : 50 beträgt, so beträgt die stabile Rate von Tauben zu Falken in diesem Beispiel 7 : 5. In jedem der beiden Fälle brauchen eventuelle Schwankungen um den Stabilitätspunkt nicht sehr groß zu sein.

Wir sehen also, daß weder die Falken- noch die Tauben-Strategie evolutionär stabil ist. Denn in einer reinen Falken-Population erfreuten sich die wenigen Tauben eines beträchtlichen Vorteils; und in einer reinen Tauben-Population hätten die wenigen Falken einen grandiosen Profit zu verbuchen. Evolutionär stabil ist dagegen nur die Population von $^7/_{12}$ Falken zu $^5/_{12}$ Tauben mit ihrer durchschnittlichen Prämie von 6 ½. Jede etwaige Verschwörung von Falken oder Tauben mit dem Ziel, ihre durchschnittliche Prämie zu erhöhen, wäre zum Scheitern verurteilt, da jede solche Verschwörung durch Verrat von innen her zusammenbrechen würde. (Zum Beispiel könnten die »weisen« Individuen unserer Population pathetisch ausrufen: »Kinder, laßt uns alle den Tauben gleich werden, denn dann wird unsere durchschnittliche Prämie pro Kopf von 6 ½ auf ganze 15 anwachsen!« Großartig. Nur wurde diese Rechnung bedauerlicherweise »ohne den Wirt gemacht«. Denn während sich nun alle Individuen unserer Population mit großer Sorgfalt und ungeheurem Aufwand bemühen, sich so arglos und gentlemanlike wie Tauben zu gebärden, sagt sich eines der eher »pfiffigen« Individuen natürlich: »Na wunderbar, daß sich alle bereiterklären, Tauben zu werden. Da lohnt es sich für mich ja besonders, ein richtiger Falke zu sein. Ich pfeife doch auf die läppische Prämie von 15 Punkten, wenn sich mit meiner List ganze 50 kassieren lassen...« Und schon ist der erhabene Traum von einem künftigen Tauben-Reich wie eine Seifenblase zerplatzt. Eine evolutionär stabile Strategie dagegen ist zwar nicht die optimalste, nicht die Strategie, die den größtmöglichen Pro-Kopf-Profit abwirft, doch sie ist eben gegen den immer zu erwartenden »Verrat von innen her« immun – sie ist im wahrsten Sinne des Wortes »stabil«!

Um nun auf unser Problem der Aggressionsmäßigung zurückzukommen, brauchen wir uns nur vorzustellen, daß ein solches stabiles Verhältnis von Falken-Genen zu Tauben-Genen, wie wir es für eine ganze Population errechnet haben, auch in jedem einzelnen Individuum existieren kann. Das heißt, in unserer Population brauchen nicht $5/12$ Tauben und $7/12$ Falken nebeneinander zu leben, sondern unsere Population kann aus Individuen bestehen, die sich mit einer Tendenz von 7 : 5 zugunsten des Falken verhalten. Jedes einzelne Individuum kann also aufs Geratewohl entscheiden, ob es sich in einer bestimmten Situation als Falke oder aber als Taube gebärden soll. Die Entscheidung wird dabei aber von der erwähnten Tendenz von 7 : 5 zugunsten des Falken bestimmt. Individuen, die in ihrem Aggressionsverhalten von dieser Tendenz von 7 : 5 zugunsten des Falken abwichen, würden bestraft werden – ihre Hoffnung auf eine höhere Prämie würde wie der »Traum vom Tauben-Reich« an der bitteren Realität scheitern. Die in Form des Kommentkampfes zu beobachtende Aggressionsmäßigung ergibt sich demnach aus der Tatsache, daß nur eine Misch-Strategie evolutionär stabil ist. Man könnte auch sagen: Die egoistischen Gene wissen sozusagen, daß es sich grausam rächt, von dieser Mischstrategie abzuweichen. Sie wissen genau, was ihnen blüht, wenn sie ihre Überlebensmaschinen dazu verführen, sich wie gnadenlose Killer oder wie arglose Schafe aufzuführen. Fazit: Es rentiert sich für die ausschließlich ökonomisch denkenden Gene, auch Nichtverwandten gegenüber Gnade walten zu lassen. Nicht etwa, weil sie um das Schicksal der Art besorgt wären oder sich sonstwie dem Ideal der Nächstenliebe verschrieben hätten, sondern allein aus Eigennutz!

Wenn wir also fragten, ob sich unter dem ständigen Druck des biologischen Imperativs zur Fitneß-Maximierung und des nachweislichen Gen-Egoismus überhaupt eine Aggressionsmäßigung zu entwickeln vermag, können wir dies jetzt eindeutig beantworten: Ja, gemäßigte Aggression ist eine Konsequenz des Gen-Egoismus, sie ist (gegenüber Verwandten) eine Folge der Sippen-Selektion und (gegenüber Nichtverwandten) einfach eine von der natürlichen Selektion begünstigte evolutionär stabile Strategie! Bleibt abschließend noch hinzuzufügen, daß selbstverständlich auch die von der natürlichen Selektion »angestellten« Kosten/Nutzen-Erwägung aggressionsbremsend wirken. Wie erwähnt, favorisiert die natürliche Selektion vor allem die ökonomischste unter den möglichen fitneßoptimierenden Strategien, nämlich jene mit dem günstigsten Kosten/Nutzen-Verhältnis. Denn Aggression bringt ja in erster Linie Kosten in Form von Verletzungsrisiko, Kraftaufwand und Zeitaufwand mit sich.

Um unser Problem kurz am Zeitaufwand zu exemplifizieren, wenden wir uns einmal der kleinen Kohlmeise zu: Eine Kohlmeise muß, wenn sie ihre Nestlinge füttert, im Durchschnitt alle 30 Sekunden ein Beutetier fangen. Jede Sekunde Tageslicht ist kostbar. Natürlich haben sich auch die Gene unserer Kohlmeise die Devise »time is money« zu eigen gemacht. Daher werden sie von der guten Kohlmeise fordern: »Kümmere dich nicht um die Angelegenheiten der anderen, vergeude unsere kostbare Zeit nicht mit eitler Angeberei und Rauferei, sondern sieh zu, daß du meine netten Kopien versorgt bekommst!« (Quasi frei nach Nietzsches Motto: »Es ist nicht dein Los, Fliegenwedel zu sein.«) Und selbstverständlich hängt die Aggressionsbereitschaft auf der anderen Seite auch immer vom subjektiven Wert der umstrittenen Ressource ab, also von dem Nutzen, den die Ressource bringt. Angenommen, ein wirklich ausgehungertes Tier und ein einigermaßen gesättigtes Tier träfen zufällig auf einen rechten Leckerbissen. Natürlich stellt dieser delikate Leckerbissen für beide Tiere sogleich einen vorzüglichen Gaumengenuß dar. Wenn sich unser einigermaßen gesättigtes Tier den Schmaus so ansieht, gehen ihm tatsächlich die Augen über. Doch wenn es dann einen Blick auf den ausgehungerten Rivalen wirft, dessen wilde Gier nicht zu übersehen ist, dann fragt es sich sehr wahrscheinlich: »Bedeutet mir diese leckere Mahlzeit wirklich so viel, daß ich mich mit meinem ziemlich finster dreinblickenden Gegenüber anlegen sollte? So wie er ausschaut, scheint er mir recht ausgehungert zu sein. Vermutlich würde er ganz erbittert um diese Mahlzeit kämpfen. Ja, wahrscheinlich würde er sogar alles auf eine Karte setzen und auf Leben und Tod kämpfen. Sicher hat er nicht viel zu verlieren. Ganz sicher. Todsicher! Hm ... Ach, was soll's, für mich wär's sowieso nur 'ne Nachspeise. Soll er sich doch über diesen elenden Fraß hermachen ...« Spricht's und sucht eilends das Weite.

Die Bereitschaft zum Kampf hängt also auch stets von der momentanen Bedürftigkeit ab. Nur jene Organismen überleben, die auch die anfallenden Kosten gegenüber dem tatsächlichen Nutzen abzuwägen imstande sind, die mit ihrer Gesundheit, ihrer Kraft und ihrer Zeit auch haushälterisch umzugehen verstehen: Die natürliche Selektion begünstigt nur gute Ökonomen! Waghalsigkeit und Mut am falschen Ort und zu unpassender Zeit machen auf die natürliche Selektion keinen Eindruck. Favorisiert werden von ihr nur jene Organismen, die die Ausbreitung ihrer eigenen Gene auf eine ökonomische und zugleich effektive Weise zu sichern wissen.

Die Natur ist grausam

»Würde ein Zoologe vom Mars die Erde besuchen«, so schrieb E. O. Wilson einmal, »und den Menschen einfach als eine unter vielen Arten beobachten, dann würde er vermutlich zu dem Schluß kommen, daß wir, gemessen an ernsten Aggressionshandlungen und Morden pro Individuum und Zeiteinheit zu den friedfertigeren Säugetieren gehören, selbst wenn unsere gelegentlichen Kriege in den Durchschnitt mit einbezogen würden.« Der Mensch ist keineswegs der einzige oder gar »größter Killer«. Wenn Tiere auch gegenüber Verwandten und aus »Furcht vor dem Gegenschlag« meist lieber mit stumpfen Florett fechten, wird dieser »Galanteriedegen« doch keineswegs so oft gezogen, daß Tötungen von Artgenossen als selten zu bezeichnen wären. Wie auch Konrad Lorenz bereits berichtete, müssen Ratten beispielsweise mit dem sicheren Tod rechnen, wenn sie die Stirn haben sollten, in das Revier der Nachbarsippe einzudringen. Rivalisierende Ameisenkolonien liefern sich, wie Edward O. Wilson (die »Nr. 1 in Sachen Ameisen«) versichert, richtige Scharmützel und regelrechte Schlachten. Schon oft haben Polarforscher davon berichtet, daß die Hunde, die sie zum Ziehen ihrer Schlitten eingespannt haben, im Falle eines »tödlichen Hungers« den schwächsten Hund des Teams anfielen und auffraßen. Mord und Kannibalismus finden sich auch besonders häufig unter Hyänen, die gegnerische Rudel bekriegen und ihre Opfer nicht selten verspeisen. Hans Kruuk, Zoologe an der Oxford University, schilderte beispielsweise einen solchen Kampf um ein getötetes Gnu: »Unter wildem Geschrei gerieten die beiden Gruppen aneinander, waren jedoch in Sekundenschnelle wieder getrennt, und die Mungi-Hyänen rannten fort, dicht verfolgt von den Scratching-Rock-Hyänen, die daraufhin zu dem Kadaver zurückkehrten. Etwa ein Dutzend der Scratching-Rock-Hyänen packten sich dennoch eines der Mungi-Männchen und bissen es, wo sie konnten – insbesondere in den Bauch, die Füße und die Ohren. Das Opfer war völlig unter seinen Angreifern begraben, die sich daranmachten, es etwa zehn Minuten lang schwer zuzurichten, während die übrigen Rudelmitglieder das Gnu verzehrten. Das Mungi-Männchen wurde buchstäblich zerrissen, und als ich die Verletzungen später näher untersuchte, stellte sich heraus, daß ihm die Ohren, die Füße und die Hoden abgebissen worden waren; es war durch eine Rückgratverletzung gelähmt, wies an den Hinterbeinen und am Bauch klaffende Wunden auf und war von subkutanen Blutergüssen übersät . . . Am nächsten Morgen beobachtete ich, wie eine Hyäne von dem Kadaver fraß, und ich fand Anhaltspunkte dafür, daß noch weitere dagewesen waren; etwa ein Drittel der inneren Organe und der Muskeln waren herausgerissen. Kannibalen!« Von einem wahren »Krieg der Affen« weiß Jane Goodall zu berichten. Die von ihr in Tansania am Gombe-Strom beobachteten Schimpansen führten richtige »Stammesfehden«, bei denen die Feinde getötet und oftmals auch aufgefressen wurden. Den Höhepunkt eines solchen kannibalischen Gelages bildeten dabei zumeist das Aufbrechen des Schädels und Verzehren des Gehirns. Angesichts der Brutalität, mit der sich die Schimpansen bekämpften, meinte Jane Goodall sogar: »Wenn sie Feuerwaffen gehabt hätten und jemand hätte ihnen beigebracht, damit umzugehen – ich vermute, sie würden sie zum Töten benutzt haben.« Ähnliche Grausamkeiten sind auch von anderen »haarigen Vettern unsererseits« bekannt: E. O. Wilson hat gar »den Verdacht, daß Mantelpaviane, hätten sie Atomwaffen, die Welt innerhalb einer Woche vernichten würden«.

Die innerartliche Aggression der Tiere macht – trotz Lorenz' berühmten »Kindchenschemas« – nicht einmal vor artgleichem Nachwuchs halt. Besonders eingehend ist dieser *Infantizid* oder »Kindesmord« an den in Harems lebenden Löwen, Gorillas und Hanuman-Affen untersucht worden. Der Harem bei Löwen beispielsweise besteht aus einem Männchen, mehreren Weibchen und deren Junge. Die männlichen Junglöwen müssen im Alter von etwa drei Jahren den Harem verlassen und sich auf eigene Faust durchschlagen. Zumeist bleiben die wie Nomaden herumziehenden Brüder zusammen und halten auch sonst fest zueinander. Wenn sie ausgewachsen sind und ihre volle Löwenmähne haben, machen sie sich gemeinsam auf die Suche nach einem Harem, um den Haremsbesitzer zu vertreiben und dessen Weibchen zu erobern. Aus diesem Eroberungsfeldzug geht der stärkste Bruder als neuer Harems-Chef hervor – er besitzt fortan die alleinigen Besitzrechte auf alle Weibchen. Nach der geglückten Übernahme des Harems sieht man nun das Löwenmännchen alle Löwenbabys töten! Der Löwe tut dies offensichtlich nicht aus Hunger, denn er frißt sie keineswegs auf. Auch ist er nicht generell ein Feind von Kindern oder ein »Baby-Killer«: Seine eigenen Kinder behandelt er durchaus liebevoll, wenngleich mit väterlicher Strenge; und auch den Kindern aus benachbarten Rudeln begegnet er eher freundlich.

Wozu dient nun dem Löwen, dem »König des Tierreichs«, diese Tötung hilfloser Babys? Dem »Wohlergehen der Art« ja wohl kaum! Auf die Antwort stößt man, wenn man bedenkt, daß der Löwe seine Harems-Herrschaft im Durchschnitt nur etwa zwei oder drei Jahre genießen kann, anschließend muß er abtreten – er wird von anderen Brüderbanden verjagt. Um sich in dieser nur kurzen Regierungszeit erfolgreich fortpflanzen und somit etwas für die Vervielfältigung seiner eigenen Gene tun zu können, darf er keine Zeit verlieren: Er muß jedes Weibchen seines Harems so schnell als irgend möglich schwängern, damit seine Kinder bei seinem Abtritt alt genug sind, um nicht seinem Nachfolger zum Opfer zu fallen. Wenn er daher bei seiner Machtübernahme sehen muß, daß einige seiner Weibchen mit der Aufzucht und Pflege von Babys seines Vorgängers beschäftigt sind und dadurch an einer erneuten Schwangerschaft gehindert werden, dann bleibt ihm nur das Mittel des Kindesmordes: Er tötet die hilflosen Babys seines Vorgängers und bringt die Weibchen damit wieder in Brunst. Die Tötung von Kindern, die seinem eigenen Fortpflanzungserfolg im Wege stehen, dient dem Löwen also zum maximalen Vermehrungserfolg seiner eigenen Gene! Der Infantizid ist sozusagen eine Strategie seiner egoistischen Gene, die eben nicht daran interessiert sind, daß der Löwe Kinder aufzieht, deren Vater er nicht ist, sondern daran, daß er eigene Nachkommen zeugt.

Die spätestens durch den Film »Gorillas im Nebel« allen bekannt gewordene Dian Fossey hat bei ihren jahrzehntelangen Beobachtungen der Berggorillas Ostafrikas ebenfalls zahlreiche Infantizide protokollieren müssen: »Begegnungen zwischen Gruppen können nicht nur zu Verletzungen, sondern auch zur vorsätzlichen Tötung von Kindern, zum Infantizid, führen. In den letzten 18 Jahren sind innerhalb der untersuchten Gorillagruppen zwölf Kindestötungen bekannt geworden. (. . .) In sieben Fällen verließen die Mütter die getöteten Kinder ihrer Gruppe und gingen eine neue Verbindung mit dem Mann ein, der ihr Kind getötet hat.«

»Ward in solcher Laune je ein Weib gefreit?« – so möchte man mit Gloster, dem späteren Richard III., fragen! Können die Weibchen dem verbrecherischen Treiben des »Paschas« denn nur ohnmächtig zuschauen, um sich sodann gar noch von dem Mörder ihres Kindes lüstern in die Arme schließen zu lassen? Man weiß es nicht genau. Bislang ist jedenfalls noch keine weibliche Gegenstrategie beobachtet worden, die den Infantizid durch einen Haremsherrscher wirksam verhindert hätte. Die Anthropologin Sarah Blaffer Hrdy von der University of California, Davis, vermutete eine Zeitlang, daß der »Pseudo-Östrus«, die Schein-Brunst, ein solcher Trick sein könnte, mit dem die Weibchen den neuen Harems-Chef zu blenden suchen: Es ist oft beobachtet worden, daß bereits vom Vorgänger schwanger gewordene Weibchen (die also gar nicht mehr befruchtet werden können), dem neuen Pascha Brunst vorgaukeln, indem sie ihn beständig zur Kopulation auffordern. Wenn diese Weibchen dann nach Monaten ihre vom Vorgänger gezeugten Kinder in die Welt setzen, könnte der Pascha vielleicht glauben, es seien seine Kinder – und sie somit verschonen ... Neuere Beobachtungen haben diese elegante Überlegung der eleganten Lady jedoch nicht bestätigen können. Alles, was sich beobachten ließ, war, daß die Weibchen – eine Hand wäscht die andere – »in gemeinsamer Anstrengung« den Pascha an der Tötung eines Kindes zu hindern suchen. Daß diese »Verschwörungen der Frauen« nur zu oft fehlschlagen, können wir aus einer dramatischen Schilderung ersehen, die Volker Sommer vom Anthropologischen Institut Göttingen in seinem wundervoll illustrierten und brillant geschriebenen Buch »Die Affen. Unsere wilde Verwandschaft« gibt. Er hat an der Seite von Christian Vogel Fälle von Infantiziden bei den Hanuman-Languren beobachtet, die in Rajastan, einem Staat im Nordwesten Indiens, leben: Der Haremshalter beginnt, einer Mutter »mit ihrem Baby nachzustellen. Die Mutter flüchtet in einen Wolfsmilchhorst, der wegen seiner stachelbewehrten vertikalen Sprossen wie eine Burg wirkt. Drohend wirft der Langurenmann den Kopf in den Nacken und entblößt die langen messerscharfen Eckzähne. Mit der Innenseite des oberen Eckzahns schabt er über die untere Eckzahnkante – ein lautes Zähneknirschen. Die Mutter bekommt es mit der Angst zu tun, verläßt ihr Versteck und versucht, über eine Mauer zu fliehen. Wie ein Wimpel flattert der schwarze Schwanz des Babys an ihrem Bauch.

Der erregte Haremsmann setzt ihr nach. Da sich ihm die ältere [Tochter] in den Weg wirft, können Mutter und Brüderchen knapp entkommen. Aber das Männchen nimmt die Verfolgung erneut auf und holt das panisch fliehende Weibchen mit großen Sätzen ein. Die Kamera in der Hand, renne ich hinterdrein. Das Männchen springt dem Weibchen schließlich auf den Rücken, reißt es zu Boden und schlägt in der nächsten Sekunde seine Zähne in das quiekende schwarze Bündel am Bauch der Mutter. Sechs Gruppengenossinnen stürzen sich in heller Aufregung auf den Angreifer. Ein Berg von neun Affen wälzt sich auf dem Boden. Im Gewühl entkommt die Mutter, ihr blutendes Kind an die Brust gepreßt. Die Verteidigerinnen zerren und schlagen weiter auf das Männchen ein, bis es sich mit einem mächtigen Satz befreit.

Doch die Hilfe kam zu spät. Ein Eckzahn des Männchens hat den Oberschenkel des Babys aufgerissen, die Sitzhöcker in der Mitte gespalten und den Schwanz von der Wurzel bis fast zur Spitze aufgeschlitzt.

Am nächsten Morgen überläßt die Mutter das sterbende Geschöpf seinem Schicksal. Ein paar Tage lang tropft aufgestaute Milch aus ihren Brustwarzen. Dann und wann tunkt das Weibchen einen Finger in die Tropfen und leckt sie ab. Kurze Zeit später schrumpfen die Brüste, so daß sie beinahe wieder unter dem Fell verschwinden. Noch nicht einmal ein Monat wird verstreichen, bis sich das Weibchen mit dem Töter seines Kindes paart.«

So schauerlich uns auch die Vorstellung sein mag, daß eine Frau mit dem Mörder ihres Kindes buhlt und schläft, für die Langurenweibchen ist dies offenbar vorteilhaft: Wenn aus der Paarung mit dem Baby-Killer nämlich ein männlicher Erbe des »Killer-Gens« hervorgeht, der eines Tages ebenfalls einen Harem zu übernehmen vermag, dann profitieren auch die Gene der Mutter davon. Diese Hypothese ist nicht nur eleganter als die von Sarah Blaffer Hrdy, sie ist auch noch bestätigungsfähiger: Die geradezu aufdringlich von Müttern verlangte Paarung mit dem Mörder ihres Kindes gibt einen stichhaltigen Indizienbeweis ab – andernfalls würde das infantizidale System der Hanuman-Languren vermutlich auch zusammenbrechen.

Bei diesem von Christian Vogel und dem indischen Primatologen Surendra Mal Mohnot von der Universität Jodhpur beobachteten Hanuman-Languren ist die Situation ganz ähnlich wie bei den Löwen: Ein Männchen lebt mit acht bis dreißig Weibchen und deren Nachwuchs zusammen. Die männlichen Nachkommen müssen mit Beginn ihrer Geschlechtsreife auswandern und ihr Auskommen anderswo suchen. Sie schließen sich nach dem Verlassen des Harems sogenannten »all male bands« oder Junggesellenbanden an, die ziellos in der Gegend umherstreifen und alle naslang erfolgreichen Haremsbesitzern ihren Besitz streitig zu machen suchen. Gelingt es einem solchen Trupp Verbündeter, den alten Pascha zu vertreiben und somit seines Harems habhaft zu werden, so entsteht unter den einstigen Freunden der Junggesellenbande ein erbitterter Kampf um die »Monarchie«. Dem neuen Pascha stehen im Schnitt zweieinviertel Jahr zur Verfügung, um sein Erbgut »an die Frau zu bringen«. Um nun keine kostbare Zeit zu vergeuden, tötet er alle bis zu acht Monate alten Babys, also alle Kinder, die seinem eigenen Kinderwunsch im Wege stehen. Weibchen, die noch mit Kindern des Vorgängers schwanger gehen, also einen für seine Begriffe »überflüssigen Balg unter ihrem Herzen tragen«, sucht der neue Haremsherrscher durch massiven Streß zum Abort zu treiben, um sie hernach selbst zu schwängern.

Bei den von Christian Vogels Team beobachteten neuen »Umstürzen« kam es bei vieren zum Infantizid, die alles in allem 18 Babys das Leben kosteten! Solche Infantizide ließen sich übrigens auch bei anderen haremsbildenden Affenarten beobachten, so etwa bei den südamerikanischen Brüllaffen, den afrikanischen Roten Stummelaffen und den südostasiatischen Weißbart- und Haubenlanguren.

Noch erstaunlicher und noch grausamer als der Infantizid an fremden Nachkommen wirkt die Tötung der eigenen Babys. Diese Form des Infantizids wird in Anlehnung an den griechischen Mythos von Kronos gelegentlich auch als *Kronismus* bezeichnet: Kronos entmannte seinen Vater mit einer Sichel, die ihm seine Mutter gegeben hatte, und bemächtigte sich so der Weltherrschaft, die als »Goldenes Zeitalter« gilt. Um nun selbst dem Schicksal seines Vaters zu entgehen, verschlang er alle seine Kinder, bis auf Zeus, von dem er später entmachtet wurde. Dieser Kronismus ist nicht nur von verschiedenen Vogelarten, sondern auch von hochentwickelten Wirbeltieren und Säugern bekannt – selbst unsere engsten Verwandten, die Primaten, töten eigene Babys. Wie soll man sich das darwinistisch erklären, wenn selbst Darwin in seinem Buch »Die Abstammung des Menschen« versicherte: »Unsere halbmenschlichen Vorfahren werden den Gebrauch des Kindesmordes . . . nicht ausgeübt haben; denn die Instinkte der tieferstehenden Tiere sind nie so verkehrt, daß sie dieselben regelmäßig zur Zerstörung ihrer eigenen Nachkommenschaft führten.«

Es scheint auf den ersten Blick nicht leicht, mit soziobiologischen Überlegungen, die doch stets auf die Nachkommenzahl abheben, diese Tötung eigener Nachkommen zu erklären. Diese scheinbaren Schwierigkeiten lösen sich jedoch sogleich in Wohlgefallen auf, wenn man bedenkt, daß jedes Kind eine gehörige Investition an Zeit und Energie verlangt. Es muß zunächst einmal ausgetragen, dann aber auch noch gefüttert, gepflegt, betreut und beschützt werden. Dies alles »verdient« das Kind, wenn es zum Fortpflanzungserfolg der Eltern beiträgt. Doch es werden immer wieder auch Kinder geboren, die für die Weitergabe der elterlichen Gene einfach »untauglich« sind, Kinder, die einfach zu schwach und zurückgeblieben oder auch mit ernsthaften Defekten behaftet sind. Und so fallen denn auch tatsächlich regelmäßig solche Kinder dem Kronismus zum Opfer, die von ihren Eltern als »Fehlinvestitionen« betrachtet werden müssen. »Verständlich ist unter diesem Gesichtspunkt auch«, so schreiben Wolfgang Wickler und Uta Seibt, »daß viele Vogeleltern sich um Junge, die aus dem Nest gefallen sind, nicht mehr kümmern, obwohl sie sie sehen können: Wenn keine Möglichkeit besteht, sie zurückzutransportieren oder sie außerhalb des Nestes aufzuziehen, ist es biologisch sinnlos, weiter in sie zu investieren, . . . denn Junge außerhalb des eigenen Nestes sind entweder fremde Junge oder eigene Junge ohne Überlebensaussichten.«

Der Kronismus, der uns hier so grausam erscheint, ist also evolutionsbiologisch eher weise: Er dient einer haushälterischen Fortpflanzungsstrategie! Metaphorisch ausgedrückt: Wenn es sich für das egoistische Gen nicht rentiert, in seine Nachkommen zu investieren, dann ist es auch den eigenen Kindern gegenüber gnadenlos. Wie ein richtig hartgesottener Wall-Street-Banker überlegt sich das egoistische Gen sehr genau, in welche Geschäfte es investiert, und es haßt nichts so sehr wie Fehlinvestitionen: Gehen die Geschäfte schlecht, dann kennt es kein Pardon mehr!

Eine noch kostengünstigere Strategie ist der *Fetozid*, die Abtötung des noch gar nicht ausgetragenen Kindes. Dieser Fetozid zeigt übigens, daß die scheinbar moderne Lösung: »Mein Bauch gehört mir« alles andere als ein Sonderrecht unserer emanzipierten Frauen ist: Die »Abtreibung« ist in der Natur weit verbreitet! Mäuse, Ratten, Biber, Schweine, Kaninchen und Affen besitzen die verblüffende Fähigkeit, Embryonen »resorbieren« zu können. Ein Hausschwein beispielsweise vermag etwa zehn Ferkeln das Leben zu schenken; wenn sich in der Gebärmutter aber nur fünf Embryonen eingenistet haben, dann läßt es diese heranwachsenden Jungen absterben und in ihre Körpersubstanz reintegrieren. Da sich durch die Geburt von lediglich fünf Ferkeln weder die Tragezeit noch die Zeit des Säugens verkürzen, treibt das Schwein bereits nach fünf Tagen ab und investiert in einen neuen und vermutlich »lohnenderen Wurf«. Mit anderen Worten: Es geht »haushälterisch« mit seinen Kräften um!

Bei den Langurenweibchen scheint der Fetozid im Sinne einer »Risikovorsorge« praktiziert zu werden: Während der »Thronbesteigung« eines neuen Männchens haben fünf Weibchen ihre noch nicht ausgetragenen Kinder verloren. Es liegt nahe, daß diese »Fehlgeburten« dem drohenden Infantizid durch den neuen Pascha vorbeugen sollten. Vom Standpunkt des Weibchens aus ist es besser, einen Fetus zu verlieren als ein bereits ausgetragenes Baby.

Wie Beobachtungen an Nagetieren lehren, können Mütter die Abtreibung auch ganz gezielt betreiben. Je nachdem, was für sie günstiger ist, resorbieren die Mütter entweder nur männliche oder aber ausschließlich weibliche Embryonen: Erhalten weibliche Mäuse Futter von geringem Nährwert, dann werfen sie weniger und überwiegend weibliche Junge, weil sie während der Trächtigkeit die männlichen Embryos verkümmern lassen und resorbieren. Diese Strategie kann auch nach der Geburt eingesetzt werden. Bei Nahrungsknappheit lassen Waldrattenweibchen mit Jungen ihre Söhne verhungern und konzentrieren sich darauf, ihre Töchter zu ernähren. Dieses selektive Abortmuster hilft der Mutter, ihre Gesamtfitneß zu erhöhen. In einem stark polygynen Paarungssystem hat eine Mutter, die einen niederen Sozialrang einnehmen muß, mehr davon, wenn sie bevorzugt in Töchter investiert. Die Töchter werden in jedem Fall einen Gatten zum Begatten finden, während die weitaus überwiegendere Zahl der Söhne nimmermehr einen Harem erobern wird. Für im Sozialrang ganz oben stehende Mütter hingegen lohnt es sich, bevorzugt in Knaben zu investieren – ihre Stellung verhilft den Söhnen oftmals zur »Paschawürde«. Diese Strategie des angeglichenen Geschlechtsverhältnisses wurde zuvor bereits von Robert L. Trivers und dem Mathematiker Dan E. Willard von der Harvard University prophezeit. In ihrem 1973 in der Zeitschrift *Nature* publizierten Artikel »Natural Selection of Paternal Ability to Vary the Sex Ratio of Offspring« entwarfen sie ein Konzept, das heute unter dem Namen »Trivers-Willard-Modell« bekannt ist. Für uns Menschen sagt das Trivers-Willard-Modell beispielsweise voraus, daß arme Eltern eher in Mädchen, reiche Eltern hingegen in Knaben investieren werden. Warum? Weil sich Söhne armer Eltern weniger vorteilhaft verheiraten können als Töchter. Während Töchter dank der weitverbreiteten »Hypergamie«, dem »Nach-Oben-Heiraten«, verhältnismäßig gute Aussichten auf eine Heirat mit einem reichen Mann haben, bleibt ein »armer Schlucker von Sohn« zumeist doch ein armer Schlucker: Die Chance, eine Braut wohlhabender Eltern zu bekommen, ist für einen Sohn aus armen Verhältnissen in nahezu allen Kulturen sehr gering. Da vor allem Knaben reicher Eltern aber hervorragende Fortpflanzungschancen haben, wäre es für wohlhabende Frauen von Vorteil, bevorzugt Söhne zu gebären. Eigentümlicherweise ist genau dies der Fall: Ulrich Mueller vom Mannheimer Zentrum für Umfragen, Meinungen und Analysen hat in einer Untersuchung über das »Fortpflanzungsverhalten der oberen Zehntausend« festgestellt, daß die reichen Damen der letzten 200 Jahre – in Deutschland genauso wie in England, Spanien, Portugal und den Vereinigten Staaten – überdurchschnittlich viele Knaben zur Welt gebracht haben. Diese ungewöhnliche Tatsache hat eine Reihe von Biologen zu der Vermutung gedrängt, daß Frauen womöglich auch über eine Methode verfügen, das Geschlecht ihres Kindes »manipulieren« zu können, wie es bislang nur von einigen Tierarten bekannt ist!

Eine weitere und recht ungewöhnliche Form des Infantizids kann man bei Adlern, Falken und Reihern beobachten. Ob »Infantizid« hier jedoch der treffende Ausdruck ist, weiß ich nicht so recht, denn es handelt sich eher um eine Form »provozierten Geschwistermords«. Die Adler, Falken und Reiher ziehen ihre Jungen nämlich nach einer Art »Kain-und-Abel«-Methode auf: Obwohl sie nur ein Junges großzuziehen imstande sind, legen die Mütter hier jedoch (sicherheitshalber?) zwei Eier. Kaum sind die Küken geschlüpft, da hacken sie auch schon aufeinander herum – bis schließlich das stärkere Küken das schwache getötet hat. In den Augen der Eltern hat das mit dem »Kainsmal« gezeichnete Junge seine »Tüchtigkeit« unter Beweis gestellt.

Fürwahr: Die Natur ist grausam! Doch haben wir Menschen unsere Natur wirklich bezähmt? Wie halten wir es denn mit unseren Kindern?

167

Wir töten, was wir lieben

Erinnern Sie sich noch?: »Es war einmal ein armer Holzhauer, der lebte mit seiner Frau und zwei Kindern in einer dürftigen Waldhütte. Die Kinder hießen Hänsel und Gretel, und wie sie so heranwuchsen, gebrach es immer mehr den armen Leuten an Brot. Auch wurde die Zeit immer schwerer und alle Nahrung teurer, das machte den beiden Eltern große Sorge. Eines Abends, als sie ihr hartes Lager gesucht hatten, seufzte der Mann: ›Ach Frau, wie wollen wir nur die Kinder durchbringen, da der Winter herankommt und wir für uns selbst nichts haben!‹ Und da erwiderte die Mutter: ›Keinen anderen Rat weiß ich, als daß du sie in den Wald führst, je eher, je lieber, gibst jedem noch ein Stücklein Brot, machst ihnen ein Feuer an, befiehlst sie dem lieben Gott und gehst hinweg.‹ « Dies ist, wie Sie längst bemerkt haben werden, der ebenso bittere wie düstere Anfang des Märchens »Hänsel und Gretel« von den Gebrüdern Grimm. Doch ist das, was uns hier erzählt wird, tatsächlich nur ein »Märchen«? Anders gefragt: Könnte es nicht sein, daß hinter dieser betrüblichen Geschichte ein Stückchen bitterer Wahrheit verborgen liegt?

Dieser zunächst sicher befremdlich anmutenden, für unser gesellschaftliches Zusammenleben aber äußerst wichtigen Frage haben sich in den vergangenen Jahren vor allem Forscher wie Mildred Dickemann, Susan M. C. Scrimshaw, Martin Daly, Margo Wilson und Eckart Voland gewidmet. Wie berechtigt und dringend ihre Forschungen waren, zeigt schon die bereits dargestellte Tötung von Kindern, die im Tierreich einfach »an der Tagesordnung« ist – überall werden Kinder ausgesetzt, vernachlässigt, mißhandelt, getötet und gefressen. Die nüchterne Logik der unbarmherzigen »Mutter Natur« ist dabei sehr einfach: Seid fruchtbar und mehret euch – aber geht mit euren Kräften haushälterisch um! So empfiehlt die Natur all ihren Kreaturen eine sparsame Fortpflanzungsstrategie, in deren Folge »überflüssige« Kinder gnadenlos ihrem Schicksal überantwortet werden. Sollte eine solch rigorose Fortpflanzungsstrategie, so fragten die Forscher sich, etwa auch zu unserem biologischen Erbe gehören?

Da auch wir Geschöpfe der »unbarmherzigen Mutter Natur«

sind, liegt dieser Verdacht nahe. Um in der seit Jahrmilliarden gespielten »Gen-Lotterie« ein »Gewinner-Los« zu ziehen, müssen wir mehr tun, als nur Kinder in die Welt setzen: Wir müssen unsere Kinder vor allem erfolgreich bis zur Geschlechtsreife aufziehen und ihnen bestmögliche Bedingungen zu ihrer Heirat schaffen, damit auch sie wieder Kinder auf die Welt bringen können. Wir müssen also nicht nur Sorge tragen, Vater oder Mutter zu werden, sondern auch daran denken, später Enkelkinder auf unserem Schoß zu schaukeln! Es macht – rein reproduktionstrategisch betrachtet – beispielsweise wenig Sinn, wenn ein »armer Teufel« sich und seine Familie durch zu viele Kinder an den Bettelstab bringt – wenn diese Kinderschar nicht schon frühzeitig stirbt, dann hat sie unter Hunger, mangelnder Fürsorge und Vernachlässigung zu leiden. Kinder sind also nur dann ein Segen, wenn man auch dafür zu sorgen vermag, daß sie überleben, heiraten und sich ebenfalls erfolgreich fortpflanzen können. Die nüchterne Weisheit, die uns das »egoistische Gen« fortwährend predigt, lautet: Weniger ist oftmals mehr! Das Mittel aber, das es uns zur Befolgung seiner Weisheit mit auf den Weg gegeben hat, ist die »Geburtenplanung«. Diese »Geburtenplanung unseres egoistischen Gens« schließt dabei mehreres ein: Sie bedeutet, daß wir nicht mehr Kinder in die Welt setzen, als wir auch großziehen können; daß wir die Geburtenabstände so regeln, daß eine erfolgreiche Aufzucht gesichert ist; und daß wir bevorzugt in jene Kinder investieren, die uns auch Enkelkinder zu bescheren wissen.

Angesichts dieser »weisen Geburtenplanung« des egoistischen Gens ist es denn auch nicht weiter verwunderlich, daß uns Menschen das Aussetzen und Töten von Kindern alles andere als fremd ist: Aus allen Zeiten und allen Kulturen ist bekannt, daß auch unser eigenes Fleisch und Blut »daran glauben muß«! So ist uns – Dichtung oder Wahrheit? – die Geschichte von Ödipus überliefert, der mit durchstochenen Füßen durch seinen Vater Laios auf dem Kithairon ausgesetzt wurde. Romulus, der später Rom gründen sollte, ist, wie es heißt, mit seinem Zwillingsbruder Remus auf dem Tiber ausgesetzt worden. Und Moses, durch dessen Hand uns die Zehn Gebote gegeben wurden, ist der Bibel nach in einem Körbchen auf dem Nil ausgesetzt worden, um einer Massentötung von

Kindern zu entgehen. Von den Griechen ist bekannt, daß sie schwache, mißgebildete und ungewollte Kinder getötet haben. Im alten Rom war den Vätern durch das Römische Recht, durch die »patriae potestas«, die Tötung ihrer Kinder freigestellt. In Japan sprachen die Bauern davon, daß sie ihre Familien genauso »ausdünnen« wie ihre Reisfelder. In China hat man bevorzugt Mädchen umgebracht; ähnlich in Indien, wo sich Mütter Opium und andere Gifte an die Brustwarzen schmierten, um ihre Säuglinge zu töten. Die Eskimos pflegten ihre Kinder im Schnee auszusetzen. Bei den Eipo in Westneuguinea bedeckten Mütter ihre Babys mit Blättern, um sie im Busch liegen zu lassen. In dem Glauben (oder besser: unter dem Vorwand!), einen »Dämonen austreiben zu müssen«, sind durch die Jahrhunderte hindurch epileptische Kinder zu Tode gefoltert worden. In Frankreich und Italien war es Sitte, ungewünschte Kinder vor der Klostertür oder auf den Stufen einer Kirche auszusetzen. Aus dem London des vergangenen Jahrhunderts wird erzählt, daß in Parks und Gräben herumliegende Kinderleichen ein durchaus gewöhnlicher Anblick waren ...

Bei vielen Völkern haben auch bestimmte Bräuche dafür gesorgt, daß der Infantizid überhaupt nicht als eine Tötung menschlichen Lebens angesehen wird. So wird in vielen Kulturen ein Baby beispielsweise erst dann als ein Kind der Mutter betrachtet, wenn es auch an die Mutterbrust genommen wurde. Einige südamerikanische Indianervölker nehmen ein Kind erst dann als Mitglied der Familie an, wenn es das erste Lebensjahr hinter sich gebracht hat. Die peruanischen Amahuaka betrachten Kinder sogar erst nach dem vollendeten dritten Lebensjahr als wirkliche Menschen. Im früheren Japan war die Namensgebung die eigentliche »Geburtsstunde« eines Kindes, obwohl sie erst sieben Tage nach der Entbindung erfolgte. In einigen Teilen Afrikas werden die Kinder mit ihren Müttern begraben, wenn die Mutter an den Folgen der Geburt verstirbt. Und bei einigen Stämmen Neuguineas beteuert man, daß übernatürliche Wesen sich der ausgesetzten Kinder annehmen und ihnen ein »besseres Leben« ermöglichen. In all diesen Fällen sind die Tötung und das Aussetzen von Kindern also durch Traditionen sanktioniert worden, so daß die Eltern sich ihrer ungewollten Kinder guten Gewissens(!) entledigen konnten.

Der amerikanische Anthropologe Marvin Harris von der Columbia University und sein Kollege William T. Divale von der City University of New York haben 112 »vorindustrielle Kulturen« unserer Tage auf die Häufigkeit der Kindestötung hin untersucht. Dabei stellte sich heraus, daß nicht weniger als 36 Prozent der untersuchten Kulturen den Infantizid regelmäßig und immerhin 12 Prozent den Infantizid zumindest gelegentlich praktizieren; lediglich 9 Prozent dieser untersuchten Kulturen war die Kindestötung fremd. Wie sich aufgrund der »Geburtenplanung unserer egoistischen Gene« auch prophezeien ließ, sind es vor allem unter ungünstigen Bedingungen und zum »unrechten« Zeitpunkt geborene Kinder, die der Tötung zum Opfer fallen. In Jäger-und-Sammler-Kulturen führt beispielsweise das Problem, nur ein einziges Kind mit der notwendigen Milch versorgen zu können, dazu, daß Mütter von neugeborenen Zwillingen einen töten. In nomadisch lebenden Völkern reicht schon das Transportproblem aus, um sich seiner Kinder zu entledigen. Auch zeigte sich, daß bei den Yanomamö-Indianern Südamerikas und den Eipo Neuguineas Neugeborene besonders häufig dann getötet werden, wenn die Mütter ihre Fürsorge noch einem älteren Kinde angedeihen lassen müssen. Dies macht auch verständlich, weshalb sich Frauen in so vielen Kulturen nach der Geburt eines Kindes oft für vier Jahre des Geschlechtsverkehrs enthalten müssen: Das »post-partum-coitus-taboo« ist offenbar auch eine Maßnahme, die der drohenden Ermordung von Babys vorbeugen soll. Wie der Mediziner und Verhaltensforscher Wulf Schiefenhövel von der Andechser Forschungsstelle für Humanethologie berichtet, töten einige Frauen ihre Kinder auch aus Furcht vor diesem langen Koitus-Tabu: Sie haben Angst, daß ihr Ehemann während der »qualvollen Zeit der Enthaltsamkeit« anderen Frauen nachstellt und seine eigenen Kinder vernachlässigt.

Eine andere Vorhersage der Soziobiologie läßt erwarten, daß besonders Mädchen von der Tötung bedroht sind. Während ein »tüchtiger« Sohn als »Schwarm aller Frauen« mit unzähligen Geliebten einen ganzen Haufen von Enkelkindern zu zeugen vermag, wird auch die »tüchtigste« und reizvollste Tochter ihren Eltern bestenfalls eine Handvoll Enkelkinder schenken können. Wie man von Eskimos und verschiedenen Stämmen Südamerikas, Neuguineas und Australiens weiß, sind es denn auch wirklich zumeist Mädchen, die »über die Klinge springen« müssen. Diese Art des »präferentiellen Mädcheninfantizids« wird vor allem auch dort praktiziert, wo es die kulturellen Bedingungen erschweren, Töchter zu verheiraten. In China und Indien hat beispielsweise die Tradition, für die Ehe einer Tochter eine maßlos hohe Mitgift aufbringen zu müssen, zu einer solchen bevorzugten Tötung von Mädchen geführt. Arme Eltern können es sich nicht leisten, ihre Tochter »unter die Haube« zu bringen, und wohlhabende Eltern sehen zu, daß sie ihren Reichtum vergrößern können: Sie »verkaufen« ihren Sohn so teuer als irgend möglich. Diese Tradition, mit Töchtern »nichts als Kosten zu haben«, mit Söhnen aber Geld verdienen zu können, führte dazu, daß in der Vergangenheit viele schwangere Inderinnen nach Großbritannien reisten und eine Fruchtwasseranalyse vornehmen ließen, bei der auch das Geschlecht des zu erwartenden Kindes bestimmt werden kann; wenn sie vom Arzt erfuhren, daß sie ein Mädchen »unter ihrem Herzen« tragen, dann entschlossen sie sich zu einer Abtreibung.

Der Infantizid ist nun aber keineswegs nur ein in »archaischen« und unterentwickelten Gesellschaften auftretendes Phänomen. Wie die Psychologen Martin Daly und Margo Wilson von der kanadischen McMaster University feststellen mußten, ist die Kindestötung auch in der modernen westlichen Welt sehr weit verbreitet. So sind in Kanada zwischen 1974 und 1983 beispielsweise 367 Kinder von ihren leiblichen Eltern umgebracht worden, wobei diese Zahl nur die bekannt gewordenen und aufgeklärten Fälle umfaßt. In 141 (von 150 bekannten) Fällen handelte es sich um Kinder, die noch nicht einmal ein Jahr alt waren. Und von diesen Babymorden gingen nun wieder 88 Fälle auf das Konto der Mutter. Da sich nach der »weisen Geburtenplanung unserer egoistischen Gene« erwarten läßt, daß vor allem junge Mütter, die also noch vielen Kindern das Leben schenken können, und alleinstehende Frauen, die ohne die Unterstützung eines Vaters auskommen müssen, zum Kindesmord als einer »reproduktiven Notbremse« greifen werden, untersuchten Daly und Wilson auch das Alter und den Familienstand der »killing mothers«. Wie sich zeigte, stammte der Löwenanteil getöteter Kinder tatsächlich von Teenagern. Und mehr noch: Während alleinstehende Frauen zwischen 1977 und 1983 nur 12 Prozent der zwei Millionen in Kanada geborenen Kinder zur Welt brachten, ging doch mehr als die Hälfte aller Infantizide auf ihr Konto! Obgleich die Wahrscheinlichkeit, daß Frauen ihre Kinder töten, mit der Ehe und dem zunehmenden Alter abnimmt, bemerkten Daly und Wilson bei Müttern über 35 Jahren doch wieder eine größere »Infantizid-Neigung«. Diese Beobachtung, daß auch die Kinder älterer und verheirateter Frauen »gefährlich leben«, ist vermutlich darauf zurückzuführen, daß solche Mütter schon eine Reihe anderer Kinder zu versorgen haben und – aufgrund ihres Alters – mehr behinderte Babys gebären.

In den 38 Fällen, wo die Väter eindeutig als die Mörder identifiziert wurden, spielte vor allem der Zweifel an der Vaterschaft eine Rolle: Viele Väter töteten Babys, weil sie glaubten, sie seien ihnen »untergejubelt« worden. Bemerkenswert ist auch, daß die Väter vor allem Söhne, die Mütter hingegen Töchter umbrachten – eine Beobachtung, die ein übereifriger Freudianer zum Anlaß nehmen könnte, den »Ödipus-Komplex« durch die Hintertür einzuschmuggeln. Ein weiterer – und recht dramatischer – Unterschied zwischen der väterlichen und der mütterlichen Kindestötung ist der, daß nur Männer einen Hang zu »wahren Blutbädern« zu haben scheinen: In der Zeit von 1961 bis 1983 sind in Kanada 61 Fälle bekannt geworden, in denen Männer die Kinder mitsamt der Mutter umgebracht haben – ein solches Massaker ist aber bei Frauen (erstaunlicherweise?) nie beobachtet worden. (Daly und Wilson haben leider keine Informationen darüber, ob es sich bei diesen Blutbädern der Männer womöglich um einen »Rachefeldzug« handelte, ob mit diesen Massakern also die vermeintlich ungetreue Frau und deren »Bastarde« getötet werden sollten. Wenn die Väter in ihrem Amoklauf vom Rachegedanken getrieben wurden, dann wäre es immerhin interessant zu erfahren, inwieweit vielleicht auch »Rache am ungetreuen Mann« bei den Frauen eine Rolle gespielt hat, als sie ihre gemeinsamen Kinder töteten. Diese zweifellos ungewöhnliche Form weiblicher Rache fände ihr Vorbild zumindest in der griechischen Mythologie, wo sich Medea an ihrem mit Kreusa buhlenden Mann dadurch rächte, daß sie sowohl die Nebenbuhlerin als auch die beiden mit ihm gezeugten Kinder ermordete. Sollte es auch einen »Medea-Komplex« geben?)

Aus den kanadischen Zahlen und den Statistiken des Nationalen Zentrums für das Studium von Kindesmißhandlungen in Denver, Colorado, geht hervor, daß Kinder vor allem auch dann Gefahr laufen, getötet, mißhandelt oder vernachlässigt zu werden, wenn sie einen Stiefvater bekommen. Eine 1973 in Großbritannien durchgeführte Stichprobe von lebensgefährlich mißhandelten Babys umfaßte alles in allem 29 Kinder; wie sich herausstellte, handelte es sich bei 15 dieser Opfer – also bei mehr als der Hälfte – um Babys, die unter der »elterlichen Fürsorge« eines Stiefvaters leben mußten – und dies, obwohl nur ein Prozent gleichaltriger Babys mit einem Stiefvater zu leben hat! Bei einer australischen Stichprobe von zu Tode geprügelten Babys, die ebenfalls 29 Kinder umfaßte, ist die Gefährlichkeit von Stiefvätern noch deutlicher geworden: 18 der Babys, also nahezu zwei Drittel (!), sind hier von ihrem Stiefvater erschlagen worden. Das Risiko, mißhandelt zu werden, war 1976 in den Vereinigten Staaten für ein bei Stiefeltern lebendes Kind etwa hundertmal so groß wie für ein Kind, das bei seinen leiblichen Eltern aufwachsen konnte! Auch die »böse Stiefmutter«, die in fast allen Märchen – von Aschenputtel bis Schneewittchen – ihr Unheil stiftet, ist alles andere als eine bloße Märchengestalt. Angesichts unserer gegenwärtigen hohen Scheidungsziffern sind diese Daten besonders alarmierend: Immer mehr Kindern wird das (bittere?) Los zuteil, unter Stiefeltern aufwachsen zu müssen – und immer mehr Brüderchen, so steht zu befürchten, werden ihr Schwesterchen an die Hand nehmen und beim Verlassen des Elternhauses sagen: »Seit die Mutter tot ist, haben wie keine gute Stunde mehr. Die Stiefmutter schlägt uns alle Tage, und wenn wir zu ihr kommen, stößt sie uns mit den Füßen fort. Die harten Brotkrusten, die übrig bleiben, sind unsere Speise, und dem Hündlein unter dem Tisch geht's besser; dem wirft sie doch manchmal einen guten Brocken hin.«

Da die »weise Geburtenplanung unserer egoistischen Gene« anempfiehlt, bevorzugt in solche Kinder zu investieren, die uns auch viele Enkelkinder zu bescheren wissen, läßt sich auch voraussagen, daß Eltern ihren Kindern eine unterschiedliche Fürsorge angedeihen lassen werden. In Ländern, wo Knaben höher als Mädchen geschätzt werden, zeigt sich dieses *differentielle Elterninvestment*, das heißt eine unterschiedliche Fürsorge, besonders stark. In Indien und China beispielsweise werden Knaben ganz deutlich bevorzugt: Sie werden liebevoller und zärtlicher behandelt, erhalten mehr und besseres Essen und werden auch gesundheitlich besser betreut. Diese offene Vorliebe für Jungen geht natürlich zu Lasten der Mädchen, die dabei vernachlässigt werden. Die unterschiedliche Behandlung schlägt sich denn auch ganz deutlich in der unterschiedlichen Sterblichkeitsrate nieder: Die Todesrate der Mädchen ist beträchtlich höher. Eine ähnliche Bevorzugung männlicher Nachkommen ist auch aus Burma, Thailand, Sri Lanka, Pakistan, Jordanien, Syrien und dem Libanon bekannt – und überall geht diese Vorliebe für Knaben mit einer wesentlich höheren Sterblichkeit der Mädchen einher. Da dieses differentielle Elterninvestment über die Vernachlässigung und Benachteiligung bestimmter Kinder also zu deren frühen Tod führen kann, spricht Susan Scrimshaw hier auch vom »passiven Infantizid«. Obwohl es in den meisten Fällen sicher nicht die bewußte Absicht der Eltern ist, dem Mädchen Schaden zuzufügen, führt ihr Verhalten doch im Effekt zur Tötung der Töchter. Grob gesagt: Wenn ihnen bestimmte Kinder »nichts bringen«, dann hören sie eben auf, in sie zu investieren! Diese Strategie, seine wertvollen Ressourcen besser auf »lohnendere Kinder« zu verwenden, zeigt sich auch besonders unverhohlen in der Behandlung behinderter Kinder: Entweder sind sie an Ort und Stelle umgebracht worden, oder sie landeten im Findelhaus. Im Gewande der Tugendhaftigkeit sind in den vergangenen Jahrhunderten »überflüssige« und »nutzlose« Töchter vor allem in Klöster gesteckt worden. Der Göttinger Anthropologe Eckart Voland hat in Ostfriesland einen ganzen Berg längst verstaubter Kirchenbücher des 17. bis 19. Jahrhunderts durchforstet, um das Schicksal von 870 Kindern zu verfolgen, die bereits im ersten Lebensjahr Vater oder Mutter verloren hatten. Wie er fand, starb ein Viertel dieser Halbwaisen bereits im ersten Lebensjahr und ein weiteres Viertel noch vor dem 15. Geburtstag. Und wieder zeigte sich, daß Kinder, die unter Stiefeltern aufwachsen mußten oder aber als Einzelkinder der Wiederverheiratung der Mutter im Wege standen, einem wesentlich höheren Sterberisiko ausgesetzt waren. Daß die unterschiedliche Sterblichkeit von Kindern auf ein differentielles Elterninvestment zurückgeht, legen auch aktuelle UNI-CEF-Daten nahe, wonach die Todesrate der Kinder von Frauen unter 20 doppelt so hoch ist wie bei Frauen zwischen 25 und 29; auch zu schnell aufeinanderfolgende Geburten erhöhen die Kindersterblichkeit; und schließlich nimmt die Wahrscheinlichkeit, daß ein Kind stirbt, »natürlich« auch mit der Anzahl der Geschwister zu: Die Todesrate von Kindern, die fünf ältere Geschwister haben, ist doppelt so hoch wie bei den Kindern, die nur ein Geschwister haben.

Die weltweit am weitesten verbreitete Form der Kindestötung ist nach wie vor die Abtreibung. In nahezu allen untersuchten Gesellschaften ist die »Engelmacherin« bekannt, die ein »Elixier« zu brauen versteht, mit denen Frauen ihre Schwangerschaft abbrechen können. In der Bundesrepublik Deutschland sind allein für das Jahr 1988 83 784 Schwangerschaftsabbrüche vom Statistischen Bundesamt in Wiesbaden erfaßt worden; hinzu kamen noch 6963 in Holland, 136 in England und Wales und 406 illegal vorgenommene Abbrüche. Es gibt eine Reihe von Indizien, die dafür sprechen, daß auch die vom Arzt als »spontan« diagnostizierten Aborte eine Fortpflanzungsstrategie der Frauen sind. Wie man weiß, kommt es selbst bei gesunden und gutgenährten Frauen immer wieder zu »spontanen Fehlgeburten«. Mediziner schätzen, daß 25 bis 75 Prozent aller Embryos nicht voll ausgetragen werden. Da diese »spontan abgetriebenen« Embryos nachweislich stärker mit genetischen Defekten behaftet sind, wird vermutet, daß der Uterus eine Art »genetisches Screening« betreibt: Die Gebärmutter liest genetisch defekten Nachwuchs aus! Da die Wahrscheinlichkeit, ein mongoloides Kind zur Welt zu bringen, mit dem Alter der Mutter wächst, nimmt man an, daß die Gebärmutter im Laufe der Jahre ihrer »Auslese-Funktion« verlustig geht. Bekannt ist auch, daß Streß und die Trennung vom Partner während der Schwangerschaft das Fehlgeburtsrisiko erheblich erhöhen. Und während der Hungersnot in Holland in den Jahren 1944 und 1945 wurde ein drastischer Rückgang der erfolgreich beendeten Schwangerschaften beobachtet. Es scheint also, als würden Mütter durch eine »spontane Tötung« des Embryos sich selbst eine »Fehlinvestition« und ihren im Mutterleib heranwachsenden Kindern ein bitteres Schicksal ersparen können.

Aus der Sicht der Soziobiologie erweist sich die Kindestötung also tatsächlich als ökonomische Fortpflanzungsstrategie. Daß die Natur eine solche Strategie ihrer Geschöpfe immer belohnt hat, sagt aber nichts darüber aus, ob man diese Strategie nun »gut« oder »schlecht« heißen soll. Es zeigt nur, daß es allein an uns ist, ein allgemeines Recht auf Leben zu schaffen – auf die Natur können wir uns dabei nicht verlassen!

Der ewige Krieg der Geschlechter

WAS AUS LIEBE GETAN WIRD,
GESCHIEHT IMMER JENSEITS
VON GUT UND BÖSE.

F. NIETZSCHE

Die doppelte Moral

»Die Männer sind doch alle gleich: Erst erzählen sie dir von ihrer unsterblichen Liebe und versprechen dir den Himmel auf Erden, und dann – kaum hast du dich ihnen hingegeben – machen sie sich aus dem Staub.« Wem wäre diese altbekannte, bald im Spaß, bald im bittersten Ernst vorgetragene Klage nicht schon zu Ohren gekommen. Frauen jedenfalls wissen ein Lied davon zu singen, daß die Männerwelt »heuchlerisch, durch und durch verlogen, betrügerisch und feige« ist. Das betrüblich klingende und melancholisch stimmende Lied, das von all den verführten, betrogenen, hintergangenen und verlassenen Frauen angestimmt wird, lautet: »Die Männer wollen immer nur das eine.« Geradezu unverkennbar ist die »doppelte Moral«, der die »durchtriebenen« Männer sich befleißigen: Ein Bursche, der es »mit unzähligen Bräuten getrieben« hat, ist in den Augen der Männerwelt ein »toller Hecht«, aber ein Mädchen, das mit einem Freier sogleich ins Bett hüpft, ist ein »ganz billiges Flittchen«. Einem verheirateten Mann, der seine Ehefrau mit einer Geliebten betrügt, wird diese »harmlose Affäre« als »Kavaliersdelikt« nachgesehen, während eine Frau, die ihrem Gatten Hörner aufsetzt, als eine »gottverdammte Hure« betrachtet wird, die es verdient, gesteinigt zu werden. Ja, die Männer scheuen noch nicht einmal davor zurück, tagsüber aufgeblasen und verächtlich über »leichte Mädchen« herzuziehen, um dann nachts selbst heimlich in die Hurenhäuser zu schleichen ... Gibt es für diese »doppelte Moral«, die den Männern sexuelle Narrenfreiheit zugesteht, den Frauen aber am liebsten auch noch das Flirten verbieten möchte, irgendeine wenigstens halbwegs einsehbare Erklärung? Die Soziobiologie kann mit einer recht überzeugenden Erklärung für den »männlichen Chauvinismus« aufwarten – sie sagt: »Nun ja, das Ei ist größer als der Samen.« Sie denken jetzt vielleicht, ich will Sie auf den Arm nehmen; aber ganz und gar nicht. Um diese zunächst sicher befremdlich anmutende und bewußt provozierend formulierte Antwort richtig zu verstehen, müssen wir uns einmal näher mit dem »kleinen Unterschied« zwischen Mann und Frau beschäftigen.

Worin unterscheiden sich die Geschlechter voneinander? Ein kleines Mädchen würde vielleicht sagen: »Na, Buben haben einen Schniedelwutz, können im Stehen pullern, tragen Hosen und dürfen sich schmutzig machen, ohne deswegen verhauen zu werden. Außerdem prügeln sie sich viel öfter und geben furchtbar an.« Und ein Junge könnte etwa antworten: »Mädchen sind schrecklich zickig, neugierig und ängstlich. Sie spielen meistens so langweilige Sachen wie ›Vater, Mutter, Kind‹ und schieben hochnäsig einen albernen Puppenwagen vor sich her. Außerdem sind sie Petzen und richtige Heulsusen.« Mögen die Kleinen so manchen bemerkenswerten Unterschied zwischen den Geschlechtern auch richtig beobachtet haben, so läßt sich mit dieser allzu blauäugigen Unterscheidung doch wenig anfangen. Was wir suchen, ist ein wirklich wesentlicher Unterschied, ein Unterschied, der es uns erlaubt, möglichst alle Lebewesen in männlich und weiblich einteilen zu können, und zwar auch solche Lebewesen wie etwa die Vögel, die im allgemeinen keinen Penis und keine Vagina haben. Welches ist also die tiefere Bedeutung von männlich und weiblich? Was Männchen und Weibchen wirklich voneinander unterscheidet, das sind die unterschiedlichen *Geschlechtszellen*, die sie produzieren: Während die Männchen eine große Anzahl kleiner Geschlechtszellen, den Samen, hervorbringen, bilden die Weibchen eine kleine Anzahl großer Geschlechtszellen, die Eier. Dieser Unterschied zwischen den männlichen und weiblichen Geschlechtszellen oder *Gameten* ist in den meisten Fällen außerordentlich groß. So können manche Vögel Eier legen, die bis zu 25 Prozent ihres Gesamtkörpergewichts ausmachen und nahrhaft genug sind, um ein sich entwickelndes Baby mehrere Monate hindurch zu ernähren. Und selbst bei uns Menschen, wo das Ei lediglich die Größe eines Stecknadelkopfes aufweist, ist die weibliche Geschlechtszelle doch immer noch viele Male größer als der nur mikroskopisch sichtbare Samen des Mannes. So große und nährstoffreiche Eier herzustellen, ist natürlich eine ziemlich aufwendige Angelegenheit. Man könnte auch sagen: Eier sind recht kostspielig. Angesichts dieser hohen Kosten ist es denn auch nicht weiter verwunderlich, daß die Weibchen im allgemeinen nur eine verhältnismäßig geringe Zahl von Eiern produzieren. Eine Frau kann in ihrem gesamten Leben beispielsweise »nur« etwa 400 Eizellen produzieren. Die Männer hingegen, die sich auf die Produktion »billiger« Geschlechtszellen geworfen haben, können in kürzesten Abständen mit unglaublichen Mengen an Samenzellen aufwarten. So schickt ein Mann mit einer einzigen Ejakulation rund 200 bis 500 Millionen Spermien ins Rennen. Dieser enorme Unterschied in der produzierten Anzahl von Geschlechtszellen hat selbstverständlich große Folgen: Während eine Frau in ihrem Leben bestenfalls ein gutes Dutzend Kinder zu gebären vermag und dies mit körperlicher Erschöpfung zu bezahlen hat, kann ein Mann – zumindest theoretisch – ohne große Mühe Tausende von Kindern zeugen – schließlich entläßt er schon mit einer einzigen Ejakulation so viele Samenzellen, daß man mit ihnen gut und gern den Kinderwunsch sämtlicher Frauen Deutschlands erfüllen könnte. Nach dem Guinness-Buch der Rekorde werden die gebärfreudigsten Frauen von einer Moskauerin des 18. Jahrhunderts angeführt, die 69 Kinder bekam, indem sie ausschließlich Zwillinge, Drillinge und Vierlinge zur Welt brachte. 69 Kinder klingt fast unglaublich – und doch ist es eine geradezu bescheiden zu nennende Anzahl gegenüber dem männlichen Rekord: Nicht weniger als 888 Kinder soll Marokkos Herrscher Moulai Ismail, auch der »Blutrünstige« genannt, im frühen 18. Jahrhundert gezeugt haben. 888 Kinder sind nun wirklich kein Pappenstiel. Doch was kostet es einen Mann schon, 888 Kinder in die Welt zu setzen? Wenn er »Glück« hat und es »richtig anstellt«, so gut wie nichts: Alles, was auf seiner Rechnung erscheint, ist eine ansehnliche Zahl von amourösen Abenteuern und eine geradezu läppisch zu nennende Anzahl von billigen Spermien, die er in seinem orgasmischen Taumel sowieso in überschwenglicher Manier verschenkt. Wie ungleich Mutter Natur ihre Kinder behandelt, wird überdeutlich, wenn man sich dagegen einmal die Rechnung der Frauen betrachtet. Da die Eier von den Spermien befruchtet werden und nicht umgekehrt, müssen allein die Frauen sich mit den mühsamen Schwangerschaften herumquälen: Sie plagen sich mit den dicken Bäuchen ab, müssen das Heranwachsende mit Mutterkuchen füttern, die hormonalen Belastungen durchmachen und die schmerzhafte Geburt auf sich nehmen. Und nicht nur die Kosten der Schwangerschaft, sondern auch die der Aufzucht gehen überwiegend auf das Konto der Frauen: Sie sind es wiederum, die das Neugeborene Tag und Nacht an die Brust nehmen, es baden, wickeln und pflegen müssen. Und sie sind es schließlich, die mit den Geburten und der Versorgung von Kindern nicht nur viele Annehmlichkeiten des Lebens, sondern auch ihre Figur und ihre Schönheit einbüßen. Ganz gleich, ob sie nun einen Mann haben, der ihnen treu zur Seite steht und hilfreich unter die Arme greift, oder aber mit einem Schuft geschlagen sind, der sich vor jeglicher Verantwortung drückt – die Frauen tragen immer die Last.

Angesichts dieser himmelschreienden Ungerechtigkeit mag sich natürlich so manche verbitterte Frau jetzt fragen: »Mein Gott, wenn diese Kerle zu nichts Besserem taugen, als uns ihr billiges Zeugs, ihre gottverdammten Spermien, anzudrehen, ja wozu gibt es sie dann überhaupt? Auf die paar Minuten Spaß, die uns die Männer zweimal die Woche bescheren, könnte ich auch herzlich gern verzichten!« Und sie hätte recht mit ihrer Frage. Sowenig es den Männern, die sich ja recht gern für unentbehrlich halten, auch schmecken mag, ist es doch gerechtfertigt zu fragen, ob Männer nicht eine »Frivolität der Evolution« und eine »Extravaganz ohne jeden praktischen Wert« sind, wie es Fred Hapgood einmal brillant formulierte. Schließlich gibt es zahlreiche Organismen, wie etwa verschiedene Bakterien, Algen und Pilze, die sich auch ohne die winzigen Spermien der lästigen Männer behelfen und fortpflanzen können. Bei diesen Organismen, die sich ebenfalls geschlechtlich fortpflanzen, steuern beide Partner zu einem Kind *gleich große* Geschlechtszellen mit gleichen Mengen an Nahrungsreserven bei – hier gibt es also keine Ausbeutung von großen und nahrhaften

Eiern durch kleine und parasitierende Spermien. In einem solchen als *Isogametie* bezeichneten System, in dem alle Individuen gleich große Geschlechtszellen besitzen, lassen sich die Individuen allerdings auch nicht in zwei unterschiedliche Geschlechter aufteilen, und so könnte man sich also in einer endlosen und zugegebenermaßen absurden Diskussion darüber streiten, ob es sich hier nun tatsächlich um ein »Reich der Frauen« oder ein »Reich der Männer« handelt.

Anstatt uns hierüber in die Haare zu kriegen, wollen wir lieber einmal der Frage nachgehen, wie sich aus einem ursprünglich isogamen Zustand denn überhaupt unterschiedlich große Geschlechtszellen entwickelt haben könnten. Angesichts des Egoismus unserer Gene dürfen wir sicher sein, daß sich winzige Spermien dann herausbilden, wenn sie den Fortpflanzungserfolg jener Individuen erhöhen, die sie produzieren. Wie und wann sollte sich aber ein solcher Vorteil ergeben haben, wenn alle Individuen einst gleich große Gameten produzierten? Vielleicht war es so, daß zu der Zeit, da alle Geschlechtszellen gleich groß waren, rein zufällig einige gebildet wurden, die eine Idee größer waren als die anderen. Vermutlich war es für die Individuen sogar von Vorteil, etwas größere Geschlechtszellen zu produzieren, denn auf diese Weise konnten sie einem Embryo größere Nahrungsreserven mit auf den Weg geben. Da die größeren Geschlechtszellen dafür sorgten, daß die Kinder auch wirklich »groß und stark« wurden, hat womöglich gar ein evolutiver Trend zu größeren Gameten stattgefunden. Allerdings hatte die Sache einen Haken: Großzügigkeit öffnet der egoistischen Ausbeutung nämlich immer Tür und Tor. Will sagen, je mehr Individuen ihre Geschlechtszellen mit großen Nahrungsvorräten ausstatteten, desto größer wurde auch die Gefahr, daß egoistische Individuen dies heimtückisch ausnutzen konnten. Ein solcher Schmarotzer mochte sich etwa gesagt haben: »Wie schön, daß immer mehr Narren damit beginnen, große Nahrungsreserven in ihre Geschlechtszellen zu packen. Da kann ich ja einen guten Teil meiner eigenen Nahrungsvorräte sparen und sie besser darauf verwenden, viele kleine Geschlechtszellen zu produzieren. Ich muß jetzt nur noch dafür sorgen, daß meine kleineren Geschlechtszellen flink und wendig werden, um die größeren Geschlechtszellen gezielt aufspüren zu können. Und wenn dieser Streich gelingt, kann ich auf wirklich billige Weise unzählige Kinder in die Welt setzen.« So sehr es sich also für die großzügigen Individuen gelohnt haben mochte, ihren Nachkommen durch große Nahrungsreserven gute Startbedingungen zu sichern, so sehr mochte es sich für die heimtückischen fortan gelohnt haben, die Großzügigkeit der anderen auszunutzen. Und da sich beide Strategien gegenüber der ursprünglich isogamen erheblicher Vorteile erfreuten, begünstigte die natürliche Selektion die Herausbildung zweier divergierender sexueller Strategien: Die Investition in große und zunehmend unbeweglichere Geschlechtszellen und die Investition in kleine und zunehmend beweglichere Geschlechtszellen. Aus den großen Geschlechtszellen sind die teuren Eier und aus den kleinen sind die billigen Spermien geworden.

Man mag diese Entwicklung bedauern; aber wie wohl selbst die tollkühnste Feministin zugeben wird, dürfte es nun schlicht zu spät sein, um in dieser Angelegenheit noch etwas zu unternehmen. Immerhin könnte sich aber die eine oder die andere Frau fragen, ob man nicht aus Rache an dem arglistigen Geschlecht die Anzahl der Männer einfach drastisch reduzieren sollte. Da die astronomische Zahl an winzigen Spermien, die ein einziger Mann zu produzieren vermag, durchaus hinreicht, um einige tausend Frauen mit Kindern zu beglücken, reichte es ja vollkommen, wenn nur einige gute Exemplare des männlichen Geschlechts existierten. Da es im Prinzip also viel zu viele Männer gibt, wäre es doch nicht schlecht, wenn man eine Geburtenplanung betriebe, in deren Folge auf, sagen wir, tausend Frauen ein Mann käme – man könnte sich mit dieser Lösung doch viel Ärger ersparen!?

So verführerisch dieser Gedanke für einige Frauen auch sein mag, er hat einen kleinen Schönheitsfehler. Man darf nämlich niemals vergessen, daß – wie alles Lebendige – auch die Frauen darauf aus sind, so viele Gene als irgend möglich in der nächsten Generation unterzubringen. Schon eine kleine spieltheoretische Überlegung wird uns zeigen, daß eine Verschwörung der Frauen mit dem Ziel, die Anzahl der nichtsnutzigen Männer so gering als möglich zu halten, zum Scheitern verurteilt ist: Angenommen, die Frauen hätten es irgendwie in der Hand, das Geschlecht ihrer

Kinder bestimmen zu können, etwa dadurch, daß sie die knaben-zeugenden Spermien des Vaters sofort abtöten und nur die mäd-chenzeugenden Samenzellen zu ihren Eiern vorstoßen lassen. Ein solcher Mechanismus würde den Frauen, die der Ausbeutung durch den Mann ein für allemal ein Ende bereiten wollten, also sehr gute Dienste leisten. Sie würden nun in ihrem Verschwörer-Club beschließen, daß fortan nur noch Mädchen das Licht der Welt erblicken dürfen und nur jede tausendste Schwangere es auf sich nehmen muß, einem verhaßten Jungen das Leben zu schenken. Solange sich alle Frauen an diese Abmachung halten, läuft denn auch alles bestens: Die Männer, die nun nach und nach das Zeit-liche segnen, haben fast ausschließlich Töchter hinterlassen, und die wenigen Knaben, die zur Welt gebracht wurden, stöhnen, sobald sie herangewachsen sind, unter der Last der Lust – sie fristen ihr Dasein als Zuchtbullen. Jede Frau kann sich von einem der vielbeschäftigten, stöhnenden und ächzenden Supermänner eine Handvoll Töchter machen lassen und darf auch sicher sein, daß ihnen jede Tochter wiederum eine Handvoll Enkelinnen einbrin-gen wird. Dieser Handel ist, genetisch gesehen, nicht schlecht. Das Dumme ist nur, daß jede Frau, die einen Sohn zur Welt bringt, ein tausendmal besseres Geschäft macht, denn jeder Sohn zeugt Tau-sende von Kindern. Und dieser genetische Vorteil, mit Söhnen viel besser zu fahren als mit Töchtern, bringt die edle Verschwörung zum Platzen: Der Gen-Egoismus der Frauen führt zum Verrat an der Verschwörung der Frauen! Daß sich das Verhältnis von Töch-tern und Söhnen zahlenmäßig immer die Waage halten wird, hat schon der große Genetiker Sir Ronald A. Fisher in den 30er Jahren überzeugend dargelegt. Gleich viel Söhne und Töchter zu zeugen ist, so würden wir heute sagen, eine evolutionär stabile Strategie. Jeder Versuch, die Geschlechterverteilung in die eine oder die andere Richtung zu beeinflussen, führt zwangsläufig zu einem genetischen Nettoverlust der Eltern. Mal ganz naiv ausgedrückt: Herrscht »Not am Mann«, dann lohnt es sich, Knaben in die Welt zu setzen, und mangelt es an Frauen, dann gehen die überzähligen Männer eben leer aus.

Nachdem wir nun also gesehen haben, daß wir uns mit der Existenz des anderen Geschlechts und den ungleichen Startbedingungen von Mann und Frau wohl oder übel abfinden müssen, sollten wir das Beste draus machen. Doch was heißt »das Beste«? Ist das Beste für einen Mann auch das Beste für eine Frau? Leider nicht. Doch gleichgültig, ob wir es nun bedauern oder herausfordernd finden mögen, genau auf diesem Interessenkonflikt beruht der »ewige Krieg der Geschlechter«: Beide Geschlechter versuchen sich auf Kosten des jeweils anderen fortzupflanzen. Die Männer versuchen die Frauen und die Frauen versuchen die Männer auszubeuten! So hart dies klingt, ist es doch im Grunde immer noch viel zu harmlos ausgedrückt, denn dieser Kampf tobt auf einem Schlachtfeld, auf dem eigentlich jeder gegen jeden kämpft: Männer gegen Frauen, Frauen gegen Frauen und Männer gegen Männer. So wie sich Männer und Frauen gegenseitig zu übervorteilen suchen, so suchen sich auch die Geschlechter untereinander zu übervorteilen. Und so wie die Rivalitäten, die Männer miteinander ausfechten, zumeist auf den Schultern der Frauen ausgetragen werden, so werden auch die Rivalitäten der Frauen untereinander zumeist auf den Schultern der Männer ausgefochten.

Doch bevor wir sozusagen als »Kriegsberichterstatter« das blutige Schlachtfeld betreten und uns von den bald halsbrecherischen, bald herzbrecherischen Untaten ein eigenes Bild machen, sollten wir zunächst ein paar Vorhersagen wagen, die sich aus der Theorie vom egoistischen Gen ableiten lassen. Wenn es uns sodann gelingen sollte, einige kriegerische Attacken in prophetischer Manier vorauszusagen, müssen wir die Verbrechen nicht unbedingt verzeihlicher finden, doch sie werden uns vielleicht verständlicher erscheinen – und damit wäre wohl schon einiges gewonnen.

Es ist offenkundig: Der »kleine Unterschied« zwischen männlich und weiblich hat große Folgen für den ewigen Krieg der Geschlechter. Nicht nur, weil die Geschlechter unter ungleichen Bedingungen in diesen Kampf ziehen, sondern auch, da die »Wahl der Waffen« und die »Schlachtpläne« von dem kleinen Unterschied diktiert werden. Ein großer Vorteil, dessen sich das weibliche Geschlecht erfreuen darf, liegt darin, daß es in gewisser Weise weniger zu verlieren hat als das männliche: Da eine astronomische Zahl von Samen auf die verhältnismäßig wenigen Eier Jagd macht, darf sich jede Frau ziemlich sicher sein, jener paar Tropfen Sperma habhaft zu werden, die sie für den begehrten Kindersegen benötigt. Die Männer können sich dagegen nicht in dieser Sicherheit wiegen, auf jeden Fall Vater zu werden. Die Anzahl der zu ihrem Vaterglück erforderlichen Eier ist begrenzt und der Wettbewerb der Männer um diese wenigen Eier daher auch sehr hart. Wann immer ein Mann Eier befruchtet, tut er dies auf Kosten seiner Rivalen: Als Moulai Ismail seinen Harem mit Hunderten von schönen Frauen füllte und sie von seinen Eunuchen eifersüchtig bewachen ließ, um mit ihnen ungestört 888 Kinder zu zeugen, werden 888 andere marokkanische Männer »leer« ausgegangen sein. Während die Frauen also recht zuversichtlich sein dürfen, aus dem ewigen Krieg der Geschlechter mit einer Handvoll Kinder heimzuziehen, müssen viele Männer mit leeren Händen zurückkehren. Oder anders ausgedrückt: In den Reihen der Frauen wird immer einige Zufriedenheit herrschen, in den Reihen der Männer hingegen wird es neben den strahlenden Siegern immer auch eine stattliche Anzahl von wirklichen Verlierern geben.

Ein weiterer – und keineswegs zu unterschätzender – Vorteil der Frauen ist der, daß sie sich der genetischen Verwandtschaft mit ihren Kindern immer sicher sein dürfen, während die Männer diese Gewißheit nicht haben, daß sie auch tatsächlich die Väter der Babys sind, die ihnen ihre Frauen so freudestrahlend entgegenhalten. Ein Mann muß also immer argwöhnen, daß seine Frau ihm womöglich ein Kind unterjubelt, das sie in Wirklichkeit mit einem anderen gezeugt hat. Während er als gehörnter Gatte dann all seine Mühe darauf verwenden würde, ein fremdes Kind großzuziehen, mag sich der Liebhaber, der ihm dieses »Kuckucksei« ins Nest legte, heimlich eins ins Fäustchen lachen.

Welche Kriegslist werden die egoistischen Gene ihren Überlebensmaschinen nun also ins Marschgepäck gelegt haben? Um das strategische Genie, die Arglist und die tückischen Taktiken der egoistischen Gene wenigstens annähernd erahnen zu können, sollten wir nicht allein das bekanntermaßen gerissene Menschengeschlecht ins Auge fassen, sondern auch einige der »miesen Tricks«, mit denen die verschiedenen Geschlechter im Tierreich aufzuwarten wissen. Und weil Damen ja Vortritt haben, beginnen wir also auch mit dem schöneren Geschlecht.

Da die Weibchen ihre Mutterschaft fast immer teurer zu bezahlen haben als die Männchen ihre Vaterschaft, wird der erste wohlgemeinte Rat der egoistischen Gene an das »schwache Geschlecht« wohl lauten: Nutze den ebenso hart wie erbittert geführten Wettbewerb der Männer zu deinem Vorteil, und verkaufe dich so teuer als irgend möglich – schließlich bist du gefragt, und zwar auf einem Markt, wo die Nachfrage größer ist als das Angebot! Die Weibchen sollten also, um es einmal ganz »galant« auszudrücken, die »Eier-Preise« derart in die Höhe treiben, daß die bei ihnen anfallenden Kosten für die Mutterschaft durch das Entgelt, das der Bewerber zu entrichten hat, aufgewogen werden. Ein wirklich gutes Geschäft erfordert natürlich, daß der Bewerber in einer Währung zahlt, die in jene des Gen-Überlebens konvertierbar ist. Welchen Preis ein Weibchen konkret verlangen soll, hängt freilich davon ab, was die für sie in Frage kommenden Bewerber tatsächlich zu bieten haben. Was die Männerwelt für ein großes nahrhaftes Ei »lockermacht«, schwankt verständlicherweise von Art zu Art und zumeist auch von Clan zu Clan. Manche Weibchen müssen sich mit Mannsbildern herumschlagen, aus denen beim besten Willen nicht mehr als ein paar läppische Samenzellen herauszuholen sind, andere haben es wiederum mit durchaus zahlungskräftigen Freiern zu tun: So haben die Paradiesvogel-Weiblein beispielsweise mit prächtig geschmückten und geradezu extravagant gekleideten Männchen zu schaffen, die genauso geizig wie eitel sind und nur ihr nobles Sperma herausrücken, während unsere Frauen, wie etwa Liz Taylor, neben jeder Menge Bourbon und gutem Burton auch Pelze, Paläste und Juwelen verlangen können. Doch ganz gleich, wie viel oder wie wenig die Weibchen verlangen können, sie werden sich immer so verhalten, daß sie das jeweils »Beste« bekommen – die bestmöglichen Gene, die bestmöglichen Ressourcen oder den bestmöglichen Gatten. Was wir von einem Weibchen daher stets erwarten dürfen, ist, daß es heikel und wählerisch ist: Es wird die paarungswilligen Bewerber also aufmerksam von Kopf bis Fuß mustern und sich sodann für die »beste Partie« entscheiden.

Man möchte zunächst meinen, daß sich ein wirklich heikles und wählerisches Weibchen zickig anstellt, daß es sich unendlich ziert und das Mauerblümchen spielt, bevor es seine Gunst einem Männchen schenkt; in den meisten Fällen ist das denn auch tatsächlich die beste Strategie. Doch es gibt auch eine ganze Reihe von Situationen, in denen es den Weibchen herzlich wenig einbringt, die keusche Susanna zu spielen, Situationen also, in denen es wesentlich erfolgversprechender ist, hemmungslos und draufgängerisch zu sein und die Männchen erster Güte einfach auszunehmen. So gebärden sich beispielsweise die Weibchen mancher Grillenarten wie die Töchter der Hölle: Von einer dämonischen Lust gepackt, werfen sie sich in mannstoller Manier auf die Männchen, um ihnen »das Beste« schlicht herauszupressen. In einer von Erschrockenheit zeugenden Beschreibung hat der französische Entomologe Jean Henri Fabre im vergangenen Jahrhundert das unerschrockene und zügellose Treiben einer solchen Satansbraut festgehalten: »Das Männchen befindet sich unten, flach im Sand liegend; über ihm hat sich seine mächtige Braut aufgebaut, die, hoch auf ihren Hinterbeinen stehend und mit gezücktem Säbel, ihn mit ihrer Umarmung überwältigt. In der Tat, in dieser Haltung hat Meister Decticus nichts von einem Besucher an sich. Sind hier nicht die Rollen vertauscht worden? Sie, die gewöhnlich verführt wird, ist nun der Verführer, indem sie ihren Partner mit groben Liebkosungen überschüttet ... Sie hat sich ihm nicht hingegeben, sie hat sich auf ihn gestürzt, zerstörerisch, gebieterisch ... Meister Decticus liegt am Boden, flach auf dem Rücken. Bis zur vollen Höhe ihrer Schienbeine aufgerichtet, steht sie über ihrem niedergestreckten Partner und hält ihren Säbel fast senkrecht. Die beiden Körperanhänge krümmen sich zu einem Haken, suchen einander, treffen sich, und kurz darauf ist zu erkennen, wie aus den zuckenden Lenden des Männchens unter schmerzhafter Anstrengung etwas Monströses, Unglaubliches herauskommt – als ob die Kreatur ihre Eingeweide in einem Klumpen ausstieße.«

Was die Megäre dem überwältigten Galan da mit Macht entlockt, das ist ein ganzes Bündel von Samenzellen und Nährstoffen, eine sogenannte *Spermatophore*. Dieses proteinhaltige Samenpaket ist im Gegensatz zu einem bloßen Schuß Sperma recht teuer und dient dem Männchen quasi als Hochzeitsgeschenk. Was Wunder also, daß es mit diesem Präsent geizt und sich dreimal überlegt, welche Braut es damit beglücken sollte. Und angesichts dieses

Geizes und dieser Unentschlossenheit, die Grillen-Männchen auf Freiersfüßen zeigen, ist es für die Weibchen denn auch eine sehr gute Strategie, sich das beste männliche Opfer auszuwählen und es mit seinem unstillbaren Verlangen einfach zu überfallen: Da es sogar einen guten Teil der kostbaren Spermatophore verzehren kann, erhält das Weibchen auf diese Weise nicht nur die zur Befruchtung begehrten Samenzellen, sondern auch eine eiweißhaltige Mahlzeit, mit der sich die »Kosten« für die anstrengende Eierproduktion einigermaßen decken lassen.

Neben dieser außergewöhnlichen »Satansbraut«-Strategie gibt es noch eine andere draufgängerische Strategie der Weibchen, die man mit »lüsternes Luder« umschreiben könnte. Bei den in Brasilien beheimateten Spinnenaffen etwa unternehmen die brünstigen Bräute ausgedehnte Streifzüge, um eine ganze Schar von Freiern anzulocken. Schleichen dem Weibchen rund zehn liebeshungrige Männchen hinterher, dann gebärdet es sich unversehens so unersättlich wie Messalina und vernascht einen Geliebten nach dem anderen. In dieser zwei Tage währenden und ganz ohne Zank und Streit abgehenden Orgie wird das Weibchen von den stattlichen Samenergüssen seiner eifrigen Beischläfer buchstäblich überschwemmt, so daß sich bei jedem weiteren Kopulationsversuch ein ganzer Schwall von Samen aus seiner Scheide ergießt, der von den Umstehenden begierig aufgefangen und verschluckt wird ...

Wozu lädt das Spinnenaffen-Weibchen zu solchen Festen der Ausschweifung ein? Warum gibt es sich jedem nur willigen Freier so unterschiedlos und bedingungslos hin? Was hat es davon? Nun, von den Männchen lassen sich weder Brautgeschenke noch irgendwelche Hilfeleistungen bei der Aufzucht von Nachkommen erwarten. Alles, was sie zu geben bereit sind, ist Sperma, Sperma und nochmals Sperma. Umgeben von so schamlosen Knausern, Geizhälsen und Pfennigfuchsern, bleibt dem Weibchen nichts anderes übrig, als nach den bestmöglichen Genen für seine Kinder zu trachten. Also ruft es mit den zweitägigen Sex-Exzessen einen Wettbewerb der Spermien aus, dessen Sieger mit sehr hoher Wahrscheinlichkeit auch Träger der besten Gene sein wird. Seine Ausschweifungen sichern auf diese Weise nicht nur recht zuverlässig ab, daß es auch tatsächlich vom fittesten Männchen geschwängert wird, sondern gestalten aus der nervenaufreibenden Qual der Wahl auch ein heiter frivoles Liebesmahl.

Die Weibchen vieler Vogelarten, wie etwa der Paradiesvögel, der Hämmerlinge, der Langschwanzschnurrvögel und der Quetzale, zeigen einen viel feineren Geschmack bei der Auswahl der besten Gene. Ihr unvergleichlicher Sinn für das Schöne veranlaßt die werbenden Männchen zu wunderbaren Gesangsduetten, zauberhaften Tanzdarbietungen und exotischen Schönheitswettbewerben. Statt sich derben Vergnügungen hinzugeben, lauschen die Weibchen hier voller Aufmerksamkeit den Arien ihrer Anbeter, achten auf den Pas de deux, den zwei leichtfüßige Freier aufführen, oder lassen sich von der prächtigen Schönheit der galanten Bewerber verzaubern. Das Weibchen der Quetzale, das beim Anblick der flammendroten Brust und der smaragdgrün leuchtenden Schleppe von Schwanzfedern schwach wird, mit denen die außergewöhnlich schönen Bewerber wahrlich zu beeindrucken vermögen, läßt sich also von einer ganz anderen Strategie leiten: Es hält sich zurück, beobachtet aufmerksam und mustert mit Kennerblick all die Merkmale, die eine hohe genetische Qualität des Männchens verbürgen. Diese Strategie des »Luxus-Weibchens«, wie man sie vielleicht nennen könnte, beruht sozusagen auf wohlbedachter Sprödigkeit und einer äußersten Sorgfalt bei der Gattenwahl. Die »Luxus-Weibchen« haben sich praktisch damit abgefunden, keinerlei Hilfe vom Vater ihrer Kinder erwarten zu dürfen, und richten ihr Augenmerk daher nur auf das schönste, gesündeste und kräftigste Männchen. »Um deiner Schönheit willen sei dir dein Egoismus verziehen«, so würden die Weibchen wohl nachsichtig sagen, wenn sie sprechen könnten.

Wenn sich aus den Männchen mehr herausholen läßt als nur die zur Befruchtung erforderliche Menge an Sperma, dann bevorzugen die Weibchen nun wieder eine Strategie, die der Biologe Larry Wolf von der Syracuse University recht treffend als »Prostitutionsverhalten« beschrieb: Die Weibchen der purpurkehligen karibischen Kolibris und einer in Nepal anzutreffenden Art der Honiganzeiger verkaufen ihre Liebesgunst beispielsweise ausschließlich an zahlungskräftige Freier. So läßt sich das Weibchen der Honiganzeiger, das ganz wild auf Bienenwachs ist, nur mit solchen Männchen ein, die auch stolze Besitzer eines Bienenstocks sind und ihre Mätressen mit Delikatessen zu verwöhnen wissen. Diese Strategie der »Gunstgewerblerin«, wie man auch so schön sagt, die nur gutsituierte und wohlhabende Kunden ranläßt, ist wiederum gleich in zweifacher Hinsicht vorteilhaft: Ihr Gewerbe bringt sie sowohl in den Genuß der begehrten Nahrung als auch in den Besitz der besten Gene, denn nur die kräftigsten und tüchtigsten Männchen erlangen die Herrschaft über einen Bienenstock.

Welche Strategie, so wird man sich vielleicht schon ungeduldig fragen, haben die egoistischen Gene nun aber den menschlichen Weibchen anempfohlen? Eine grundsätzlich andere? Oder etwa eine der bereits genannten? Wir werden wohl scharfsichtig genug sein, um zu sehen, daß Frauen andere Strategien bevorzugen, aber hoffentlich nicht blind genug, um zu übersehen, daß es in der Wahl der Strategien durchaus Ähnlichkeiten gibt. Der Hauptunterschied in der Gattenwahlstrategie der Frauen beruht natürlich darauf, daß sie wesentlich mehr verlangen können als die Weibchen der Spinnenaffen, der Quetzale und der Honiganzeiger. Sie brauchen sich – zumindest in den meisten Fällen – nicht mit dem billigen Sperma und einer bloßen Mahlzeit von seiten der Männer abspeisen zu lassen, sondern dürfen darüber hinaus auch Hilfeleistungen bei der Aufzucht und Versorgung der Kinder erwarten. Diese Bereitschaft der Männer, sich an der Pflege und Betreuung der Nachkommenschaft zu beteiligen, berechtigt die Frauen denn auch zu dem Ehrgeiz, nicht nur einen schönen und intelligenten Mann, sondern auch einen großzügigen Versorger und guten Vater für ihre Kinder finden zu können. Wonach die Frauen daher vernünftigerweise verlangen, sind die besten Gene, die besten Ressourcen und die besten Gatten: »Frauen wollen alles – und noch viel mehr«, wie die Feministinnen zu sagen pflegen.

»Alles und noch viel mehr« ist natürlich leicht gesagt. Wie mir die meisten Frauen wohl seufzend zustimmen werden, besteht das ganze Elend nun aber darin, daß es leider Gottes kaum Männer zu geben scheint, die wirklich alle Vorzüge in sich vereinen. Hat man beispielsweise einen Mann erobern können, der schön wie Adonis ist, muß man zu seinem Unglück oft feststellen, daß es ihm ein wenig an Verstand gebricht, seine Taschen leer sind und er zu allem Überfluß noch ein Filou ist, der sich in fremden Betten am wohlsten fühlt. Hat man sich dagegen einen steinreichen Millionär angeln können, der an der Wall Street für sich und die Seinen das große Geld scheffelt, dann muß man nun wieder allzuoft feststellen, daß das viele Geld nur schwer über seinen Mangel an äußeren Reizen hinwegtröstet und man den »goldenen Käfig« liebend gern für einen Mann eintauschen würde, der für mehr als nur die Aktien Augen hat. Ja, und hat man schließlich einen ebenso treuen wie braven Mann gewinnen können, der ehrbar und rechtschaffen einer gewöhnlichen Arbeit nachgeht und den lieben langen Tag nur besorgt darüber nachsinnt, wie er seine bescheidenen Mittel wohl am vernünftigsten auf das Wohlergehen der Kinder verwenden kann, dann sehnt man sich leider wieder nach dem ungestümen und leidenschaftlichen Liebhaber, mit dem das Leben und Lieben so einfach und sorglos war und jeder Tag nur dazu diente, die Gipfel der Lust zu erklimmen und die Welt aus den Angeln zu heben . . . Ach, wie man's auch macht, 's ist verkehrt! Warum kann man sich auch nicht in einer Art »Frankenstein-Labor« seinen Traumpartner zurechtbacken (?): Das Geld von Rothschild, den Geist von Einstein, den Leib von Rock Hudson, die Augen von James Dean, die Stimme von Richard Burton, den Charme von Cary Grant und die Verwegenheit des jungen Marlon Brando . . .!? Das wär' doch was. Wie einige böse und lästernde Zungen zu berichten wissen, soll sich eine Schöne übrigens einmal Albert Einstein mit den Worten angetragen haben: »Sie und ich, Ihr Geist und meine Schönheit – was könnten wir doch für Kinder zeugen!« Einstein erwiderte verschmitzt: »Ja, gar nicht auszudenken! Nur, was machen wir, wenn's umgekehrt kommt?«

Wenn Frauen sagen, sie wollen alles und noch viel mehr, dann meinen sie natürlich, sie wollen all das, was zu ihrem Glück beiträgt. Dazu mögen ein Beruf, eine Karriere, ein Gatte, einige Kinder, ein Heim und ein gewisser Wohlstand gehören – eben alles, was glücklich machen kann. Welche »Strategie« den Frauen dazu verhilft, ihr Glück zu machen, ist nun allerdings *nicht* Gegenstand der soziobiologischen Forschung. Was Soziobiologen vielmehr in Erfahrung bringen wollen, ist: Welche Gattenwahl-Strategie verhilft den Frauen dazu, sich so erfolgreich wie möglich fortzupflanzen? Und um diese Frage nach der reproduktiv (!) erfolgreichsten Strategie beantworten zu können, muß man herausfinden, welche Frauen die meisten Nachkommen hinterlassen: Kinder, Enkel, Urenkel, Ururenkel und so weiter.

Da es ja vor allem auch die Ressourcen sind, die den Fortpflanzungserfolg bestimmen, lassen soziobiologische Überlegungen erwarten, daß diejenigen Frauen die meisten Nachkommen hinterlassen, die es sich leisten können, viele Kinder in die Welt zu setzen, Frauen also, die über die notwendigen Mittel verfügen, ihre Kinder bestmöglich ernähren, pflegen, betreuen, ausbilden und verheiraten zu können. Aber ist das auch so? Haben die wohlhabendsten Frauen denn auch tatsächlich die meisten Nachkommen? Ich weiß nicht, woher sie ihr Wissen beziehen, aber die meisten Menschen beantworten diese Frage klar mit Nein. In fast allen Diskussionen um die Soziobiologie schütteln die Skeptiker irgendwann ihr weises Haupt und sagen: Wenn Ihre soziobiologischen Theorien richtig wären, wonach der gesamte Kampf um Liebe und Macht nur ein Kampf um die besten Fortpflanzungschancen ist, dann müßten ja die Mächtigsten auch die meisten Kinder haben, nicht wahr. Aber wir alle sehen doch, daß es genau umgekehrt ist: Diejenigen Frauen, die es sich am ehesten leisten könnten, einen ganzen Haufen von Kindern zu haben, setzen die allerwenigsten in die Welt, und gerade die, die es sich am allerwenigsten leisten können, bekommen die meisten Kinder.

Auf diese Art und Weise wird denn der Fortpflanzungserfolg der sogenannten »Machtelite« geradezu zu einem Prüfstein des soziobiologischen Gedankengebäudes gemacht. Was Wunder, daß Verfechter und Verächter der Soziobiologie gleichermaßen gespannt darauf warteten, wie diesbezügliche Untersuchungen wohl ausgehen würden. 1982 war es dann soweit: Laura Betzig von der University of Michigan, Ann Arbor, legte in ihrer kulturenvergleichenden Arbeit »Despotismus und unterschiedliche Fortpflanzung« Ergebnisse vor, die eindeutig zeigten, daß diejenigen Frauen, die eine sogenannte »gute Partie« gemacht haben und somit an der Seite der wohlhabendsten Männer leben, auch die höchste Kinderzahl aufweisen. Da sich Betzigs Untersuchungen nun aber vor allem auf Entwicklungsgesellschaften bezogen, wandten viele Kritiker ein: »Ja, vielleicht mag das für Naturvölker gelten. In modernen Industriegesellschaften sieht das aber ganz anders aus!«

Für die amerikanische Soziobiologin Susan M. Essock-Vitale vom Neuropsychiatrischen Institut der University of California, Los Angeles, lag es daraufhin nahe, den durchschnittlichen Fortpflanzungserfolg der millionenschweren US-Ladys mit dem der »normalsterblichen« Amerikanerinnen zu vergleichen. Sie entnahm hierzu dem *Forbes*-Magazin vom September 1982 die Biographien der »400 reichsten Leute Amerikas« – alles Leute, die wenigstens über 75 Millionen Dollar verfügen, einige sogar über 2 Milliarden! Diese Kurzbiographien gaben Auskunft über Alter, Geschlecht, Familienstand, die Zahl der Eheschließungen und – am wichtigsten – über die Anzahl der Kinder. Zur Ergänzung und Überprüfung dieser Daten nahm sich Susan M. Essock-Vitale noch das »Who 's Who in America« (1982–1983) vor, aus dem sie auch Näheres über das Geschlecht der Kinder und eventuelle Adoptionen erfahren konnte. Die Vergleichsdaten über den durchschnittlichen Fortpflanzungserfolg der »normalsterblichen« Amerikanerinnen erhielt sie aus den Berichten des »U.S. Bureau of the Census«. Im Mai 1984 erschienen die Ergebnisse ihrer interessanten Untersuchung unter dem Titel »Der Fortpflanzungserfolg der wohlhabenden Amerikaner« in der Zeitschrift *Ethologie und Soziobiologie*. Das natürlich wichtigste Ergebnis lautete: Der durchschnittliche Fortpflanzungserfolg der wohlhabenden Amerikanerinnen ist deutlich höher als der ihrer »normalsterblichen« Geschlechtsgenossinnen! Alles andere als uninteressant sind auch zwei weitere Ergebnisse, die Susan M. Essock-Vitale sozusagen »nebenbei« gewann. Erstens: Die Kinder der wohlhabenden Amerikanerinnen besitzen größere Überlebenschancen als die Kinder der übrigen Amerikanerinnen. Und zweitens: Diejenigen der reichen US-Ladys, die ihr Hab und Gut sozusagen erst durch »eigener Hände Arbeit« verdienen mußten, hatten deutlich weniger Kinder als die High-Society-Damen, die ihren Reichtum ererbten.

Daß die Hautevolee-Damen die meisten Nachkommen hinterlassen, hat der bereits erwähnte Mannheimer Meinungsforscher Ulrich Mueller auch für verschiedene andere Industriegesellschaften nachweisen können, darunter Japan, England und Deutschland. Um die soziobiologischen Voraussagen auch für die »schwerreichen deutschen Frauen« überprüfbar zu machen, hat Ulrich Mueller nicht nur den Fortpflanzungserfolg jeder zweiten im deutschen »Wer ist Wer 1988« aufgeführten Frauen ermittelt, sondern auch den deutschen Hochadel ab 1800 und die westdeutsche Machtelite zwischen 1945 und 1989 untersucht. Wenn man auf so deutliche Weise vor Augen geführt bekommt, daß die Frauen ihren Fortpflanzungserfolg am ehesten durch eine »gute Partie« erhöhen können, gewinnt man wohl auch ein besseres Verständnis für die weltweit verbreitete *Hypergamie*, das »Hinaufheiraten« der Frauen in eine höhere Kaste, Klasse oder Schicht: Wohl kaum jemand würde es weiter befremdlich finden, wenn ein Mr. Rockefeller irgendeine schöne, aber völlig mittellose Tänzerin zur Frau nähme, aber jedermann würde sich an den Kopf fassen, wenn eine Miß Rockefeller einen hergelaufenen Klempner heiratete. Und so lassen denn selbst die Märchen für gewöhnlich nur die kleinen Mädchen darauf hoffen, irgendwann einmal wie das Aschenputtel vom reichen Prinzen geheiratet zu werden – für ähnlich kühne Träume armer Knäblein ist offenbar noch nicht einmal im Märchen Platz . . .

Auch die sogenannten »Mai-Dezember-Ehen« lassen sich reproduktionsstrategisch sehr gut verstehen: Es ist alles andere als rätselhaft, daß sich ein »blutjunges Ding«, das erst im Mai steht, in einen bereits betagten Herrn zu verlieben vermag, der sich bereits im Dezember befindet. Sie gelangt auf diese Weise für gewöhnlich in den Besitz reproduktiv wertvoller Ressourcen und er in den Besitz befruchtungsfähiger Eier! Und so ist es denn auch schon fast zu einer Alltäglichkeit geworden, von einer Heirat zwischen einem Siebzigjährigen und einer gerade erst Achtzehnjährigen zu hören; wohingegen eine Hochzeit à la «Harold and Maude» wochenlang die Klatschspalten füllen würde und jedermann als ein Skandal erschiene – es macht eben reproduktionsstrategisch keinen Sinn, daß eine achtzigjährige Frau eine sexuelle Liaison zu einem Siebzehnjährigen unterhält!

Bevor wir nun unser Augenmerk auf die Strategien des männlichen Geschlechts richten und sehen, zu welchen Opfern es bereit und zu welchen Tricks es fähig ist, wollen wir uns noch einmal etwas näher mit den »Waffen« beschäftigen, die das schwache Geschlecht im ewig andauernden Geschlechterkrieg benutzt.

Die Waffen der Frauen

Frauen haben's wirklich nicht leicht! Da träumen sie von früher Jugend an vom schönen Märchenprinzen aus dem Morgenlande, der sie in sein prächtiges Schloß entführt und ihnen den Himmel auf Erden bereitet, und müssen sich doch schließlich mit einem schmerbäuchigen Patriarchen abspeisen lassen, der den lieben langen Tag in Jogginganzug und Pantoffeln herumschlurft, die Füße hochlegt und nur sein Auto, seinen Kleintierzüchterverein und die Bundesliga-Ergebnisse im Kopf hat. Wenn sie aber das seltene Glück haben sollten, dem Mann ihrer Träume zu begegnen, dann müssen sie nur zu oft die bittere Erfahrung machen, einem Schürzenjäger ins Netz gegangen zu sein, der nach ein paar Nächten im Heu, die sich »wie Liebe anfühlten«, das Weite sucht ... Die Männer, so scheint es, haben den ganzen Spaß auf ihrer Seite. Sie können das Blaue vom Himmel herunterlügen, mit lüsternen Blicken von ihrer unsterblichen Liebe klagen, die verwegensten Treueschwüre leisten, sich bedenkenlos in den Laken herumwälzen und sich – wenn's brenzlig wird – aus dem Staub machen. Die so an der Nase herumgeführten Frauen aber sitzen mit gebrochenen Herzen daheim und wiegen den lebenden Beweis ihrer teuer erkauften Liebesnacht in den Armen. So werden die Frauen, wie der feinsinnig denkende Robert L. Trivers einmal sagte, durch die fliehenden Liebhaber in eine *grausame Bindung* getrieben: Die vom Casanova verlassene Frau ist fortan, ob nun aus Liebe oder aus Pflichtgefühl, an ihr Kind gebunden. Was Wunder also, daß sich die im Stich gelassene Demoiselle Soundso in ihrem Elend so manches Mal wünscht, besser ein Demoiselle-Weibchen zu sein, das sein Leben lang nur im warmen Wasser zwischen den Korallenriffen vor der Küste von Hawaii sorglos mit Freundinnen herumschwimmt und im Revier eines wackeren Männchens lediglich abzulaichen braucht – der Galan, der die Eier besamt, muß dann selbst zusehen, wie er die Kinderschar versorgt bekommt. Bei den Demoiselle-Fischen ist den Weibchen tatsächlich der große Wurf gelungen, den Herren der Schöpfung die »grausame Bindung« aufzuzwingen. Und was ist mit »unseren Weibchen«? Sind die Frauen etwa dazu verdammt, den tolldreisten Streichen der Männer ohnmächtig zuzuschauen? Hat sich Mutter Natur etwa wirklich gegen die Frauen verschworen und sie ohne Waffen in den ewigen Krieg der Geschlechter geschickt?

Wenn Frauen für einen Fehltritt ungleich härter bestraft werden als Männer, dann müßten sie sich sehr genau überlegen, wessen Samen sie den Zugang zu ihren kostbaren Eiern gewähren. Die erste Waffe, derer Frauen sich im ewigen Krieg der Geschlechter bedienen, dürfte daher wohl die *Sprödigkeit* sein. Jeder angelockte Bewerber sollte – bevor es »zur Sache« geht! – auf Herz und Nieren geprüft werden. Die Frauen werden also all ihre Geschicklichkeit darauf verwenden, jeden Charmeur, der es angeblich ernst meint, erst einmal auf seine Aufrichtigkeit, Beständigkeit und Treue hin zu untersuchen. Vor allem eine längere »Verlobungszeit«, in der die Freier ihre Tüchtigkeit unter Beweis stellen müssen, wird den Frauen dabei behilflich sein, die Spreu vom Weizen zu trennen: Wer nicht die notwendige Geduld aufbringt, um zu warten, bis die Angebetete sich ihm hingibt, ist sehr wahrscheinlich kein guter Kandidat für einen treuen Ehemann.

Eine zweite Waffe, die sich im ewigen Krieg der Geschlechter gut bewährt hat, ist die, daß man von dem betörten Galan allerlei Liebesbeweise verlangt: Einst schickte die Prinzessin den Ritter ihrer Liebe aus, einen Drachen zu töten, heute besteht die »bundesdeutsche Hausfrau« auf weniger heroische, dafür aber einträglichere Beweise »ewiger Treue«. Kurz, der Trick ist, die Männer zu so hohen Investitionen zu nötigen, daß es sich für sie einfach nicht mehr auszahlt, die Frauen sitzen zu lassen. Frauen können also etwa das »obskure Objekt der Begierde« spielen und sich dem Manne, der ihnen den Hof macht, so lange verweigern, bis er sie zu einem »Frühstück bei Tiffany« ausführt.

Frei nach Robert Browning könnte man sagen: Frauen sollten höher hinauflangen, als sie greifen können – wozu gibt es denn sonst einen Himmel? Um wirklich den »Besten« zu ergattern, hat sich das weibliche Geschlecht denn auch die unmöglichsten Tricks einfallen lassen. Wenn sich ein Elefantenrobben-Weibchen beispielsweise von einem ehrgeizigen Männchen an einem stillen Ort das »ABC der Liebe« aufsagen läßt, dann stößt es bereits nach der bloßen Liebes-Ouvertüre so laute Schreie aus, daß alle in der Nähe befindlichen Bullen sogleich herbeigeeilt kommen. »Will sie sich den Spaß verderben?« So möchte man unwillkürlich fragen. Mitnichten! Was sie mit ihren reichlich übertriebenen Lustschreien auslöst, ist ein harter Wettbewerb der Männchen: Die herbeigerufene Männerschar verdrängt den eingeschüchterten Liebhaber des Weibchens und balgt sich – vom Stachel der Lust angetrieben – um das sexuelle Vorrecht, der Lüsternen zu Willen zu sein. Und das Weibchen kommt so schließlich in den Genuß, sich mit dem Tüchtigsten paaren zu können. Die Schimpansen-Weibchen haben eine ähnliche Strategie entwickelt, um »den Besten« zum Vater ihrer Kinder zu gewinnen. Wenn sie um die Zeit des Eisprungs »heiß« oder »östrisch« werden, dann schwellen und röten sich ihre Schamlippen in einer unübersehbaren Weise. Diese Schwellungen nehmen so bizarre Ausmaße an, daß sie etwa die Größe einer Wassermelone erreichen können. Ein solches Weibchen, das nun durch die Gegend stolziert und seine Reize in so aufdringlicher Weise zur Schau stellt, lenkt natürlich alle lüsternen Blicke der Männerwelt auf sich: Mit ihrem »Exhibitionismus« heizt sie daher den Wettbewerb unter den Freiern an, die sich nun um die Gunst der Schönen streiten – bis schließlich »der Beste« unserer Draufgängerin beiwohnt!

Es ist wohl alles andere als ein übertriebener Verdacht, wenn man in diesem Zusammenhang einmal daran denkt, daß womöglich auch die ungewöhnlich großen Brüste der Frauen und ihr »süßer, rundlicher Popo« nur deshalb so auffällig zur Schau gestellt werden, weil sie die Männer dazu treiben, »ihr Bestes« zu geben.

Eine andere Strategie der Frauen verdient mit Fug und Recht die Umschreibung: »Und ewig lockt das Weib.« Während die Weibchen der meisten Arten nur dann zum Sex locken, wenn sie auch geschwängert werden können, sind die Frauen beständig sexuell ansprechbar: Sie begehren und genießen die Freuden der Sinnlichkeit die ganze Zeit hindurch und machen auch während einer Schwangerschaft und der Stillzeit keine Ausnahme davon. Diese sogenannte *Dauerrezeptivität* zeigt nicht nur überdeutlich an, daß Sex offenbar wesentlich mehr bedeutet, als nur Kinder in die Welt zu setzen, sondern wirft auch die Frage auf, was Frauen wohl von ihrer »Unersättlichkeit« haben. Der bekannte britische Verhaltensforscher Desmond Morris, dem wir das bezaubernde Buch »Der nackte Affe« verdanken, vertrat die Ansicht, daß die Frauen beständig sexuell ansprechbar wurden, um die Rivalitäten zwischen den Männern abzubremsen: Um in der feindlichen Umwelt überleben zu können, mußten die Männer zusammenhalten – Streitigkeiten und Eifersüchteleien um eine gerade »heiße« Frau hätten unsere Vorfahren gut und gern Kopf und Kragen kosten können. Das klingt zwar nicht schlecht, widerspricht aber doch den Vorteilen, die die Frauen aus dem Wettbewerb der Männer ziehen. Mir scheint, es gibt auch einen direkteren Weg, um den weiblichen Gewinn aus ihrer immerwährenden Sinnenfreude abzuleiten: Je öfter eine Frau dafür zu sorgen vermag, daß ihrem guten Gatten Hören und Sehen vergehen, desto weniger wird er Augen und Ohren für die »Kirschen in Nachbars Garten« haben!

Sigmund Freud, der sich aufmachte, um die Tiefen des menschlichen Seelenlebens zu ergründen, hat einmal recht resigniert eingestanden, daß ihm die Frauen noch immer ein Rätsel sind, und dabei die berühmt gewordene Frage aufgeworfen: »Was will das Weib?« Obwohl er glaubte, einiges Licht auf die dunklen Regungen unseres Herzens geworfen zu haben, blieben ihm die Frauen doch bis zuletzt, wie er sagte, ein »dunkler Kontinent«. Daß Frauen irgendwie rätselhafte Wesen sind, davon wissen auch die Soziobiologen ein Lied zu singen. Was ihnen in den vergangenen Jahren besonders »unheimlich« erschien, war, daß die Frauen aus ihrem sexuellen Zustand »ein Geheimnis machen«. Während die meisten Säugetierweibchen die Tage ihrer Fruchtbarkeit in einer unübersehbaren und unzweideutigen Weise durch Gerüche oder Schwellungen signalisieren, wissen wir über den genauen Zeitpunkt des Eisprungs unserer Frauen überhaupt nicht Bescheid. »Warum ovulieren die Frauen heimlich?« lautete die Frage, die den Verhaltensbiologen unter den

Nägeln brannte. Da die Frauen den genauen Termin ihres Eisprungs in der Regel selbst nicht kennen, vermutete Nancy Burley, daß die *verdeckte Ovulation* der weiblichen Furcht vor der Schwangerschaft vorbeugen soll: Aus Angst vor der schmerzhaften Geburt eines Kindes hätten die Frauen sich womöglich während ihrer fruchtbaren Tage jeglichen Sex enthalten, was ihren Fortpflanzungserfolg natürlich minimiert hätte. Um diese weiblichen Pläne, sich vor Kindern »zu drücken«, ein für allemal durchkreuzen zu können, so meint Burley, hätte die Natur die Frauen für ihre Ovulation blind gemacht. Der amerikanische Anthropologe Donald Symons von der University of California, Santa Barbara, meint dagegen, daß die Frauen durch die verdeckte Ovulation in den Genuß materieller Vorteile kamen. Bei den Schimpansen beispielsweise läßt sich gut beobachten, daß die Männchen, wenn sie mit Jagdbeute heimkommen, östrische Frauen bei der Verteilung von Fleisch entschieden bevorzugen. Wenn nun unsere »Ur-Frauen« ein Geheimnis aus ihrer Ovulation machten und die Männer somit über ihre Fruchtbarkeit im unklaren ließen, hätte ihr Anteil an der Jagdbeute vermutlich steigen können. Sarah Blaffer Hrdy ist wieder anderer Ansicht; sie meint, die verdeckte Ovulation wäre ein geschickter Schachzug der Frauen gewesen, um die häufigen Infantizid-Absichten der Männer zu vereiteln: Wenn die Frauen es den Männern verbergen, wann sie geschwängert werden können, und sich darüber hinaus mit verschiedenen Partnern einlassen, dann weiß letztlich kein Mann mehr, ob nun er oder sein Nachbar der Vater des Kindes ist – und in der Angst, womöglich sein eigenes Fleisch und Blut zu töten, ließ er vom Infantizid ab. Der Biologe Randy Thornhill von der University of New Mexico betrachtet die Heimlichkeit, mit der Frauen ovulieren, nun wieder als einen »gerissenen Trick« des schwachen Geschlechts, in aller Heimlichkeit Seitensprünge unternehmen zu können: Eine Frau, die einen nur mäßig guten Mann abbekommen hat, könnte ihren in Ungewißheit gehaltenen und daher auch »ahnungslosen« Gatten nach Strich und Faden betrügen – und ihm Kinder »ins Haus schleppen«, die sie mit einem weit attraktiveren Mann gezeugt hat.

Die meines Erachtens überzeugendste Hypothese zur verdeckten Ovulation stammt von Richard D. Alexander und seiner Mitarbeiterin Katharine M. Noonan. Sie gehen davon aus, daß eine Frau ja nicht nur nach dem Samen ihres Mannes verlangt, sondern vor allem auch dessen väterlichen Fürsorgebeitrag begehrt; denn je mehr der Mann in die gemeinsamen Kinder investiert, desto höher werden deren Heirats- und Fortpflanzungschancen. Würde die Frau nun ihrem Gatten den Zeitpunkt ihrer Fruchtbarkeit verraten, dann liefe sie Gefahr, daß ihr Galan nur dann zur Stelle wäre, wenn sie auch geschwängert werden könnte. Er erschiene für ein paar Tage, um Sorge zu tragen, daß sich kein Nebenbuhler an seiner Frau vergreift, und würde den Rest der Zeit womöglich damit zubringen, anderen Frauen nachzustellen. Mit anderen Worten: Durch die heimliche Ovulation besteht für den Mann die unaufhörliche Gefahr, daß ihm ein Kuckucksei ins Nest gelegt wird. Und um dieser Gefahr vorbeugen zu können, ist er gezwungen, ständig an der Seite seiner Frau zu verbleiben und ihr und ihren Kindern all seine Aufmerksamkeit zu widmen. Die verdeckte Ovulation erweist sich so als eine gute Waffe im ewigen Krieg der Geschlechter: Die Frauen drohen mit Seitensprüngen und halten ihren Mann von Nebenbuhlerinnen fern.

Dieser Überlegung von R. D. Alexander und K. M. Noonan hat der amerikanische Anthropologe Paul W. Turke von der Northwestern University in Evanston, Illinois, noch eine weitere Hypothese hinzugefügt: Je mehr es den Frauen gelungen ist, ihre Männer bei der Stange zu halten und ihr casanovahaftes Verhalten einzudämmen, desto mehr wurden die Männer genötigt, ihren Fortpflanzungserfolg durch möglichst hohe Investitionen in die gemeinsamen Kinder zu erhöhen. Von dieser erhöhten Investitionsbereitschaft der Männer profitierten natürlich auch die Frauen, schließlich erhielten ja ihre Kinder dadurch bessere Startbedingungen im Wettbewerb um möglichst gute Fortpflanzungschancen. Um nun sicherzustellen, daß auch wirklich alle Ressourcen des Mannes ihr und ihren Kinder zugute kommen, »erfand« die Frau ein weiteres Mittel, den Mann an der Zeugung unehelicher Kinder zu hindern: Sie *synchronisierte* ihren Sexualzyklus mit dem der potentiellen Nebenbuhlerinnen! Es ist nämlich tatsächlich bekannt, daß eng beieinander lebende Frauen, etwa in Kommunen, in Internaten und Wohngemeinschaften, ihre Ovulation

202

innerhalb von etwa vier Zyklen angleichen – sie bekommen ihren Eisprung zur selben Zeit. Wozu könnte diese Synchronisation den Frauen dienen? Turkes Gedanke ist der: Wenn eine Frau ihren Mann während der fruchtbaren Tage an sich bindet, dann verstreichen auch die gefährlichen Tage, in denen die Rivalinnen von ihrem Mann geschwängert werden können. Sollte ihr Mann sich also nach Ablauf der Ovulation doch einmal an den anderen Frauen vergreifen, dann wird er sie aufgrund der Synchronisation wenigstens nicht schwängern können. Die ovulatorische Synchronisation verringert daher die Gefahr, daß der Ehemann seine kostbaren Ressourcen in uneheliche Kinder steckt.

Es heißt oft: »Jede Frau hat ein Geheimnis.« Daß da viel Wahres dran ist, zeigt sich einmal mehr, wenn man die Ursprünge der weiblichen Sinnenfreude zu entdecken sucht: »Und dann, teurer Theophilos, dann schaut dein Aug' das Schönste und Erhabenste, was deinem Blicke wird je sich bieten können: Inmitten einer wundervollen Abendröte steigt, in ihrem unvergleichlichen Glanze, Aphrodite, die Göttin der Liebe, aus dem Meer herauf ...« Mit solchen und ähnlich rätselhaften Worten beschrieben die Dichter und Denker zu allen Zeiten den Gipfel menschlicher Liebeslust. Was Wunder also, daß sich noch heute allerlei Rätsel und Legenden um den als *Orgasmus* bezeichneten Höhepunkt sexueller Erregung ranken. Zwar haben Biologen, Psychologen und Anthropologen in den letzten Jahrzehnten die »Physiologie der Lust« einigermaßen beleuchten können, doch die Ursprünge des Orgasmus selbst blieben weiterhin im dunkeln. »Wozu gibt es den Orgasmus überhaupt?« – so lautet die Frage, auf die wir trotz Ovid, Freud und Kinsey noch immer mit einem Achselzucken antworten müssen.

Für den männlichen Orgasmus liegt die Antwort noch einigermaßen auf der Hand: Da die Männer ihren Fortpflanzungserfolg vor allem durch Sex mit möglichst vielen Frauen erhöhen können, sollten sie durch ein gesteigertes Lustempfinden auch dazu ermuntert werden, nach Liebesabenteuern Ausschau zu halten und keine »billige« Liebesnacht je auszuschlagen. Um die für den männlichen Fortpflanzungserfolg besonders günstige »Abwechslung« sicherzustellen, gibt es offenbar sogar einen eigenen Mechanismus – den sogenannten *Coolidge-Effekt:* Viele Frauen haben sich darüber zu beklagen, daß ihr eben noch so leidenschaftlicher Liebhaber »danach« einen ziemlich müden, erschöpften und desinteressierten Eindruck macht; anstatt die Lust durch ein wonnevolles »Nachspiel« langsam und gemächlich abklingen zu lassen, »rollen sie sich einfach ab« und beginnen auch schon zu schnarchen. Viele Männer berichten denn auch ganz offen davon, daß sich »danach« immer eine »große Ernüchterung« bei ihnen breitmacht. Diese Ernüchterung der Männer, so haben bereits Kinseys Untersuchungen gezeigt, weicht aber sofort, wenn man den Männern eine neue Frau »ins Bett schickt«: Von einer Erschöpfung oder Ernüchterung ist plötzlich gar nichts mehr zu spüren, und sie machen sich sogleich wieder munter »ans Werk«. Der Coolidge-Effekt geht übrigens – zumindest dem Gerücht nach – auf den amerikanischen Präsidenten Coolidge und dessen Frau zurück, die getrennt durch eine Musterfarm geführt wurden: Als die First Lady die große Hühnerschar auf dem Hof bemerkte, fragte sie den Führer: »Der Hahn scheint hier allerhand zu tun zu haben; macht er es mehr als nur einmal am Tag?« – »Ein dutzendmal!« entgegnete ihr Begleiter. »Sagen Sie das doch bitte dem Präsidenten«, bat Mrs. Coolidge daraufhin. Als nun Präsident Coolidge einige Zeit später am Hühnerhof anlangte, machte ihn der Führer auf den Hahn aufmerksam: »Mrs. Coolidge bat mich, darauf hinzuweisen, daß sich unser einziger Hahn hier täglich mehrmals paaren muß.« – »Immer mit derselben?« fragte der Präsident. »Nein, Sir, immer mit einer anderen.« – »Gut«, meinte Coolidge, »sagen Sie *das* Mrs. Coolidge!«

Eine evolutionsbiologisch wirklich harte Nuß stellt dagegen der weibliche Orgasmus dar. Nachdem man den Frauen über Jahrhunderte hinweg die Fähigkeit zum Orgasmus kurzerhand absprach, zermartern sich nun Verhaltensbiologen beiderlei Geschlechts den Kopf darüber, wie sich der weibliche Orgasmus in der Evolution nur hat entwickeln können: Inwiefern sollte der Orgasmus den Frauen zu einem höheren Fortpflanzungserfolg verhelfen können? – so lautet die aufregende und noch immer unbeantwortete Frage.

Zum eigentlichen Problem wird der weibliche Orgasmus dadurch, daß die Frauen ihren Fortpflanzungserfolg durch eine Vielzahl von Liebesnächten und Liebhabern ja nicht erhöhen können:

Ob sie nun mit Hunderten von Männern oder aber nur mit einem einzigen Mann schlafen – sie werden immer nur etwa eine Handvoll Kinder gebären können. Mehr noch: Eine Frau, die durch ihren Orgasmus »zur Lasterhaftigkeit« getrieben würde, hätte sicherlich sogar einen geringeren Fortpflanzungserfolg zu verzeichnen, da kaum ein Mann bereit sein wird, in die Kinder einer Hure zu investieren. »Leichte Mädchen« würden die Vorteile der Monogamie, eben den väterlichen Fürsorgebeitrag, leichtfertig verspielen und so auf den »Früchten ihrer Ausschweifung« sitzen bleiben – sie hätten gegenüber treuen Ehefrauen immer das Nachsehen. Der weibliche Orgasmus verlangt also nach einer anderen Erklärung als der männliche: Beim Mann mag der Orgasmus eine »nützliche« Flatterhaftigkeit fördern, bei der Frau hingegen würde dieselbe Flatterhaftigkeit nur schädlich sein und sie in ein »reproduktives Abseits« drängen. Was bei der Erklärung des weiblichen Orgasmus noch erschwerend hinzukommt, das ist seine »Entbehrlichkeit«: Zum einen spielt der weibliche Orgasmus beim Schwangerwerden einer Frau überhaupt keine Rolle, schließlich können auch sogenannt »frigide« oder *anorgasmische* Frauen Kinder bekommen, und zum anderen würde wohl schon die Lüsternheit der Männer dafür sorgen, daß jede Frau geschwängert wird. Grob gesprochen: Um Kinder zu bekommen, könnten sich die Frauen schon auf die Lust der Männer verlassen. Wenn dem aber so ist, warum betreibt die Natur dann so einen Aufwand? Warum verlieh sie den Frauen über die Dauerrezeptivität hinaus auch multiple Orgasmen, Ejakulationen und einen G-Punkt?

Der erste große Verhaltensforscher, der diesem Rätsel der Natur mutig zu Leibe rückte, war Desmond Morris. Seiner Ansicht nach stellt der weibliche Orgasmus eine sinnvolle Anpassung an unseren aufrechten Gang dar: Da die Samenflüssigkeit aus der Scheide zu rinnen drohe, wäre es für die Empfängnis von Vorteil, wenn die Frauen noch ein Weilchen in der »Horizontalen« verblieben ... und der Orgasmus sei eben ein solch süßes Mittel, das Frauen dazu nötige, noch einen kostbaren Augenblick alle viere von sich zu strecken. Zum großen Leidwesen dieser Theorie werden Frauen nun aber nicht allein in der »Missionarsstellung« schwanger: Die flinken und wendigen Spermien wissen sich den Weg zu ihrem geliebten Ei auch dann zu bahnen, wenn die Liebenden es im Stehen lieben. Irenäus Eibl-Eibesfeldt ist felsenfest davon überzeugt, daß der weibliche Orgasmus der monogamen Paarbindung dient. Er meint, der Orgasmus steigere die Bereitschaft der Frau, sich dem Manne zu unterwerfen. Daß der Orgasmus eine Art »sexueller Hörigkeit« bei den Frauen herzustellen vermag, ist zwar eine gut belegte psychologische Beobachtung, aber eine schlechte biologische Begründung: Hier wird (wie in Fragen des Sex leider allzuoft) »typisch männlich« gedacht – warum sollte der Orgasmus der Frau ausgerechnet dem Mann dienen? Adrian Forsyth zieht demgegenüber eine »mechanische Erklärung« vor. Er berichtet von der Beobachtung, daß sich während des Orgasmus ein Unterdruck in der Gebärmutter einstellt, wodurch die Samenzellen sozusagen »hineingesaugt« werden. Dank dieser Technik, so folgert Forsyth, haben Frauen das Schicksal des männlichen Ejakulats in der Hand und können selbst darüber entscheiden, von wessen Samen sie befruchtet werden wollen. Diese Idee mag vielleicht so manchem Ehe- und Sexualberater als »rettender Gedanke« in der *Anorgasmie-Debatte* willkommen sein: »Sie kommen nicht zum Orgasmus?« wird er seine unglücklichen Patientinnen fortan fragen. »Nun, so muß ich annehmen, daß Sie unbewußt eine Abneigung davor verspüren, von Ihrem Partner schwanger zu werden!« Bedauerlicherweise hat Forsyths »rettender Gedanke« aber gleich drei Haken: Zum einen entscheiden Frauen für gewöhnlich bereits *vor* dem Sexualakt, wer der Vater ihrer Kinder werden soll, nämlich bei der Partnerwahl; zum anderen ist der Orgasmus, wie erwähnt, für eine Schwangerschaft durchaus entbehrlich; und der Logik unseres Sexualberaters zufolge müßte schließlich jede Frau, die im Zuge einer Vergewaltigung schwanger wurde, eine »heimliche Schwäche« für den Vergewaltiger gehabt haben – eine höchst ungereimte Logik und eine Zumutung zugleich!

Weit überzeugender klingen da schon die Überlegungen des amerikanischen Semiotikers Daniel Rancour-Laferriere von der University of California, Davis. Er meint, daß der weibliche Orgasmus gleich in vierfacher Weise adaptiv ist: Erstens würde er eine Frau dazu ermuntern, ihren Gatten *sexuell* an sich zu binden;

zweitens würde er den Mann in seinem *Glauben bestärken*, daß seine Frau ihm ewig treu sein wird; drittens würde er – wie sexualpsychologische Untersuchungen belegen – die Potenz des Mannes steigern, seiner Eitelkeit schmeicheln und so auch das allgemeine *Interesse an der eigenen Frau erhöhen;* und viertens schließlich, so mutmaßt Rancour-Laferriere, könnte es durchaus sein, daß der Orgasmus einer Frau auch dabei behilflich ist, den *richtigen Mann* zu finden: Gelangt sie zum Orgasmus, sagt ihr das, daß sie »Mr. Right« in ihren Armen hält, gelangt sie dagegen nicht zum Orgasmus, verrät ihr das, daß sie »Mr. Wrong« in ihren Armen gehalten hat.

Ich glaube zwar nicht, daß diese Überlegungen von Daniel Rancour-Laferriere bereits der Weisheit letzter Schluß sind, doch scheinen sie mir wesentlich plausibler als die Behauptungen von Morris, Eibl-Eibesfeldt und Forsyth. Aber wie dem auch sei, vieles spricht einfach dafür, daß sich hinter dem weiblichen Orgasmus ebenfalls eine Waffe für den Sex-Krieg verbirgt. Jedenfalls bereitet es wohl keine große Mühe, sich vorzustellen, daß Frauen, die in den Armen ihres Mannes eine größere Wollust zeigten und zum Orgasmus kamen, seltener betrogen wurden und daher auch ihren Fortpflanzungserfolg erhöhen konnten.

Um zu verhindern, daß sich ihr Galan mit »anderen Weibsbildern verlustiert«, wird sich eine Frau wohl auch nach Leibeskräften darum bemühen, ihren Mann sexuell mit Genüssen zu überschütten, die er bei keiner anderen Geliebten finden wird: Sie wird sozusagen alles daran setzen, ihn für jede andere »auf immer zu verderben«. Was Wunder also, daß die Frauen nicht mit ihren Reizen geizen, sexuell alle Register ziehen und ihren Männern in unvergeßlichen Liebesouvertüren auch die geheimsten Wünsche von den schmachtenden Lippen abzulesen suchen. Es ist also nicht nur der »nackte Sex«, sondern auch das in feinste Dessous gehüllte *Vorspiel,* mit dem die Frauen ihren Mann ans eheliche Bett zu fesseln wissen.

Je mehr es einer Frau gelingt, ihren Mann dieserart »süchtig« zu machen, desto größer ist auch die Chance, ihm das Zepter und die »patriarchalische Regierungsgewalt« zu entreißen, um ihn fortan etwa so zu beherrschen, wie Madame Pompadour »Ludwig den

Vielgeliebten« gängelte. Eine Frau, die es versteht, ihren Mann sexuell von sich abhängig zu machen, wird also im Sinne der Politik von Zuckerbrot und Peitsche auch die »Familiengeschäfte« führen können, sie wird beim »Verschenken ihrer Gunst« Forderungen stellen und Bedingungen diktieren, ja ihren Gatten sogar *mit Sex erpressen* können. In diesem Bemühen, sich die »Schwäche« des Mannes zunutze zu machen, wird eine Frau wohl um so erfolgreicher sein, je mehr es ihr gelingt, ihren Mann darüber hinwegzutäuschen, daß sie ihn fest in der Hand hat, je weniger sie ihren »Gebieter« spüren läßt, daß er nur ein komödiantischer Pantoffelheld ist: Er glaubt, sicher auf seinem Thron zu sitzen, während er in Wirklichkeit doch nur unsicher auf dem Schoß seiner Gattin kauert. Es geht hier für die Frauen, die den Sex als einen Trumpf auszuspielen trachten, nicht etwa um die bloße Befriedigung eines eitlen Machthungers, sondern darum, die eigenen reproduktiven Interessen gegenüber denen des Mannes durchzusetzen und seine Investitionsbereitschaft zu manipulieren. Anders ausgedrückt: Es geht darum, den Mann dazu zu nötigen, etwas mehr für seine Frau und ihre Kinder zu tun, als ihm – seiner flatterhaften Natur nach – wohl lieb sein mag.

Wie vielleicht jeder Mann schon einmal am eigenen Leibe erleben durfte, wird der Sex von Frauen besonders häufig auch dann instrumentell eingesetzt, wenn sie sich »ihrer Sache nicht mehr sicher« fühlen, wenn sie also um den Besitz ihres Geliebten bangen und an dessen »ewiger Ergebenheit« zweifeln müssen. So macht die Frauen beispielsweise die Gegenwart von verführerischen Rivalinnen, die ihrem Geliebten womöglich gefährlich werden könnten, mit großer Regelmäßigkeit »lüsterner«: Sie weichen, sobald sich eine Nebenbuhlerin dreist nähert, kaum noch von der Seite ihres Mannes, zeigen eine bald überraschende, bald verdächtige Anhänglichkeit und schmiegen sich oft in einer unübersehbaren Weise an ihren »Schatz«, um ihn zur Erinnerung an die bevorstehende Liebesnacht und zur bitteren Enttäuschung der Konkurrentin zu küssen. Viele Liebesnächte, so scheint es, werden von den Frauen sogar eigens zu dem Zweck inszeniert, sich der anhaltenden Leidenschaft und Treue ihrer Männer vergewissern zu können. Auch bei einer drohenden Trennung, so läßt sich beobachten, zeigen Frauen ein gesteigertes Verlangen ... In all diesen Fällen dient der Sex sozusagen als ein »Prüfstein«: Die Aufmerksamkeit und Zärtlichkeit des Mannes sollen darüber Auskunft geben, wie es um die Beziehung steht.

Als eine weitere Waffe im ewigen Krieg der Geschlechter läßt sich auch die *Depression* verstehen. Es mag den Frauen selbst (und zumal den Männern) rätselhaft erscheinen, warum viele Frauen so oft »unbegründet« tief traurig werden und dann häufig von Hoffnungslosigkeit, Appetitlosigkeit, Kopfweh und Schlafstörungen geplagt sind; doch ich denke, wir kommen der Lösung dieses Rätsels immerhin ein ganzes Stück näher, wenn wir einmal daran denken, daß diese Phasen der Schwermut immer dann aufzutreten pflegen, wenn den Frauen der Einsatz ihrer sexuellen Waffen verwehrt bleibt, nämlich während ihrer Regel, den letzten Schwangerschaftswochen und dem sogenannten Kindbett. In genau diesen Zeiten, wo die Gefahr wächst, daß der Mann fremdgeht, ist es für eine Frau von Vorteil, ihren Gatten mit einem *Fürsorge erbittenden Verhalten* an sich zu binden: Solange er ihr »beisteht«, kann er keiner anderen »beiliegen«.

In diesem Zusammenhang darf man sich wohl fragen, ob nicht vielleicht auch andere »auffällige« bis »krankhafte Verhaltensweisen« dazu dienen könnten, den Mann »in Schach zu halten«. Dabei bietet es sich an, einmal an die *Hysterie* zu denken: Viele Frauen verstehen es bekanntlich brillant, ihre Männer mit Verstimmungen, Gereiztheiten, Szenen, Migräneanfällen und anderen Ausbrüchen zu »erpressen«. Unabhängig davon, ob eine Frau unter ihren Anfällen selbst leidet oder nicht, kann ein so »hysterisches Verhalten« doch von Vorteil für sie sein: Hauptsache ist doch, daß sie ihren Kopf durchsetzt und ihren Willen bekommt! (Wie schon die Depression, so ist natürlich auch die Hysterie zugegebenermaßen eine Waffe, die gut und gern »nach hinten losgehen« kann. Doch diese Gefahr der »falschen Dosierung« besteht eben bei allen Mitteln, mit denen man unliebsamen Entwicklungen vorzubeugen sucht – das gilt für die Sprödigkeit genauso wie für die Lüsternheit.)

Schließlich und endlich ist natürlich auch der *Seitensprung* eine starke Waffe des schwachen Geschlechts. Erinnern Sie sich noch der

Geschichte von Sextus und Collatinus? Diese beiden Tarquinier priesen während eines Gelages die seltenen Tugenden ihrer Frauen. Beide waren fest davon überzeugt, daß ihre Gattinnen ihnen niemals Hörner aufsetzen würden. Collatinus, der ausschließlichen Liebe seiner Frau gewiß, machte daher den Vorschlag, sie sollten beide nach Rom reiten, um ihre Frauen mit einem vorzeitigen Besuch zu überraschen. Wie sich zeigte, vergnügte sich die Frau des Sextus auf einem etruskischen Fest gerade mit einer stattlichen Anzahl von Liebhabern. Statt einzugreifen, bestand Sextus darauf, sogleich zum Haus von Collatinus weiterzureiten, um auch dessen Gemahlin auf frischer Tat ertappen zu können. Zum großen Verdruß des Sextus war Lucretia jedoch damit beschäftigt, Wolle für einen Umhang ihres Geliebten Collatinus zu spinnen. Aus Neid und Ärger entschloß sich Sextus sodann, die getreue Frau seines Freundes zu verführen: Er schlich sich einige Tage später heimlich in das Haus des Collatinus, um Lucretia zu nehmen. Da sie ihm ihre Gunst verweigerte, nahm er sie mit Gewalt. Was tat Lucretia? Sie rief ihren Vater und ihren Mann und forderte Rache für ihre gekränkte Frauenehre und ... erstach sich mit einem Dolch!

Diese große Geste einer Frau, die gegen ihren Willen zur Liebe gezwungen worden war, bleibt den Männern natürlich gern im Gedächtnis haften. Doch das Beispiel Lucretias hat, wie wir nur zu gut wissen, weniger Schule gemacht als etwa das Vorgehen von Potiphars Weib, das den keuschen Joseph ins Bett zu ziehen suchte: »Es begab sich eines Tages, daß Joseph in das Haus ging, sein Geschäft zu tun, und kein Mensch vom Gesinde des Hauses war dabei. Und sie erwischte ihn bei seinem Kleid und sprach: Schlafe bei mir! Aber er ließ das Kleid in ihrer Hand und floh und lief zum Hause hinaus. Da sie nun sah, daß er sein Kleid in ihrer Hand ließ und hinaus entfloh, rief sie das Gesinde im Hause und sprach zu ihnen: Sehet, er hat uns den hebräischen Mann hereingebracht, daß er seinen Mutwillen mit uns treibe. Er kam zu mir herein und wollte bei mir schlafen; ich aber rief mit lauter Stimme. Und da er hörte, daß ich ein Geschrei machte und rief, da ließ er sein Kleid bei mir und floh und lief hinaus.« Das ausgekochte Luder hat, wie sich der bibelfeste Leser erinnern wird, den guten Potiphar mit ihrer ausgeklügelten Version der Geschichte derart erzürnt, daß er den geliebten Joseph in den Kerker werfen ließ.

Wie es tatsächlich um die »Züchtigkeit« der Frauen bestellt ist, weiß natürlich niemand so genau, schließlich gehen die »klugen Weiblein« mit ihren Affären sicherheitshalber nicht hausieren. Immerhin haben aber verschiedene Untersuchungen und Umfragen der letzten Jahrzehnte auch einigermaßen gesichertes Datenmaterial ans Licht fördern können. So hat ein amerikanischer Mediziner in den 40er Jahren beispielsweise Blutproben von 1000 Neugeborenen und deren Eltern entnommen. Wie das Ergebnis der Blutanalyse zeigte, waren nahezu 10 Prozent aller Babys das Ergebnis von Seitensprüngen! Die tatsächliche Rate der Seitensprünge ist freilich wesentlich höher zu veranschlagen, da selbstverständlich nicht jeder »Betrug« auch zu einer Schwangerschaft führte. Aber daß überhaupt etwa 100 von 1000 Frauen (mit Erfolg?) versucht haben, ihrem Mann ein Kuckucksei ins Nest zu legen, das sollte man sich doch ruhig noch einmal durch den Kopf gehen lassen...Nach einer Umfrage der Zeitschrift *Cosmopolitan* aus dem Jahre 1980 haben etwa 50 Prozent aller verheirateten Frauen zwischen 18 und 34 Jahren ihren Mann schon einmal betrogen. Von den über 35jährigen Frauen haben sogar ganze 70 Prozent ihrem Gatten schon einmal Hörner aufgesetzt. Was heißt »einmal«? Während 30 Prozent der Frauen zwei bis fünf Liebhaber hatten, vergnügten sich 10 Prozent mit mehr als 25 Geliebten! In der Bundesrepublik Deutschland sieht es mit den »ehebrecherischen Gelüsten« der Frauen nicht viel anders aus: Während sich nur jeder vierte Mann »eventuell vorstellen« kann, daß seine Frau ihn »vielleicht einmal« betrügt, werden in Wirklichkeit wohl jedem zweiten Hörner aufgesetzt.

Für diesen vielleicht unerwartet hohen Prozentsatz an weiblichen Seitensprüngen mag es natürlich die verschiedensten Gründe geben. So mögen sich etwa viele Frauen mit einem Seitensprung an ihrem treulosen Partner »rächen«; andere Frauen mögen die im ehelichen Bett schon lang vermißte Begierde und Leidenschaft in den Armen eines Liebhabers suchen; wieder andere mögen durch sexuelle Schwierigkeiten mit ihrem Mann in eine Affäre »getrieben« werden; und schließlich mögen auch schlicht die »Flucht aus dem Alltag«, die »Geschenke des Geliebten«, die »Abenteuerlust«, die »Neugierde« und die »Mode« für die Seitensprünge mancher Frauen verantwortlich sein – schließlich gehört es in vielen Gesellschaften mittlerweile einfach zum »guten Ton«, wie selbstverständlich vom eigenen Geschäft, vom eigenen Auto und vom eigenen »Lover« zu sprechen. Doch ganz gleich, welche besonderen Gründe dafür maßgeblich sind, daß Frauen ihre Männer »hintergehen«, man muß sich jedenfalls fragen, inwieweit es auch für das doch sonst eher zur Treue neigende weibliche Geschlecht von Vorteil sein könnte, einen Hang zum Seitensprung zu besitzen. Um eine soziobiologische Antwort braucht man nicht verlegen zu sein: Wenn Frauen zur Erhöhung ihrer Gesamtfitneß sowohl auf die besten Gene als auch auf einen möglichst hohen väterlichen Fürsorgebeitrag aus sind, dann heißt das nicht automatisch, daß sie auch beides von ein und demselben Mann erhalten müssen. Da nur wenige Frauen das Glück haben werden, einen ebenso schönen und intelligenten wie reichen und aufopferungsvollen Mann zu bekommen, können sie sich das, was sie zu ihrem »genetischen Glück« brauchen, natürlich auch von zwei Partnern holen. Sie können sich, wie es ja auch oft genug geschieht, mit einem nur durchschnittlich aussehenden, aber wohlhabenden Mann vermählen und sich ihre Kinder vom »schönen, armen Gigolo« machen lassen. Unter der Bedingung, daß sie bei der Wahl ihres Mannes einen nüchternen Kompromiß eingehen mußten, kann der Seitensprung für die Frauen also durchaus von Vorteil sein. Wenn sie sich eine »gute Partie« gesichert haben, können sie wie das »Weib im Hurenschmuck«, von dem die Sprüche Salomonis berichten, einem schönen Jüngling zuflüstern: »Ich habe mein Bett schön geschmückt mit bunten Teppichen aus Ägypten. Ich habe mein Lager mit Myrrhe, Aloe und Zimt besprengt. Komm, laß uns genug buhlen bis an den Morgen und laß uns der Liebe pflegen. Denn der Mann ist nicht daheim; er ist einen fernen Weg gezogen. Er hat den Geldsack mit sich genommen; er wird erst aufs Fest wieder heimkommen.«

Dem Gatten ein Kuckucksei unterzujubeln, mag wohl spätestens dann peinlich enden, wenn eine Frau mit todernster Miene ihrem weißen Mann ein schwarzes Kind anzudrehen sucht – so ganz nach dem Motto: »Wenn du mich wirklich liebst, dann glaubst du mir.« Aber so klar liegt der Betrug natürlich nur selten auf der Hand.

Wenn den vermeintlichen Vater die schönen braunen Äuglein des Babys verdammt stark an seinen Postboten erinnern, dann erinnert sich die glückliche Mutter nicht selten ihres »längst verstorbenen Großvaters, der genau die gleichen Augen besaß«. Kurzum, ein geschickt eingefädelter Betrug kommt viel seltener ans Tageslicht, als die Männer wohl glauben möchten. Da die soziobiologischen Überlegungen erwarten lassen, daß Männer prinzipiell etwas mißtrauisch in die Wiege schielen, haben Martin Daly und Margo Wilson einmal eine recht interessante Untersuchung durchgeführt, deren Ergebnisse sie 1982 unter dem Titel »Wem ähneln neugeborene Babys angeblich mehr?« veröffentlichten. Sie haben im Colorado Medical Center in Denver Videoaufnahmen von den ersten Begegnungen der Väter mit ihren (vermeintlichen?) Kindern gemacht und die Bemerkungen über angebliche Ähnlichkeiten mitgeschnitten. Was meinen Sie, wem ähnelten die Babys angeblich mehr – dem Vater oder der Mutter? Wie sich soziobiologisch auch erwarten ließ, bestanden die Mütter darauf, daß die Neugeborenen »natürlich« dem Vater ähnelten. Während die Väter in der Regel überhaupt keine Vergleiche anzustellen wagten, sondern nur verlegen oder ungläubig lächelten, meinten die glücklichen Mütter, daß das Kleine »ganz der Vater« sei. Wenn die Väter sich von der betonten Ähnlichkeit nicht sonderlich überzeugt zeigten, beteuerten die Frauen gleich mehrmals, daß die Babys doch offensichtlich »nach dem Papa kommen«. Um den skeptischen Vater zu überzeugen, holten einige Mütter sogar das »fachmännische Urteil« des Stationspersonals ein. Wie eine weitere Untersuchung von Daly und Wilson, eine umfangreiche Fragebogenaktion, zeigte, meinen auch die Großeltern mütterlicherseits, eine größere Ähnlichkeit zwischen dem Vater und dem Kind entdecken zu können.

Diese Beobachtungen lassen sich natürlich gut erklären, wenn man noch einmal daran denkt, daß selbstverständlich nur die Mutter hundertprozentig sicher sein darf, daß sie sich die Hälfte ihres Gen-Bestandes mit dem Baby teilt, während der Vater dies nie so genau weiß. Da die Mutter freilich wünscht, daß auch ihr Mann in das Neugeborene investiert, muß ihr natürlich viel daran gelegen sein, daß er von seiner Vaterschaft überzeugt ist. Unabhängig davon, ob das Kind nun wirklich von ihm stammt oder nicht, »sollte« sie den Mann also durch Ähnlichkeitsbeteuerungen in dem Glauben bestärken, ein frisch gebackener Vater zu sein. Die Eltern mütterlicherseits dürfen selbstverständlich auf die genetische Verwandtschaft mit dem Baby genauso vertrauen wie ihre Töchter; und da sie ebenfalls daran interessiert sind, daß das Neugeborene vom Vater angenommen und versorgt wird, schließen sie sich den Bemerkungen über die angebliche Ähnlichkeit zwischen Vater und Kind bereitwillig an.

Die Waffen, derer das weibliche Geschlecht sich im Sex-Krieg bedient, werden nun aber, wie schon angedeutet, nicht allein gegen die Männerwelt ins Feld geführt, sondern ebenso auch gegen ihresgleichen. Ich möchte zum Ausgang dieses Abschnittes über die »Waffen der Frauen« daher gerne noch einmal kurz auf den Kampf eingehen, den das »schwache Geschlecht« untereinander auszufechten hat. Um diesen Kampf ganz unvoreingenommen betrachten zu können, sollten wir wohl besser von den Frauen absehen und unser Augenmerk allein auf das Tierreich richten.

Ostafrikanische Pavianmütter sind, was die Zukunft ihrer Kinder anbelangt, immer sehr besorgt. Jedes zweite Kind stirbt nämlich schon vor seinem zweiten Geburtstag! Der Grund hierfür ist schlicht und einfach Nahrungsknappheit: Die Nahrungsvorräte ihres Wohngebiets reichen nie aus, um den Hunger all der Kinder zu stillen, die sie und ihre Gefährtinnen in die Welt gesetzt haben. Was könnte ein Pavianweibchen da tun, um die Überlebensaussichten seiner Babys zu verbessern? Die Antwort scheint einfach: Es könnte sich bescheiden und weniger Kinder in die Welt setzen. Oder es könnte sogar ganz auf eigenen Nachwuchs verzichten und statt dessen in die Babys seiner Verwandten investieren. Ja, am allerbesten wäre es natürlich, wenn es sich mit den anderen Weibchen seiner Gruppe dahingehend einigte, daß sie immer abwechselnd Babys bekämen: In diesem Jahr diese Weibchen, in zwei Jahren dann jene Weibchen und so weiter... Das wäre tatsächlich eine gute Idee. Das Dumme ist nur, daß diese Rechnung ohne den Wirt, will sagen, ohne das egoistische Gen gemacht wurde. Das egoistische Gen flüstert unserem Pavianweibchen nämlich etwas ganz anderes ein. Es sagt ihm: »Die Sache ist doch ganz einfach. Wenn es weniger hungrige Mäuler in der Gruppe gäbe, hätten deine Kinder auch was zum Beißen.

Sorge also dafür, daß deine Gefährtinnen seltener schwanger werden, und du bist alle Sorgen los!«

Wie der amerikanische Primatologe Samuel K. Wasser von der University of Washington berichtet, haben sich die Pavianweibchen des tansanischen Mikumi-Nationalparks tatsächlich für diese radikale Lösung »entschieden«. Die Pavianweibchen tun sich dort mit einigen Blutsverwandten zu richtigen Angriffsverbänden zusammen, um auf Rivalinnen Jagd zu machen: Sie hetzen, schlagen und beißen andere Weibchen so lange, bis bei ihnen die Ovulation unterbunden wird. Bereits schwangere Weibchen werden von ihnen derart malträtiert und gestreßt, daß sie schließlich abortieren!

Die Weibchen der Hanuman-Languren verfolgen ganz ähnliche Taktiken, um Rivalinnen an der Geburt von »überflüssigen Fressern« zu hindern. Wie Volker Sommer und seine Kollegin Carola Borries beobachteten, verwehren die ranghohen Weibchen den Konkurrentinnen einfach den Zugang zum Pascha: Wann immer sich ein rangniedriges Weibchen dem Haremshalter in sexueller Absicht nähert, wird es von den ranghohen kurzerhand verjagt. Wenn eine Rivalin es dagegen doch einmal geschafft hat, zum Pascha vorzudringen, stürzt sogleich ein ganzer Haufen von Weibchen herbei, um die unerwünschte Kopulation zu stören: Sie schlagen auf die Konkurrentin ein, zerren an deren Fell oder reißen sie an den Ohren. Ja, und sollte nichts von alledem fruchten, dann gehen sie sogar so weit, daß sie dem Harems-Chef solange in die Hoden treten, bis ihm die »Lust« vergeht. – Dies sind eher grobe Taktiken, die aber nichtsdestotrotz dazu dienen, die Fortpflanzungsabsichten von Konkurrentinnen zu vereiteln. Denn immerhin läßt sich mit ihnen erreichen, daß der Fortpflanzungserfolg der Rivalinnen gering gehalten wird und weniger fremde Kinder (sprich »hungrige Mäuler«) das Licht der Welt erblicken.

Neben diesen groben Taktiken zeigen Langurenweibchen aber auch eine Reihe wirklich »feinsinnig« zu nennender Strategien. So steckt hinter der scheinbar trivialen Bemühung, das meiste Futter zu bekommen, womöglich der gerissene Schachzug, andere Weibchen am Schwangerwerden zu hindern: Die Weibchen bedürfen nämlich einer gewissen Menge Fett, um menstruieren und trächtig werden zu können. Das Aushungern gleicht somit einer »komplikationslosen Sterilisation«. Um die Mutterschaftspläne der Rivalinnen zu durchkreuzen, muß sich ein Langurenweibchen auch nicht unbedingt in Händel mit der Konkurrentin begeben: Eine Möglichkeit, seine Hände auch weiterhin »in Unschuld waschen« zu können, besteht ganz einfach darin, daß es den Pascha in der fruchtbaren Zeit der Rivalinnen unaufhörlich zur Kopulation auffordert: Wenn der gute Pascha nun seine Manneskraft in diese Orgie investiert, ist es schließlich »nicht die Schuld« unserer Nymphomanin!? Das Vortäuschen eines schier unstillbaren Verlangens ist der Strategien übelste nicht; und so sehen wir denn auch schwangere und stillende Weibchen, die des männlichen Spermas nun wirklich nicht bedürfen, den Pascha aufreizend zum Koitus ermuntern: Sie rauben den nach Kindern sich verzehrenden Weibchen damit den kostbaren Samen!

Eine wirklich drastische, zur Zeit aber noch auf bloßen Spekulationen beruhende Konkurrenzstrategie der Langurenweibchen ist der *provozierte Pascha-Wechsel*. Wie im Zusammenhang mit dem Infantizid bereits erwähnt, hat der Pascha eines Hanuman-Languren-Harems im Mittel nur etwas über zwei Jahre Zeit, um sich fortpflanzen zu können; dann aber zieht sich das Unwetter über seinem von bösen Ahnungen geplagten Haupt zusammen, und er wird durch die unversöhnlichen Junggesellenbanden seines geliebten Thrones beraubt. Da die uneingeschränkte Regierungszeit der Paschas von so auffallend unterschiedlicher Dauer ist, beginnt man zu mutmaßen, daß das Verhalten der Weibchen nicht unmaßgeblich am Sturz des Tyrannen beteiligt ist. Es könnte also sehr wohl sein, daß einige Weibchen den Startschuß zum Sturz des alten Monarchen geben, indem sie den Junggesellenbanden etwa durch ihr Verhalten signalisieren, daß die Zeit »reif« ist. Wenn nun genügend Rivalinnen schwanger oder mit dem Stillen ihrer Babys beschäftigt sind, dann hätte diese »Verschwörung« vermutlich nicht nur die Absetzung des Paschas, sondern auch die Tötung dieser »hungrigen Mäuler« zur Folge. Voraussetzung für diese »dunkle Affäre« wäre selbstverständlich, daß die Kinder der Intrigantinnen bereits so alt sind, daß sie dem Fortpflanzungserfolg des neuen Herrschers nicht im Wege sind ... Auch in diesem drastischen Fall würden die Weibchen ihre Hände also »in Unschuld waschen« können, denn nicht sie, sondern der neue Pascha hätte die Babys der Konkurrentinnen umgebracht.

Ganz und gar nicht auf Spekulationen beruht die bei Krallenäffchen beobachtete Strategie der *psychischen Kastration:* Bei den Krallenäffchen, deren Weibchen eine ausgeprägte Rangordnung einhalten, unterdrückt das ranghöchste Weibchen mittels Pheromonen den Sexualzyklus der ihr untergebenen Weibchen. Die »steril gehaltenen« Rivalinnen werden von dem ranghöchsten Weibchen dazu gezwungen, einen Dienst als Amme zu verrichten – sie müssen die Kinder der »Chefin« hegen und pflegen. Sollte eines der rangniederen Weibchen – wider Erwarten – doch einmal schwanger werden, dann laufen ihre Babys Gefahr, getötet zu werden.

Von all diesen Strategien, die den Fortpflanzungserfolg der Konkurrentinnen eingrenzen oder gar verhindern sollen, ist der Infantizid freilich die drastischste. Jane Goodall, die seit fast 30 Jahren im Gombe-Reservat Schimpansen beobachtet, weiß von einem Fall zu berichten, der verdächtig nach weiblicher Konkurrenz riecht: »Passion« und ihre Tochter »Pom« hatten bereits mehrfach versucht, im Sozialrang weiter unten stehenden Weibchen ihre Babys mit Gewalt zu entreißen. Da es ihnen eines Tages gelang, »Melissas« Baby zu rauben, töteten sie es, um es anschließend gar aufzufressen. Als »Melissa« an den Ort des Schreckens geeilt kam und so Zeuge des kannibalischen Mahls wurde, ist sie von »Passion«, der Mörderin ihres Kindes(!), umarmt worden. Jane Goodall meint, es wäre den Killern nur um die Mahlzeit gegangen – was eine tiefer liegende Ursache im Sinne weiblicher Konkurrenz allerdings nicht ausschließt.

Das große Befruchtungsrennen

Treue, so scheint es, ist den meisten Vertretern des männlichen Geschlechts ein Fremdwort, das sie nur stotternd auszusprechen wissen. Uns nimmt das nicht Wunder, sind wir doch inzwischen darüber belehrt worden, daß Kopulationen mit möglichst vielen Weibchen der beste Weg für Männchen ist, ihren Fortpflanzungserfolg zu erhöhen. Danach müßte man eigentlich vermuten, daß die heilige Formel: »Bis daß der Tod euch scheidet« den Männchen als bloße Worte und reine Phrasendrescherei erscheinen müßten. Aber interessanterweise belehrt uns die Natur hier, wie so oft, eines Besseren. Es gibt nämlich tatsächlich Männchen, die diese Worte in einer geradezu tragischen Weise ernst nehmen. So geben uns etwa die männlichen Honigbienen, die Drohnen, ein fast unglaubliches Beispiel von verzehrender Leidenschaft und wahrhaft *selbstmörderischer Monogamie:* An sich sind die Drohnen faul und träge und schlendern den lieben langen Tag nur lässig und honigfressend im Bienenstock umher, so daß Vergil sie wohl mit vollem Recht als eine »arbeitsscheue Bande« beschimpfte. Wenn es jedoch um das Geschäft der Fortpflanzung geht, legen sich die Drohnen mächtig ins Zeug und nehmen Opfer in Kauf, von denen unsere Weibchen nur träumen können. Wird einem solchen Drohn nämlich das seltene Glück zuteil, der willigen Königin auf ihrem Begattungsflug beiwohnen zu dürfen, dann sprengt er sich just in dem Moment, wo sie ihn zu empfangen bereit ist, buchstäblich selbst in die Luft: Er explodiert und katapultiert dabei seine eigenen Geschlechtsorgane in die ihren! Wie eine Granate sprengt er sich in die Königin hinein. Und sein aus Hörnern, Stacheln und zahlreichen Krempen bestehender Geschlechtsapparat verkeilt sich dabei auf eine solche Weise im Genitaltrakt der Königin, daß sie förmlich zugestopft ist . . .

»Was für ein Tod!« möchte man zunächst ausrufen. Doch nach einem Moment der Besinnung fragt man sich erstaunt: Was ist das nur für ein Leben? Warum ein solches Opfer? Ist ein einziger Liebesakt das wirklich wert?

Wir alle kennen natürlich ähnliche Beispiele, wo ein bedauernswertes Männchen sein Liebesglück mit dem Leben bezahlen muß: So gedenken wir etwa des tragischen Todes des Gottesanbeter-Männchens, das von seiner Geliebten, diesem »männermordenden Vamp«, während der Umarmung glatt verspeist wird. Und natürlich fällt uns auch sogleich der *sexuelle Kannibalismus* der Schwarzen Witwen ein – auch hier wird das arme Männchen zum Mahl statt zum Gemahl! Auch die Männchen der sogenannten Radnetzspinne dienen ihrer Braut als Liebesschmaus. Sobald sie auf den Bauch

ihrer Angebeteten springen, schlägt das Weibchen seine Kiefer-
klauen gierig in den Hinterleib des schmächtigen Männchens und –
beißt zu. Nach wenigen Minuten hat dieser Vamp seinen Spaß
genossen und den Galan mit Haut und Haaren verschlungen. Und
schließlich sind da noch die Gnitzen, die kleinen Mücken, die uns
während eines Picknicks am Flußufer oder einer sonst herrlichen
Nacht am Meeresstrand so furchtbar nerven. Diese Mückenmänn-
chen bilden während der Paarungszeit eine dichte und von Weibchen gut erkennbare Wolke über einem Baumwipfel, wo sie darauf
warten, daß ein Gnitzenweibchen vorbeigeflogen kommt, um sich
einen »Sklaven ihrer Lust« zu gönnen. Wie eine Furie fährt das
Gnitzenweibchen in den geduldig wartenden Schwarm der Männchen und greift sich kurzerhand einen Liebhaber, um ihm sogleich
erbarmungslos den giftigen Rüssel in seine Stirn zu bohren. An
einem ruhigen Plätzchen angekommen, erfüllt das todgeweihte
Männchen mit letzter Kraft seine Lebensaufgabe: Es bringt seinen
Geschlechtsapparat so tief im Leib der Kannibalin unter, daß er auch
nach seinem Ableben noch an ihr haften bleibt.

Das alles sind fürwahr teuer erkaufte Liebesnächte. Und so
fragen wir uns denn erneut: Sind diese »Sommernachts-Sextragö-
dien« ein solches Opfer wert? Um diese Frage beantworten zu
können, muß man sich noch einmal deutlich vor Augen führen,
daß es den Männchen hier um nicht mehr, aber auch nicht weniger (!) als den Ausbreitungserfolg ihrer Gene geht. Sie sind Überlebensmaschinen ihrer egoistischen Gene, gemacht und gesteuert,
um den Genen ein Fortleben in neuen Organismen zu ermöglichen. Und die Gene selbst haben ihnen den Befehl erteilt, lieber in
selbstmörderischer Monogamie zu sterben, als kinderlos zu veren-
den. Denn nur diejenigen Gene, die ihren Überlebensmaschinen
den Befehl mit auf den Weg geben: »Pflanze dich um jeden Preis
fort!«, werden auch in künftigen Generationen fortleben können.
»Fortpflanzung um jeden Preis« klingt zunächst nach schlechter
Ökonomie und scheint der Devise der Gene zu widersprechen,
haushälterisch mit den Kräften umzugehen. Aber wenn wir be-
denken, daß etwa der explodierende Drohn mit der Begattung der
Königin die »Chance seines Lebens« hat, eine Chance, die sich ihm
kaum ein zweites Mal bieten wird, dann gewinnen wir ein besseres

Verständnis für seinen berechnenden Opfermut: Ergreift er die einmalige Gelegenheit beim Schopfe, wird er Vater unzähliger Arbeiterinnen und Drohnen, die – wie wir uns erinnern – allesamt seinen vollen Gen-Bestand erben, verpaßt er die Gelegenheit aber, sind seine Gene unwiderruflich zum Tode verurteilt! Da der Drohn zur Ausbreitung seiner Gene geschaffen wurde, hat er also gar keine andere Wahl, als sein Leben der Erfüllung dieses Auftrags zu widmen. Das Beste, was der einmal zur Paarung vorgelassene Glückspilz von Drohn tun kann, ist nun dafür zu sorgen, daß auch wirklich er und kein anderer Vater des künftigen Bienenvolkes wird. Und dieser Sorge um seine alleinige Vaterschaft entledigt er sich dadurch, daß er den Genitaltrakt der Königin mit seinen sterblichen Überresten verbarrikadiert. Wir sehen also, der Drohn, der sich in die Königin hineinsprengt, verhilft seinen Genen auf diese Weise zu einem optimalen Ausbreitungserfolg!

Im Lichte dieser Erkenntnis können wir jetzt auch die selbstmörderische Monogamie der Mücken- und Spinnenmännchen besser begreifen: Sie alle nehmen die vermutlich einmalige Gelegenheit wahr, sich fortpflanzen zu können, und verwenden ihre Geschlechtsorgane zur Absicherung ihrer Vaterschaft. Wenn nämlich die Wahrscheinlichkeit einer zweiten Paarungsgelegenheit fast Null ist, kann es sich für ein Männchen durchaus lohnen, sich der Partnerin als Opfergabe darzubieten, zumal dieses dargebrachte Opfer noch die Anzahl der zu befruchtenden Eier erhöht, aus denen dann wieder »eigenes Fleisch und Blut« schlüpft!

Dürfen sich die Männchen hingegen in der Hoffnung wiegen, auch zu späteren Zeitpunkten noch Paarungsgelegenheiten zu finden, dann geben sie sich alle nur erdenkliche Mühe, den kannibalistischen Gelüsten ihrer Bräute zu entkommen. Bei einigen Tanzfliegenarten beispielsweise entgehen manche Männchen ihrem traurigen Los dadurch, daß sie dem ebenso blutgierigen wie liebeshungrigen Weibchen ein Präsent anbieten: Sie reichen ihnen sicherheitshalber einen Fliegenkadaver als rituelle Opfergabe dar. Die Männchen einer anderen Tanzfliegenart wickeln ihr Geschenk sogar noch fein säuberlich ein, was ihnen offenbar Zeit einbringt, nach der Begattung eilends das Weite zu suchen. Wieder andere Tanzfliegenmännchen saugen ihre Opfergabe sogar selbst leer und verbergen diesen Betrug dann hinter einer besonders großen Verpackung. Der Gipfel des Betrugs aber ist, daß sich einige besonders dreiste Männchen mit dem Inhalt ihres Geschenks überhaupt keine Mühe machen: Sie gehen mit einem kunstvollen Seidenballon auf Brautschau, der überhaupt nichts enthält!

Eine andere und auf uns sicher wesentlich angenehmer wirkende Form von selbstmörderischer Monogamie ist die *Langzeitkopulation,* wie sie etwa die sogenannten Märzfliegen praktizieren: Obwohl die Märzfliegenmännchen alles in allem nur etwa zwei bis fünf Tage zu leben haben, kriegen sie es doch fertig, mit einem eroberten Weibchen bis zu 56 Stunden in der Liebesumarmung zu verbleiben. Mit dieser bis zur völligen Erschöpfung anhaltenden Kopulation sichern die Männchen wiederum ihre Vaterschaft ab. Erst wenn garantiert ist, daß die Eier des Weibchens auch tatsächlich von seinem Sperma befruchtet werden, läßt das ausgelaugte Männchen von seiner Braut ab. Der Langzeitkopulation als einem Garantieschein für Vaterglück bedient sich auch die in Schweden beheimatete Langwanze. Sie kopuliert etwa 24 Stunden lang. Wie Adrian Forsyth in seinem bemerkenswert schön und anschaulich geschriebenen Buch »Die Sexualität in der Natur« berichtet, ließ sich an den Langwanzen besonders gut studieren, wie Kopulationsdauer und Anzahl der Männchen pro Weibchen zusammenhängen: Wenn es wenig Weibchen, aber viele Männchen gibt, dann nimmt die Kopulationsdauer zu, gibt es aber nur wenige männliche Konkurrenten, dann nimmt die Kopulationsdauer ab. »Das Nonplusultra der Langzeitkopulation«, so berichtet Forsyth, »findet man bei den Stummelfußfröschen, die sechs Monate lang aneinandergeklammert bleiben. Dabei spielt es keine Rolle, daß sie nicht ständig kopulieren; das Männchen verliert Gewicht, magert ab und tauscht seine Freiheit, anderen Weibchen nachzustellen, gegen eine erhöhte Befruchtungschance ein, wenn das Weibchen zu laichen beginnt. Auch für das Weibchen muß diese Dauerumklammerung unbequem sein. Dauerumklammerung, Langzeitkopulation und explodierende Genitalien, das sind alles Komponenten desselben Kalkulationssystems. Der Nutzen, den ein Männchen aus zukünftigen Paarungen ziehen kann, wird den Kosten und dem Gewinn gegenübergestellt, die der Versuch mit sich bringt, die Vaterschaft stärker abzusichern. Ungewöhnlich daran ist lediglich, daß Männchen den freiwilligen Tod als Teil ihrer Fortpflanzungstaktik einplanen.«

Nachdem wir nun wissen, zu welch heldenmütigen Opfern das männliche Geschlecht bereit ist, wollen wir jetzt auch einige der höchst unfeinen Tricks betrachten, zu denen es fähig ist. Wenn es darum geht, Konkurrenten im großen Befruchtungsrennen auszuschalten, legen die Männchen aller Arten nämlich eine unglaubliche Findigkeit und Schläue an den Tag. Ein gutes Beispiel dafür, wie Männchen ihre Vaterschaft absichern und Nebenbuhler an der Kopulation mit den heißbegehrten Weibchen hindern, gaben uns bereits der Frosch mit seiner Dauerumklammerung und der Drohn mit seiner Verbarrikadierung des weiblichen Geschlechtsapparates. Doch die Männchen haben noch eine ganze Reihe anderer Methoden gefunden, mit denen sich das Dazwischenpfuschen unliebsamer Rivalen verhindern läßt. Eine Möglichkeit ist die, eine aus Samen, Proteinen und allerlei Gelen zusammengebraute Spermatophore zu produzieren, die so groß ist, daß sie den gesamten Vaginaltrakt des Weibchens zuverlässig verschließt. Schneckenmännchen zum Beispiel stellen eine solche feste und kompliziert geformte Spermatophore her, die haargenau in die Windungen und Wendungen der weiblichen Scheide paßt. Um später angelockte Liebhaber des Weibchens daran zu hindern, diese Spermatophore in irgendeiner gefährlichen Weise zu verrücken, besetzen sie sie zusätzlich noch mit vielen scharfen Stacheln, deren Spitzen bedrohlich nach außen gerichtet sind. Für solche verläßlichen Spermatophoren haben sich auch Riesenkraken, Salamander und viele Insekten entschieden. Maulwürfe und Erdhörnchen formen aus einer gummiartigen Masse *Begattungspfropfen,* die den nämlichen Zweck erfüllen.

Trotz optimaler »Paßform« und gefährlicher Stacheln sind die Spermatophoren und Begattungspfropfen nie hundertprozentig narrensicher. Dann und wann gelingt es einem besonders kecken Rivalen schon einmal, das Schloß dieser »Keuschheitsgürtel« zu knacken. Wirklich auf »Nummer Sicher« gehen dagegen die platten Blutsauger, die in billigen Pensionen alle Zimmer mit einem scheußlichen Geruch schwängern und auf arme Touristen Jagd machen – ich spreche von den aufdringlichen Bettwanzen. Die Männchen dieser Bettwanzen spritzen ihr Ejakulat nämlich direkt in das Blut der Weibchen, indem sie ihren dolchartigen Penis einfach irgendwo in deren Hinterleib stoßen. Diese widerlich anmutende, aber zuverlässig vor Rivalen schützende Form der Begattung nennt man mit vollem Recht *traumatische Kopulation*. Die Weibchen, die das zweifelhafte Vergnügen haben, gleich von mehreren Männchen auf diese Weise »traumatisiert« zu werden, haben immerhin das Beste aus diesem Wettstreit der Spermien gemacht: Sie verwenden das Ejakulat als Nahrung und zum Aufbau ihrer Eier. Zunächst verwirrend wirkt jedoch die Beobachtung, daß sich auch die Männchen untereinander solche »Nährstoffspritzen« verpassen, was den amerikanischen Entomologen Howard Evans zu der Bemerkung veranlaßt hat: »Bei der Vorstellung von einer Schar Bettwanzen, die sich auf diese Weise vergnügt, während sie auf die nächste Blutmahlzeit wartet – nämlich unabhängig vom Geschlecht und beliebig herumkopulierend und sich gleichzeitig mit ihrem Sperma gegenseitig Nährstoffspritzen verpassend, – kommt einem Sodom vor wie der reinste Vatikan.« Warum versetzen sich auch die Bettwanzenmännchen gegenseitig Dolchstiche und besamen einander auf diese »obszöne« Weise? Aus purer Lüsternheit? Oder sind sie einfach zu dämlich, um ihre sexuelle Fehlinvestition einzusehen? Ganz im Gegenteil! Es ist keine orgiastische Ausschweifung Bisexueller, sondern der Gipfel der Spermienkonkurrenz, wenn die Männchen nicht nur die Weibchen, sondern auch ihre männlichen Rivalen so zügellos besamen. Das Sperma eines solchen »homosexuellen Vergewaltigers« wandert nämlich in den Samenleiter seiner Rivalen. Paart sich einer dieser Rivalen anschließend mit einem Weibchen, dann haben auch die Spermien des Vergewaltigers eine gute Chance, zu den begehrten Eiern vorzustoßen. Diese Art der *homosexuellen Vergewaltigung* läßt sich auch bei verschiedenen Insekten beobachten: In all diesen Fällen zwingt ein Männchen ein anderes dazu, an seiner Stelle die Besamungsarbeit zu übernehmen!

Es gibt aber auch noch andere Tricks, mit denen die Männchen den Wettbewerb der vielen Spermien um die wenigen Eier für sich zu entscheiden suchen. So bekommen die Männchen der Kratzwürmer es sogar fertig, ihre männlichen Rivalen kaltblütig zu »sterilisieren«: Sie benutzen ihre Fähigkeit, Begattungspfropfen herzustellen, nicht nur dazu, besamte Weibchen zu verschließen, sondern auch zur Ausschaltung männlicher Konkurrenz, indem sie nämlich die Samenöffnung ihrer Opfer einfach zukleben! Bei einer anderen Bettwanzenart haben einige Männchen Anhangsgebilde entwickelt, die dem weiblichen Geschlechtsapparat zum Verwechseln ähnlich sehen und die ihnen dazu dienen, potentielle Rivalen zu »verführen«: Sie nehmen sich zunächst wie homosexuelle Transvestiten aus, die einfach knackige Männchen vernaschen möchten, in Wirklichkeit aber versuchen sie, das Spermareservoir ihrer Gegenspieler zu erschöpfen! Und, so wie es aussieht, verwenden sie die im fremden Sperma enthaltenen Nährstoffe noch dazu, um die Produktionskosten für ihre eigenen Samenzellen zu senken. Auch bei einigen Salamandern findet man ein solch gerissenes »Transvestitentum«: Die Männchen setzen hier, sobald ihnen ein empfängnisbereites Weibchen folgt, eine Spermatophore am Boden ab, die es dann mit seiner Geschlechtsöffnung aufnehmen soll. Ist dies geschehen, dann darf sich das Männchen seiner baldigen Vaterschaft freuen. Dummerweise passiert es nur immer wieder, daß ihnen anstelle eines empfängnisbereiten Weibchens ein hinterhältiger Transvestit nachstellt, der sich eben nur wie eine Braut gebärdete. Der Transvestit feixt sich natürlich eins, hat er doch gerade einen Rivalen zur Vergeudung seines kostbaren Samenpakets getrieben! Bei den Skorpionsfliegen führen einige als Weibchen getarnte Männchen Rivalen hinters Licht, um ihnen Brautgeschenke zu entlocken, die sie dann ihren eigenen Angebeteten als Gegenleistung zur Kopulation anbieten.

Randy Thornhill, der sich mit diesen Skorpionsfliegen näher beschäftigt hat, weiß auch von einer anderen Fortpflanzungsstrategie der Männchen zu berichten – von *Vergewaltigung*! Männchen, die weder auf ehrlichem noch auf betrügerischem Wege zu Brautgeschenken kommen, sehen nämlich in der Vergewaltigung eine kostengünstige Taktik zur Fitneß-Maximierung. Wie Thornhill beschreibt, »stürzt sich das Männchen, sobald es ein Weibchen entdeckt hat, auf es und packt es mit seinen großen Genitalzangen. Hat er es in den Griff bekommen, versucht er, die Widerstrebende, indem er sie mit Hilfe seines Notalorgans, eines Haftorgans auf dem Rücken seines Hinterleibs, festhält, in die kopulationsgerechte Lage zu bringen. Obwohl sich die Weibchen zu widersetzen scheinen und sich häufig auch freikämpfen können, gelingt es einem Männchen gelegentlich, die Genitalien des Weibchens mit seinen eigenen zu erfassen und zu besamen. In diesen Fällen wird dem Weibchen vom Männchen keinerlei Nahrung übergeben, und die ganze Übung erweckt den Eindruck einer erzwungenen Kopulation.« »Erzwungene Kopulation« ist natürlich nur ein vorsichtigerer Ausdruck für die tatsächlich stattgefundene Vergewaltigung.

Vergewaltigung ist alles andere als eine Seltenheit im Tierreich. Besonders häufig läßt sie sich bei Enten, Gänsen und Schwänen beobachten. Wenn zum Beispiel die Stockenten zur Brutzeit Paare bilden, bleiben fast regelmäßig einige Erpel übrig, die somit zum Junggesellentum verurteilt sind. Zuweilen tun sich diese Junggesellen zu einer Bande zusammen, um über ein ahnungsloses Weibchen herzufallen und es wiederholt zu vergewaltigen. Dabei kommt es nicht selten vor, daß das Weibchen seinen Tod findet, weil beispielsweise sein Kopf zu lange unter Wasser gedrückt wurde. Nehmen Vergewaltigungen ein solch tragisches Ende, dann scheinen sie natürlich jedem fortpflanzungsstrategischen Sinn zu widersprechen. Für gewöhnlich aber macht sich ein einzelner, »leer ausgegangener« Erpel auf die Suche nach einem unbeaufsichtigten Weibchen, um es sogleich auf rohe Weise zur Kopulation zu nötigen. Und dies ergibt dann schon sehr wohl einen Sinn: Ein ungewollt enthaltsam lebender Erpel hat genetisch nichts zu verlieren, aber allerlei zu gewinnen, wenn er fremde Weibchen zur Aufzucht von »Bastarden« zwingen kann.

Was tut eigentlich das rechtmäßige Männchen, wenn es Zeuge der Vergewaltigung wird? Zur Entrüstung weiblicher Leser, aber zur Bestätigung soziobiologischer Erwartungen tut es etwas höchst Unfeines: Es vergewaltigt seine Angetraute seinerseits! Warum? So hart es auch klingt, es ist die beste Möglichkeit, seinen Fortpflanzungserfolg doch noch absichern zu können: Es schickt nämlich mit der Vergewaltigung seines Weibchens seine eigenen Spermien so schnell als irgend möglich ins Befruchtungsrennen und hofft auf deren

Sieg! Bei anderen Tierarten, wie etwa den im Nordwesten Amerikas anzutreffenden Berghüttensängern, vertreiben die Männchen ihr vergewaltigtes Weibchen kurzerhand, um es durch ein neues zu ersetzen.

Aber nicht nur »Desperados« greifen zum Mittel der Vergewaltigung als einer immer möglichen Fortpflanzungschance: Wie wir beispielsweise von den Schneegänsen wissen, vergewaltigen auch bereits vermählte Männchen fremde Weibchen. Sie warten so lange, bis ihre eigenen Weibchen alle ihre Eier gelegt haben, und dann stellen sie der schönen Nachbarin nach.

So traurig, ja, erschreckend es auch ist, gehören Vergewaltigungen leider auch zu unserem Alltag. Doch bevor wir auf dieses dunkle Kapitel näher eingehen, wollen wir noch einmal einige andere Mittel und Wege beleuchten, die die Männerwelt gefunden hat, um ihren Fortpflanzungserfolg zu erhöhen. Aber fangen wir doch am besten »ganz klein« an – nämlich mit den winzigen Spermien. Ein Mann schickt, wie gesagt, mit einer einzigen Ejakulation rund 200 bis 500 Millionen Spermien ins große Befruchtungsrennen. Glücklich am Gebärmutterhals gelandet, haben diese kleinen, nur 0,6 Millimeter langen Spermien eine wahre Marathonstrecke vor sich: Sie müssen zusehen, daß sie so geschwind als möglich durch die geradezu riesig wirkende Gebärmutter hindurch zu den Eileitern gelangen, wo das heißbegehrte Ei ungeduldig ihrer harrt. Um diese lange und mit allerlei Hindernissen gespickte Rennbahn schneller durchlaufen zu können, bedienen sie sich der Samenflüssigkeit. So schwimmen, rudern und paddeln sie also ihrem geliebten Ei entgegen. Da sie – bei allem Eifer – doch nur etwa 2,5 Zentimeter pro Stunde vorankommen, müßten sie für ihre Odyssee eigentlich fünf bis sechs Stunden benötigen; erstaunlicherweise sieht man die ersten Samenzellen aber schon nach ein bis zwei Stunden glücklich in den Eileitern eintreffen. Wie stellen sie das an? Nun, sie haben ihre Samenflüssigkeit mit einem Hormon, mit Prostaglandin, angefüllt, das in der Muskulatur der Gebärmutter Kontraktionen hervorruft, durch die sie noch schneller befördert werden können. Die Spermien nutzen diese prostaglandininduzierten Kontraktionen der Gebärmutter also wie einen günstigen Wind, um dem Ei mit fliegender Hast

entgegensegeln zu können. Wie bei so mörderischen Marathon-
läufen üblich, bleiben unzählige Läufer auf der Strecke: Von den
durchschnittlich 350 Millionen Spermien erreichen schließlich nur
etwa 300 bis 500 das ersehnte Ziel. Zum großen Leidwesen des
schnellsten Spermiums ist der Wettkampf mit dem bloßen Eintreffen am Ei aber noch längst nicht beendet. Strahlender Sieger ist
nämlich nicht der, der als Erster zur Stelle ist, sondern der, der als
Erster einen Weg in die Eizelle hinein gefunden hat. Nur wem es
gelingt, mit Hilfe eines Enzyms in das Ei eindringen zu können,
darf sich schmeicheln, das große Rennen gemacht zu haben! Ist
dieser glückliche Gewinner ermittelt, dann schottet sich das Ei
durch eine physiologische Reaktion gegen alle anderen Spermien
ab. Diese unglückseligen, nunmehr vor verschlossener Tür stehenden Spermien mögen dann zwar noch ein oder zwei Tage lang um
das Ei herumschleichen, doch ihr Tod ist jetzt unabwendbar.

Reproduktionsmediziner und Andrologen, die sich mit dem
jammervollen Leben der kleinen Spermien beschäftigen, haben
mit einigem Entsetzen festgestellt, daß die Spermien der Männer –
um es mit Verlaub zu sagen – wenig taugen. Sie waren überrascht,
daß ein unglaublicher Prozentsatz an Spermien fürchterlich defor-
miert und ganz und gar unbeweglich ist, eben einfach ungeeignet,
um eine Eizelle jemals befruchten zu können. Etwa 40 Prozent
aller ins Befruchtungsrennen geschleuderten Spermien kann man
reproduktiv einfach vergessen: Sie sind infertil! Wie reimt sich
diese reproduktive Untauglichkeit der Spermien mit ihrer einzigen Aufgabe zusammen, Eizellen zu befruchten? Es könnte daran liegen, daß Spermien eben einfach billiges Zeugs sind, ein
bloßer Massenartikel, der wie anderer wertloser Kram auch quali-
tativ oft zu wünschen übrigläßt. Vielleicht. Vielleicht aber auch
nicht! Seit einiger Zeit gibt es nämlich die Vermutung, daß diese
untauglichen Spermien doch zur Tauglichkeit der Männer beitragen können. Die englischen Biologen Robin R. Baker und Mark A.
Bellis von der University of Manchester glauben dies jedenfalls.
Sie haben die interessante Hypothese aufgestellt, daß es sich bei
diesen deformierten und unbeweglichen Spermien um *Kamikaze-
Spermien* handelt! Womöglich dient der infertile Teil der Spermien
dazu, Barrieren für fremdes Sperma zu errichten: Sie scheinen –

ähnlich wie ein Begattungspfropfen – den weiblichen Vaginaltrakt abzudichten. Wenn die befruchtungsfähigen Spermien in den Uterus eingedrungen sind, verbarrikadieren die Kamikaze-Spermien den Gebärmuttermund und verhindern damit, daß das Sperma eines anderen Mannes zu den Eiern vorstoßen kann. Und das bedeutete also, daß ein Mann, der jetzt mit seiner Frau schläft, 60 Prozent seiner Spermien auf »Eier-Jagd« schickt und 40 Prozent darauf verwendet, den Gebärmutterhals so zuverlässig zu verschließen, daß ein späterer Liebhaber seiner Frau keine Chance zur Befruchtung mehr hat. Daß die Männer in ihren Hoden eine so große Menge an infertilen Spermien produzieren, macht reproduktionsstrategisch daher sehr wohl Sinn: Sie sichern auf diese Weise ihre Vaterschaft ab und beugen zugleich der mißlichen Lage vor, irgendwelche Kuckuckseier großziehen zu müssen! Es wäre jetzt natürlich schön, wenn wir noch herausbekommen könnten, wie lange die Kamikaze-Spermien auf dem Verteidigungsposten verbleiben und so aufopferungsvoll ihren mühseligen Dienst verrichten; doch leider wissen wir dies noch nicht – noch ist alles bloße Hypothese!

Baker und Bellis haben bei ihren Bemühungen, die Kamikaze-Spermien-Theorie bestätigen zu können, noch einen weiteren interessanten Fund gemacht: Wie wir schon seit langem wissen, schwankt die Anzahl der bei der Ejakulation herausgeschleuderten Spermien beträchtlich – mal sind es viel, mal sind es wenig. Ein Mann, der den Vaginaltrakt seiner Frau heute nacht mit 350 Millionen Spermien überschwemmt, braucht im Mittel 48 Stunden, um die Zahl der ausgeschütteten Spermien vollständig zu ersetzen. Das ist uns natürlich nicht neu. Und wir sagen: Selbstverständlich – es ist eben alles eine Frage der Zeit! Schließlich benötigen auch die Hoden einen gewissen Zeitraum, um unseren Bedarf an Spermien decken zu können. Doch ist die Sperma-Produktion wirklich *nur* eine Sache der Zeit? Baker und Bellis, die dieser Frage einmal nachgegangen sind, zweifelten daran, daß die Schwankungen in der Sperma-Menge ausschließlich mit der Produktionszeit der Hoden zu tun haben. Sie sagten sich: Wenn die soziobiologischen Überlegungen zur Spermien-Konkurrenz richtig sind, dann sollte die Anzahl der Spermien immer auch von dem Risiko abhängen, daß die eigene Frau von einem Nebenbuhler geschwängert wird. Ist die Gefahr, daß ein Rivale auf die Eier meiner Frau »Jagd macht«, groß, dann muß ich mit vielen Spermien aufwarten, um das Schlimmste zu verhindern, ist die Gefahr dagegen gering, dann kann ich eigene Spermien sparen. Und da das Risiko einer Fremdbefruchtung ganz davon abhängt, inwieweit ich meine Frau »im Auge behalte«, sollte die Anzahl meiner Spermien also *auch* von der Zeit abhängen, die ich an ihrer Seite verbringe. Bin ich ständig in ihrer Nähe und kann ich meine Hand dafür ins Feuer legen, daß mir kein sogenannter »Hausfreund« oder irgendein Don Juan »dazwischengepfuscht« hat, dann kann ich mit Sperma geizen, bin ich dagegen »aushäusig«, wie man so sagt, und habe nicht die geringste Ahnung, was sich in meiner Abwesenheit so alles zugetragen hat, dann sollte ich mit dem Sperma recht freigebig sein.

Um herauszufinden, ob dies nun auch tatsächlich so ist, haben Baker und Bellis im Sommer 1988 fünfzehn Pärchen »in Dienst genommen«. Sie sind angehalten worden, die in verschiedenen Liebesnächten ejakulierten Spermien aufzufangen und zur Zählung ins Labor zu tragen. Um dies bewerkstelligen zu können, sind den fünfzehn Männern jede Menge Kondome gestiftet worden, die dann – mit noblem Samen angefüllt – nach etwa acht Stunden an die edlen Spender zurückwandern mußten. Da es ja die Frage zu beantworten galt, inwieweit das Zusammensein und die Trennung eines Paares auf die Sperma-Produktion Einfluß nehmen, mußten die Pärchen außerdem eine Art »Tagebuch« führen. Und um die unerläßliche Gegenprobe machen zu können, sind die Männer schließlich noch höflichst darum ersucht worden, doch bitte noch verschiedene Male in Kondome zu masturbieren ... Ergebnis: Die Anzahl der Spermien, die während des Beischlafs ejakuliert wurde, schwankte jeweils entsprechend der Zeit, die ein Paar miteinander verbracht hatte. Waren die Männer stets zur Stelle, geizten sie in ihren Liebesnächten mit Sperma, waren sie viel unterwegs, waren sie großzügig damit. Und dies hatte nichts mit der Produktionszeit zu tun, die ihren Hoden zur Verfügung stand, sondern mit der Gegenwart oder Abwesenheit der Frau. Und das bedeutet also, daß ein Mann, der, sagen wir, vier Tage lang keinen Sex mit seiner Frau hatte, obgleich er ständig bei ihr war, in der nächsten Liebesnacht weniger Spermien ejakulieren wird, als wenn er vier Tage lang auf Achse war. Wenn dieser selbe Mann jedoch nach viertägiger Abstinenz masturbierte, dann ist es für die Anzahl der dabei ejakulierten Spermien gleichgültig, ob er die letzten vier Tage an der Seite seiner Frau oder anderswo zugebracht hat. Und was lehrt uns das? Es lehrt uns, daß die Männer offenbar mißtrauischer sind, als sie selbst glauben mögen!

Es gibt auch interessante Vermutungen darüber, daß die Spermien-Konkurrenz womöglich für sogenanntes »sexuelles Fehlverhalten« verantwortlich sein könnte. So meint der amerikanische Entomologe und Spermien-Spezialist Bob Smith zum Beispiel, daß die auch bei verheirateten Männern so weit verbreitete Neigung zur *Masturbation* vielleicht adaptiv ist, auch wenn ihr der Makel der Verschwendung anhaftet. Die Masturbation, so glaubt Smith, mag sicherstellen, daß die Männer kein altes und abgelagertes Sperma ins Befruchtungsrennen schicken.

Vielleicht noch interessanter als diese Hypothese zum Ursprung der Masturbation sind die soziobiologischen Überlegungen zur sogenannten *Ejaculatio praecox*, zum vorzeitigen Samenerguß, der Männer. Laut Kinsey, Hite und Masters und Johnson ist die Ejaculatio praecox die häufigste Sexualstörung überhaupt. Rund 70 Prozent aller Männer leiden darunter, daß sie (für ihren Geschmack) zu schnell zur Ejakulation gelangen. Sie erreichen ihren Orgasmus bereits zu einer Zeit, da ihre Frauen, grob gesprochen, noch gar nicht ganz warm geworden sind. Was Wunder, daß da nicht nur die Männer, sondern auch die Frauen klagen, schließlich werden sie hierdurch sozusagen »auf halbem Wege stehengelassen«. Nach Kinsey bekommen zwei Drittel aller Männer ihren Orgasmus schon nach etwa zwei Minuten. Die Frauen jedoch benötigen im Mittel wenigstens vier Minuten. Zu dumm! Warum hat die Natur das so eingerichtet? Hat sie die Frauen hier mal wieder stiefmütterlich behandelt? Oder handelt es sich hierbei nur um eine Schwäche oder gar um eine Gemeinheit der Männer? Daß Frauen mehr Zeit brauchen, um zum Orgasmus zu gelangen, läßt sich vielleicht damit erklären, daß der weibliche Orgasmus stammesgeschichtlich eine noch recht junge Errungenschaft darstellt. Aber die Frage bleibt, warum müssen denn Männer überhaupt so schnell »kommen«? Der amerikanische Soziologe Lawrence K. Hong von der California State University, Los Angeles, ist dieser Frage einmal nachgegangen. Er hat die Dauer des menschlichen Liebesakts mit der Kopulationsdauer nichtmenschlicher Primaten verglichen und dabei eine deutliche Beziehung zur männlichen Rivalität entdecken können: Je größer die sexuelle Konkurrenz zwischen den Männchen ist, desto schneller »kommen« sie. Das heißt, je mehr ein Männchen befürchten muß, daß es während der Kopulation von Rivalen gestört oder gar vertrieben wird, desto früher ejakuliert es! Und so kommt es denn auch, daß Schimpansenmännchen, die vor Nebenbuhlern niemals Ruhe haben, schon nach rund sieben Sekunden »kommen« – etwa acht Beckenstöße, und die ganze Sache ist vergessen! Der souveräne Haremshalter der Gorillas gönnt sich dagegen schon mehr Zeit: Er macht es anderthalb Minuten, bis er ejakuliert. Und das Orang-Utan-Männchen, das nichts zu fürchten hat, genießt seinen Spaß sogar ganze fünfzehn Minuten! Daß die Männer ihre Frauen im Durchschnitt nur zwei bis zehn Minuten beglücken, mag also darauf hindeuten, daß es in der Vergangenheit immer ein großes Gerangel um das schöne Geschlecht gegeben hat. Und weil der »Quicky« unnötigen Zänkereien mit Rivalen vorbeugt und eine schnelle Befruchtung von Frauen ermöglicht, hat Mr. Hong seinen Artikel denn auch treffend mit »Survival of the Fastest« überschrieben!

Daß Männer zur Absicherung ihrer Vaterschaft Kamikaze-Spermien produzieren, werden Frauen wohl noch mit einiger Nachsicht vernehmen. Auf einen wahren Aufschrei der Entrüstung stoßen aber all jene Anti-Kuckucksei-Strategien, bei denen die Männer sich rücksichtslos der rohesten Gewalt bedienen. Ich denke hierbei vor allem an die in islamischen Ländern praktizierte *Infibulation*: Ein Mann greift zu Nadel und Faden und . . . näht seine Frau kurzerhand zu! Diese brutale und frauenfeindliche Praxis ist in erster Linie von Kaufleuten geübt worden, die, weil sie viel unterwegs waren, auch viel zu befürchten hatten. In der Gewißheit, mit dem zugenähten Scheideneingang alle ehebrecherischen Pläne seiner Frau vereitelt und alle Liebhaber vor ein »verschlossenes Tor« gestellt zu haben, konnte der Kaufmann beruhigt und gelassen seiner Wege gehen. In christlichen Ländern haben sich die Männer zur »Seitensprung-Prophylaxe« bekanntlich den Keuschheitsgürtel ausgedacht. Ich schätze, in jenen düsteren Zeiten, da die Männer das »Kleinod« ihrer Frau noch hinter Schloß und Riegel taten, war jeder tüchtige Casanova zugleich auch ein begabter Schlosser. Nicht minder barbarisch als die Infibulation ist die aus Afrika bekannte *Klitoridektomie*: Die Männer schneiden den Frauen hier einfach den lustspendenden Kitzler ab! Diese Praxis wird zwar oft als ein religiöses Ritual und Gegenstück zur Beschneidung der Männer betrachtet, doch irgendwie kann ich mich nicht des Eindrucks erwehren, daß auch hinter der Klitoridektomie die männliche Angst vor Kuckuckseiern steckt. Schließlich nimmt man einer Frau mit dem Kitzler nicht nur viel von ihrer Lust auf Sex, sondern auch viel von ihrer Lust auf einen Liebhaber. Auch der von Eunuchen streng bewachte Harem der Orientalen dient natürlich zur Absicherung der eigenen Vaterschaft. Eine ähnliche Beaufsichtigung der Ehefrauen gewährt selbstverständlich auch die sogenannte *Patrilokalisation*, also die weltweit verbreitete Sitte, daß Männer ihre Angetraute in das Haus ihrer eigenen Familie holen. Statt von Eunuchen werden die Frauen hier von Schwiegermüttern und Schwägerinnen eifersüchtig bewacht. Der islamische Brauch, Frauen nur mit Schleier hinausgehen zu lassen, dient den Männern wohl ebenfalls dazu, eventuellen Affären der Gattin vorzubeugen. Je mehr die Frauen ihre Reize verhüllen, desto weniger Schwerenöter locken sie an. Ja, und last not least gehört natürlich auch die Gepflogenheit, nur Jungfrauen zu ehelichen, hierher: Ein Mann, der auf ein unversehrtes Jungfernhäutchen seiner Verlobten bestand, schützte sich so schließlich auch vor der Gefahr, eine bereits heimlich geschwängerte Frau zu heiraten.

Alle diese Praktiken illustrieren noch einmal überdeutlich, mit welcher Härte und Unerbittlichkeit die Männerwelt den ewigen Krieg der Geschlechter führt. Ob sie die Frauen nun abdichten, zunähen oder einsperren, mit unfeinen Tricks oder roher Gewalt kämpfen, immer kennen sie nur ein Ziel – den eigenen Fortpflanzungserfolg.

Die wohl schändlichste und zugleich grausamste Waffe, derer

Männer sich im Geschlechterkrieg bedienen, heißt: *Vergewaltigung.* Wir alle wissen, daß brutale Vergewaltigungen leider schon zum Alltag unseres gesellschaftlichen Lebens gehören. Vor allem in den anonymen Großstädten sehen wir die Zahl sexueller Delikte in geradezu beängstigender Weise anwachsen. Je kälter, seelenloser und unpersönlicher unsere Städte werden, desto häufiger kommt es vor, daß Frauen auf offener Straße belästigt und am hellichten Tage vergewaltigt werden. Passanten, die Zeuge einer Notzucht werden, verweigern immer öfter ihre Hilfe. Sie wenden sich angewidert ab und tun, als hätten sie es nicht bemerkt: Niemand möchte »in solche Dinge verwickelt« werden . . .

Was sind das für Kerle, die Frauen schänden? Psychopathen oder ganz gewöhnliche Mannsbilder? Und: Was treibt sie zur Notzucht? Die Lust an der Gewalt, Frauenhaß oder nackter Sex? – Obgleich sich in den letzten Jahren vor allem Feministinnen um eine Klärung dieser Fragen bemühten, ist eine wirklich erschöpfende Antwort noch nicht in Sicht. Während viele Feministinnen hartnäckig an ihrer Überzeugung festhalten, daß jeder Mann ein potentieller Vergewaltiger ist, verweisen die (vielleicht betroffenen?) Männer recht eifrig darauf, daß es sich bei den Tätern doch regelmäßig um »Soziopathen«, um sozial Geschädigte, handelt. Und während die Feministinnen darauf bestehen, daß Vergewaltigungen nichts mit Sex, sondern allein mit männlicher Gewaltherrschaft zu tun haben, verlangen viele Forscher, daß man die Rolle der Sexualität doch bitte nicht herunterspielen möge.

Und was sagt die Soziobiologie? Soziobiologische Überlegungen lassen natürlich vermuten, daß sich hinter der Vergewaltigung eine männliche Fortpflanzungsstrategie verbirgt. Aber ist das auch so? Randy Thornhill und seine Frau Nancy sind dieser Vermutung nachgegangen. Sie sagten sich: Wenn es wahr ist, daß Männer mit der Vergewaltigung ihren Fortpflanzungserfolg zu erhöhen suchen, dann müßten ihre Opfer vorwiegend in einem Alter sein, wo sie auch Kinder zur Welt bringen können. Die Vergewaltiger dürften sich also nicht wahllos auf jedes weibliche Wesen stürzen, dessen sie habhaft werden können, sondern müßten gezielt solche Frauen notzüchtigen, die auf dem Höhepunkt ihrer Fruchtbarkeit stehen. Demnach läßt sich erwarten, daß der größte Teil der verge-

waltigten Frauen etwa zwischen 20 bis 25 Jahre alt ist. Die Vergewaltigung von Kindern und alten Frauen sollte dagegen selten
sein. Was das Alter der vergewaltigenden Männer anbelangt, so
darf man vermuten, daß sie sich in jenen Jahren befinden, wo die
Konkurrenz um die Frauen am größten ist. Und dies ist bekanntlich die Zeit, da man an eine feste Bindung denkt, also mit etwa
20 Jahren. Weiter läßt sich annehmen, daß vor allem solche Männer zum Mittel der Vergewaltigung greifen werden, die kaum eine
Heiratschance haben. Da Frauen, wie wir gesehen haben, bevorzugt wohlhabende Männer wählen, werden es wohl in erster Linie
aus armen Verhältnissen stammende Männer sein, die »leer« ausgehen. Und schließlich darf man noch vermuten, daß es sich bei
den Vergewaltigern um »Desperados« handelt, um Männer, die
reproduktiv nichts mehr zu verlieren haben und ohne jede Hoffnung sind, jemals eine Familie gründen zu können.

Um zu sehen, wie es sich nun in Wirklichkeit mit den Tätern und
Opfern von Vergewaltigungen handelt, haben Randy und Nancy
Thornhill die Statistiken des United States Department of Justice
und die Polizeiberichte aus 26 Städten der USA durchforstet. Sie
stellten fest, daß die meisten Frauen, die Opfer einer Vergewaltigung wurden, zwischen 20 und 24 Jahren waren. Den Hauptanteil
der Täter bildeten die 20 bis 23jährigen. Was den sozialen Status
der Vergewaltiger betrifft, so waren es in erster Linie ungelernte
Kräfte und Arbeitslose. Und wie aus Interviews mit den Tätern
hervorging, empfanden sie sich selbst zumeist als »loser«, als hoffnungslose Verlierer.

Sie erinnern sich sicherlich noch des höchst unfeinen Betragens
der Stockerpel und Berghüttensängermännchen, die ihr gerade
vergewaltigtes Weibchen ihrerseits vergewaltigten beziehungswei-
se verstießen, eben weil ihre genetische Investition gefährdet war.
Wie sieht es da bei uns aus? Wie reagieren die Männer auf die
Mitteilung, daß ihre Frau vergewaltigt wurde? Wie wir aus verschiedenen Gesellschaften des Mittleren Ostens wissen, betrachten die
Männer eine Vergewaltigung ihrer Frau als eine Schande, von der
die ganze Familie beschmutzt wird. Oft ist zur Wiederherstellung
der »Familienehre« sogar der Tod der vergewaltigten Frau verlangt
worden. Während des indisch-pakistanischen Krieges um Bangla

Desh im Jahre 1971 soll es 200 000 bis 400 000 Vergewaltigungen gegeben haben. Das größte Problem, vor dem die vergewaltigten Hindu-Frauen standen, war die Zurückweisung durch den Ehemann und die Familie. Doch das Verstoßenwerden durch den Ehemann ist keineswegs nur ein Problem asiatischer Frauen. Auch europäische und amerikanische Frauen müssen nach einer Vergewaltigung oft noch mit einer Scheidung rechnen. Etwa jede zweite vergewaltigte Frau in den USA muß ohnmächtig erleben, wie sich ihre Ehe aufgrund ihres Unglücks verschlechtert. Die Ehemänner mißtrauen ihren Frauen fortan, geben ihnen Schuld, sich dieser Situation in der unvorsichtigsten Weise ausgesetzt zu haben, ja, betrachten die Vergewaltigung ihrer Frau sogar als »Ehebruch« – besonders dann, wenn sie keine sichtbaren Verletzungen davontragen. Was Wunder also, wenn Ehefrauen es lieber verschweigen, vergewaltigt worden zu sein! Soziobiologisch interessant ist auch, daß ältere Opfer einer Vergewaltigung, also Frauen, die keine Kinder mehr bekommen können, weit weniger Probleme mit ihren Gatten haben. Dies aber wohl nicht deshalb, weil ältere Ehemänner rücksichtsvoller wären, sondern wohl eher deswegen, weil ihr »genetisches Geschäft« nicht mehr bedroht werden kann. Und schließlich ist noch bemerkenswert, wie unterschiedlich die Frauen selbst mit ihrer Vergewaltigung »fertig« werden. Laut Randy und Nancy Thornhill, die sich hierbei auf die Berichte von Psychologen stützen, bewältigen Kinder und ältere Frauen eine Vergewaltigung noch am »problemlosesten«; für pubertierende Mädchen wird es dann schon viel schwieriger, eine solche Erfahrung zu verarbeiten; und am schwersten haben es erwartungsgemäß die erwachsenen Frauen – und hier natürlich vor allem die verheirateten!

Die Vergewaltigung, so dürfte deutlich geworden sein, läßt sich durchaus als eine männliche Fortpflanzungsstrategie verstehen. Sie ist eine reproduktive Waffe, zu der die Männer vor allem dann greifen, wenn sie nichts mehr zu verlieren haben. Und dies gilt nicht nur für die vergewaltigenden Desperados unserer anonymen Massengesellschaft, sondern auch für all jene zweifelhaften Kriegshelden, die die Okkupation eines fremden Landes dazu benutzen, wehrlose Frauen zu schänden. Wenn man einmal an das entsetzliche und grauenerregende Ausmaß an Vergewaltigungen denkt, von denen die Kriegsberichte, ob nun aus Indien, Vietnam oder anderswo, berichten, und man zudem erwägt, daß hier keineswegs nur Söldnernaturen, sondern ganz durchschnittliche, brave Männer am Werke waren, dann kann man den Feministinnen wohl nur recht geben: »Der Vergewaltiger ist kein Ungeheuer, er ist der Mann von nebenan!«

Ödipus ratlos

Es war einmal vor langer, langer Zeit, da lebte ein mächtiger König mit Namen Laios, der herrschte über ganz Theben. Zu seiner Gemahlin wählte er die schöne Iokaste, von der er sich nichts sehnlicher wünschte als einen Thronfolger und Erben seines Reiches. Es schien, als wären die Götter dem frisch vermählten Königspaar gewogen, denn siehe da: Iokaste ward schwanger. Zu der Zeit nun aber, da die glückliche Iokaste sich für die Niederkunft schonte, erging an den König eine unheilvolle Weissagung. Ein Diener des Apollo prophezeite dem Herrscher von Theben nämlich, daß ihn das Schicksal treffen würde, von der Hand des Sohnes zu sterben, welcher ihm jetzt geboren würde. Erschrocken über diese schauerliche Botschaft, ersann der von Angst gequälte König einen Plan, der das Unheil abwenden sollte: Um nicht durch die Hand seines eigenen Fleisch's und Blut's umzukommen, übergab der König seinen Sproß, kaum daß er geboren war, fremden Händen und ließ ihn ins unzugängliche Gebirge werfen.

Nun traf es sich, daß ein Hirte aus Korinth sein Vieh gerade durch die Felsenschluchten des Kithairon führte und dabei auf den ausgesetzten Knaben stieß. Ihn dauerte das Kind, und so nahm er es mit sich, um es in Korinth dem König zu übergeben. Wie der Herrscher von Korinth, mit Namen Polybos, den armen Knaben sah, da beschloß er, ihn zu behalten und so zu lieben, als wäre er sein eigener Sohn. Auch Polybos' Frau, der Merope, gefiel der Knabe gar sehr: Da ihr Leib verschlossen war und keinem eigenen Kinde das Leben zu schenken vermochte, betrachtete sie den Buben als ein Geschenk des Himmels und schloß ihn sogleich in ihr liebevolles Herz. Und so kam es also, daß der von Laios verstoßene und todgeweihte Knabe auf wunderbare Weise zum Thronfolger von Korinth heranwachsen durfte.

Als aus Ödipus, denn auf diesen Namen ward er getauft, ein stattlicher Jüngling geworden war, kam ihm bei einem Gelage, aus dem Munde eines Trunkenboldes, zu Ohren, daß er dem Polybos nur untergeschoben sei. Verwirrt und betroffen darüber, womöglich nicht von Polybos gezeugt worden zu sein, drang er in das Königspaar, um Gewißheit über seine Herkunft zu erlangen. Doch Polybos, statt die Wahrheit einzugestehen, schalt den Trunkenbold einen Lügner. Froh über diese Auskunft, ließ Ödipus von seinen Zweifeln ab. Da aber das Gerücht über seine dunkle Geburt nur kurze Zeit später auch andernorts ging, kam alsbald erneuter Argwohn in ihm auf. Heimlich wanderte Ödipus daher nach Pytho, um Phoibos selbst nach der umstrittenen Abkunft zu befragen. Phoibos indes schwieg sich über die geheimnisvolle Abstammung des Ödipus aus; doch andere, grausige und schaudervolle Dinge tat er ihm kund: Er würde, so bedeutete ihm Phoibos, zum Mörder seines Vaters und zum Gatten seiner Mutter!

In der Furcht, zum Mörder an Polybos und zum Gemahl der Merope zu werden, beschloß Ödipus, Korinth für alle Zeit zu verlassen und hinweg an einen Ort zu ziehen, wo er die fürchterlichen Sprüche sich nie erfüllen sähe. Auf seiner Wanderung nun aber geriet Ödipus mit Fremden in Händel, die ihn mit Peitschenhieben und allerlei Gewalt vom Wege vertreiben wollten. Von maßlosem Zorn gepackt, erschlug er allesamt. Nur wenige Zeit nach diesem blutigen Zwischenfall erreichte Ödipus eine Stadt, die in tiefer Trauer lag: Theben. Diese Stadt, die er, wie er glaubte, noch nie gesehen hatte, trauerte gerade um ihren jüngst umgekommenen König und befand sich auch sonst in großer Bedrängnis. Ein Ungeheuer nämlich bedrohte die braven Bürger Thebens. Ödipus, dessen starker Arm schon anderen Gefahren den Garaus zu machen verstand, besiegte dieses Ungeheuer in einem kühnen Kampfe. Als Preis für seinen Wagemut boten ihm die glücklich erretteten Bürger Thebens sodann die Hand ihrer verwitweten Königin an. Und so ward Ödipus, der einstige Thronfolger von Korinth, nun zum Herrscher über Theben.

Zwei selige Jahre kamen und gingen, und mit jedem neuen

Frühling wurde dem Ödipus ein gesunder Sproß geboren. Mit dem nächsten Jahr aber brach erneut ein Unglück herein. Große Not machte sich breit und plagte die unschuldigen Bürger Thebens. Ihre Ernte ward zunichte, ihr Vieh starb, und ihre Frauen gebaren keine Kinder mehr. Von der Hoffnung beseelt, daß Ödipus ihnen auch dieses Mal wieder zu helfen verstünde, zogen die Bürger der Stadt vor sein Haus und erflehten Hilfe. Ödipus, der auch diese Not mit dem gewohnten Eifer zu bekämpfen gewillt war, schickte eilends einen Boten zu Phoibos, um daselbst die Ursache des Ungemachs erfragen zu lassen. Die von der gesamten Stadt so begierig erwartete und Erlösung versprechende Antwort des Phoibos aber lautete: »Die Ursache eures Elends lebt unter euch. Es ist der Mann, der euren König Laios erschlug. Findet ihn, ächtet ihn und vertreibt ihn, so werdet ihr wieder in Frieden leben können!« Diese Worte versetzten das Volk in noch größere Unruhe: Wie ihn finden, diesen mörderischen Missetäter? fragte man sich besorgt. Zur Beruhigung der erregten Thebaner gelobte Ödipus, den Mörder, wer immer er auch sei, zu finden und Sühne zu schaffen, auf daß der verlorene Friede wiederkehre. Er schickte sogleich nach Teiresias, dem blinden Seher, und bat ihn – zur Errettung Thebens –, die Spur des Schuldigen zu entdecken. Widerstrebend brachte der weise Teiresias, dem nichts verborgen blieb, das Ungeheuerliche und Erschrekkende ans Licht, daß nämlich Ödipus, der Suchende, selbst der Gesuchte ist und daß Richter und Täter in ihm vereint sind: Denn unter den Fremden, die Ödipus auf seiner Wanderung erschlug, befand sich, wie er nun hören mußte, eben jener König Laios, der sein eigener Vater war. Und die ihm angetraute Königin von Theben, so enthüllte Teiresias, war niemand anderes als Iokaste, seine leibliche Mutter. – Das Schicksal, dem er zu entfliehen suchte, hatte sich also doch an ihm erfüllt: Ödipus war zum Mörder seines Vaters und zum Gemahl seiner Mutter geworden! Um die Schandtat zu sühnen, wie er gelobt hatte, stach Ödipus sich die Augen aus und verließ Theben als Blinder ...

Dies ist die bewegende Geschichte von »König Ödipus«, wie sie uns der griechische Dichter Sophokles in seiner gleichnamigen Tragödie überliefert hat. Vatermord und Blutschande – das sind die ungeheuren Verbrechen, deren Ödipus sich »unschuldig schuldig« macht. – Einen Menschen zu töten, gar noch den eigenen Vater, erscheint uns selbstverständlich als eine ruchlose Tat. Aber was ist, wenn man einmal alle »Sentimentalitäten« beiseite läßt, so verabscheuenswürdig an der »Blutschande«? Warum soll es niedrig, gemein und sogar »tierisch« sein, wenn zwei Blutsverwandte in Liebe zueinander entbrennen? Weshalb spricht man hier von schwerstem Frevel, schlimmstem Sakrileg oder, wie das Alte Testament, von einer todeswürdigen Sünde: »Wenn jemand bei seines Vaters Weibe schläft, daß er seines Vaters Blöße aufgedeckt hat, die sollen beide des Todes sterben; ihr Blut sei auf ihnen.« Harte Worte für ein Verbrechen, das doch nur aus »Liebe« besteht. Aber nicht nur der Inzest mit der Mutter, auch die »fleischlichen Sünden« mit der Schwester werden uns im 3. Buch Mose verboten: »Wenn jemand seine Schwester nimmt, seines Vaters Tochter oder seiner Mutter Tochter, und ihre Blöße schaut und sie wider seine, das ist eine Blutschande. Die sollen ausgerottet werden vor den Leuten ihres Volks; denn er hat seiner Schwester Blöße aufgedeckt; er soll seine Missetat tragen.« Solche von »heiligem Zorn« getragene und nach Blut schmeckende Strafen sind aber nicht nur über jüdische oder christliche »Blutschänder« verhängt worden. Überall auf der Welt, in allen uns bekannten Kulturen, gilt es als ein Greuel, wenn Anverwandte miteinander schlafen. Überall, wo Menschen leben, gibt es Gesetze, die Sex mit Familienangehörigen aufs strengste verbieten. Überall ist *Inzest* tabu!

Und abermals muß man fragen: Warum? Warum gibt es in allen Kulturen ein Inzest-Tabu? Was wiegt an der körperlichen Vereinigung zwischen »Brüderchen und Schwesterchen« so schwer, daß sie so fürchterlich geahndet wird? Wenn die beiden sich doch »liebhaben«!? Die meisten von Ihnen werden selbst einen Bruder oder eine Schwester haben. Sie beide, Sie und Ihr Geschwister, sind von ein und demselben Vater gezeugt und von ein und derselben Mutter zur Welt gebracht worden. Unendlich viel verbindet Sie miteinander: Sie sind in ein und demselben Kinderzimmer aufgewachsen, haben auf ein und demselben Topf gesessen, in ein und derselben Buddelkiste gespielt, des abends, Bett an Bett, ein und dieselben Märchen vorgelesen bekommen, haben ein und dieselbe

Schule besucht und teilen sich unzählige gemeinsame Erinnerungen aus guten wie aus schlechten Zeiten. Sie stehen einander so nahe, wie man einander nur nahestehen kann. Müßte da das körperliche und seelische Verschmelzen nicht ein Akt von besonderer Schönheit sein? Ja, von Reinheit gar? Wäre diese geschwisterliche Umarmung nicht eine geradezu verführerische Vereinigung von Erotik und Selbstliebe? – Sie sagen »Nein!« Sie sagen, Sie fänden das überhaupt nicht verführerisch, eher abstoßend und schrecklich? Aber warum? Worin liegt Ihr Widerwille begründet? In Ihrer Erziehung? Darin, daß man Ihnen beigebracht hat, daß dies etwas Ekelhaftes und Verwerfliches sei? Oder darin, daß unser Strafgesetzbuch es Ihnen verbietet? Oder etwa darin, daß sich in Ihrer »Natur« etwas gegen den Inzest sträubt?

Natur oder Kultur? – die alte Frage! Was läßt einen jungen Mann, der auf Brautschau geht, für die Reize seiner Schwester blind sein? Der gefürchtete Vorwurf der »Blutschande« oder eine geheimnisvolle »Stimme des Blutes«? Diese Frage, ob das Inzest-Tabu biologische oder kulturelle Wurzeln hat, sorgt bis zum heutigen Tage für eine heftig geführte Auseinandersetzung zwischen Bio- und Kulturwissenschaftlern. Die mehr biologisch denkenden Köpfe vermuten hinter dem Inzest-Tabu ein »Verbot der Natur«, und die mehr soziologisch ausgerichteten Köpfe sprechen sich mehrheitlich für ein »Verbot der Kultur« aus. Zu den Forschern, die an eine kulturelle Verankerung des Inzest-Tabus glaubten, zählte zum Beispiel der Ethnologe und Mythenforscher Sir James G. Frazer. In seinem Buch »Totemismus und Exogamie« erklärte er ebenso kurz wie überzeugend: »Das Gesetz verbietet den Menschen nur, wozu ihre Triebe sie geneigt machen; was die Natur selber verbietet und bestraft, das braucht das Gesetz nicht mehr zu verbieten und zu strafen. Statt aus dem gesetzlichen Inzestverbot zu schließen, daß eine natürliche Abneigung gegen den Inzest bestehe, sollten wir darum besser annehmen, daß es einen natürlichen Trieb gibt, der ihn begünstigt.« Der Logik dieser Argumentation kann man sich wohl kaum entziehen. Eine ähnlich »kulturistische« Sichtweise vertrat die bekannte Anthropologin Margaret Mead. Während Frazer die *Inzestscheu* des Menschen nur auf das verbietende Gesetz zurückführte, wollte Margaret Mead hier vor allem ökonomische Gesichtspunkte am Werke sehen. Als sie die Männer der Berg-Arapesh in Neuguinea befragte, warum sie nicht ihre Schwestern heiraten, erhielt sie nämlich zur Antwort, daß man sich dadurch doch um »wertvolle Schwager« bringen würde. In einer Anekdote, die von einem jungen Mann erzählt, der sich mit dem Gedanken trug, vielleicht seine Schwester zu ehelichen, berichtet Margaret Mead, wie der Stammesälteste ihn anfuhr: »Bist du denn nicht ganz richtig im Kopf? Möchtest du denn keinen Schwager? Siehst du denn nicht ein, daß du wenigstens zwei Schwager bekommst, wenn du die Schwester eines anderen Mannes heiratest und ein anderer Mann deine eigene Schwester bekommt? Mit wem willst du denn auf die Jagd oder in den Garten ziehen, und wen willst du besuchen?«

Den eigentlichen »Beweis« zugunsten der kulturellen Verankerung des Inzest-Tabus aber glaubte Sigmund Freud erbracht zu haben. In seiner Schrift »Totem und Tabu« erklärte er ganz entschieden, daß die »Erfahrungen der Psychoanalyse die Annahme einer angeborenen Abneigung gegen den Inzestverkehr vollends unmöglich machen. Sie haben im Gegenteile gelehrt, daß die ersten sexuellen Regungen des jugendlichen Menschen regelmäßig inzestuöser Natur sind . . .« Was waren das für »Erfahrungen«, mit denen Freud beweisen zu können meinte, daß jeder Mensch inzestuöse Begierden verspüre? Nun, bei der psychoanalytischen Behandlung seiner neurotischen Patienten will Freud bemerkt haben, daß die Phantasien und Träume der Kranken von inzestuösen Wünschen beherrscht sind. Für die Patienten selbst unkenntlich, träumten und phantasierten sie davon, mit ihren Eltern oder Geschwistern sexuell zu verkehren. Die Deutung scheinbar harmloser und unverfänglicher Träume offenbarte so zum Beispiel, daß die Männer sich insgeheim wünschten, von ihrer Mutter in die Mysterien der Liebe eingeweiht zu werden, mit ihr verheiratet sein zu dürfen und ihr ein Kind machen zu können. Darüber hinaus verriet sich in ihren Träumen, daß sie den Vater haßten, daß sie ihn als einen lästigen, aber mächtigen Nebenbuhler im Besitzstreit um die Mutter empfanden und daß sie ihm den Tod wünschten, ja, sogar selbst umbrachten. Kurz, sie verübten in ihrer Phantasiewelt genau jene Verbrechen, derer Ödipus sich schuldig gemacht hatte:

Sie ermordeten den Vater und heirateten die Mutter. All diese unsittlichen, blutschänderischen und mordlüsternen Sehnsüchte blieben den Kranken freilich unbekannt: Sie hatten sie, wie Freud sagte, ins Unbewußte verdrängt – eben weil sie so ungeheuerlich und einfach unverzeihlich waren.

Wie Freud bei einer Selbstanalyse feststellen mußte, war aber auch er, zumindest in seiner frühen Kindheit, ein solcher »Möchtegern-Ödipus«: Auch er träumte davon, der Mörder seines Vaters und der Geliebte seiner Mutter zu sein. Und so regte sich allmählich der Verdacht in ihm, daß diese blutschänderischen Begierden nicht nur im Seelenleben der Kranken, sondern womöglich auch im Seelenleben der Gesunden zu Hause sind – ein Verdacht, der sich, wie Freud versichert, als berechtigt erwies und bestätigt werden konnte.

Diese taufrische und ebenso erschütternde wie bahnbrechende Entdeckung veranlaßte Freud dazu, den *Ödipuskomplex* zu formulieren: Jeder Mann, so wagte er damit zu behaupten, habe in seiner Kindheit eine Phase durchlebt, in der er seine Mutter sexuell begehrte und seinen Vater tot wünschte, und jede Frau sei einst in ihren Vater verliebt und voller Haß gegen ihre Mutter gewesen! Jeder Mensch müsse in seiner Jugend mit diesen »ödipalen Wünschen« fertig werden, andernfalls falle er einer neurotischen Erkrankung zum Opfer. Oder, wie Freud es in seinen »Drei Abhandlungen zur Sexualtheorie« selbst ausdrückt: »Jedem menschlichen Neuankömmling ist die Aufgabe gestellt, den Ödipuskomplex zu bewältigen; wer es nicht zustande bringt, ist der Neurose verfallen.«

Als Freud seine Entdeckung der Öffentlichkeit vorstellte, brach verständlicherweise ein Sturm der Empörung los. Da hieß es etwa: Das ist ja einfach unglaublich, was einem dieser irre Seelenarzt da auftischt. Erst behauptet er, schon beleidigend genug, daß wir alle Sklaven des Unbewußten sind, und jetzt wagt er uns gar noch zu unterstellen, daß wir alle insgeheim blutschänderische Lüstlinge sind. Einfach haarsträubend. Lächerlich! Karl Kraus, ein Wiener Satiriker, dessen böse Zunge weit über die Stadtgrenze hinaus bekannt war, faßte die Meinung der Wiener Ärztekammer kurz und knapp in der Bemerkung zusammen: Die Psychoanalyse ist ein

Symptom der Krankheit, für deren Therapie sie sich hält! Aller Entrüstung zum Trotz hielten Freud und seine Jünger jedoch unbeirrbar an ihrer Überzeugung fest. Doch was heißt »aller Entrüstung zum Trotz«? Die Entrüstung erschien ihnen geradezu als ein Beweis für die Richtigkeit ihrer Überzeugung: Wenn es einfach nur »lächerlich« wäre, was die Psychoanalyse behauptete, dann brauchte sich die Öffentlichkeit ja nicht so zu ereifern. »Euer Zorn verrät euch!« so dachte Freud.

Wenn nun aber in uns allen ein so heißes Verlangen nach Blutschande lebt, warum tun wir uns dann Zwang an? Weil Inzest tabu ist! Ja, aber warum verbieten wir uns denn freiwillig, wonach uns so sehr gelüstet? Warum gibt es denn – nochmals gefragt – überall auf der Welt Inzest-Tabus? Freud war auch hier nicht um eine Antwort verlegen. Er behauptete, das Inzest-Tabu sei eine selbstauferlegte Buße für ein in grauer Vorzeit begangenes Verbrechen. Am Anfang der Menschheitsgeschichte, so meinte Freud, ereignete sich nämlich etwas Grauenhaftes, etwas so Entsetzliches, daß wir noch heute, nach unzähligen Generationen, von Angst und Schuld ergriffen werden, sobald uns etwas daran gemahnt. Was aber war das, was uns noch heute schaudern läßt? Freud hat dieses sorgsam gehütete und geheimnisumwitterte Ur-Verbrechen aufgedeckt. In einer Geschichte, die den Titel »Im Anfang war die Tat« verdient, erzählt er uns den Hergang der grausigen Ur-Ereignisse: Einst, niemand weiß mehr genau wann, da lebten die ersten Menschen in einer kleinen Ur-Horde. An der Spitze dieser Ur-Horde stand ein tyrannischer Patriarch: ein Kerl wie ein Baum, der schon aus unzähligen blutigen Kämpfen siegreich hervorgegangen war und Gefahren zu meistern verstand, von denen wir uns gar keine Vorstellung mehr machen können. Dieses unerschrockene und todesmutige Mannsbild war aber nicht nur der unumschränkte Herrscher der Horde, sondern zugleich auch der Vater der gesamten Schar. In despotischer Manier verlangte er von all seinen Abkömmlingen unbedingten Gehorsam und vollkommene Willfährigkeit. Alle Männer der Horde machte er zu seinen Knechten, alle Weiber zu Sklavinnen seiner Lust: Während ihm die Männer bei der Jagd und im Kampf mit gefährlichen Raubtieren helfen mußten, hatten ihm die eifersüchtig bewachten Weiber als Liebesdienerinnen und gebärtüchtige Mütter weiterer Nachkommen zu dienen. Daß sich einer der jungen Burschen, von unbezähmbaren Verlangen gepackt, jemals auf eine der Schwestern hätte stürzen können, gab es nicht. Jeder solche Versuch wäre mit unerbittlicher Strenge bestraft worden. Das Recht auf wollüstige Umarmungen mit den Weibern war allein und ausschließlich dem Alten vorbehalten!

Es fällt wohl nicht schwer, sich vorzustellen, wie sehr die Söhne unter dieser Gewaltherrschaft des Vaters zu leiden hatten. Und so kam es denn auch, wie es kommen mußte: Eines unglückseligen Tages, da die Entbehrungen der Brüderschar ihren Höhepunkt erreicht hatten, rotteten sie sich zusammen, ergriffen Knüppel und Steine und erschlugen den Tyrannen. Von der Hoffnung beseelt, sich mit seinem Fleisch und Blut auch all seine Macht einverleiben zu können, warfen sie sich sogleich auf den Leichnam des Erschlagenen, um ihn in wilder Gier zu zerreißen und zu verschlingen. Und während nun also noch das väterliche Blut von ihren Händen tropfte, ergriffen sie, auf dem Gipfel der Raserei angelangt, die kreischenden Weiber und schändeten sie bis zum Morgengrauen.

Auf diese vatermörderische und blutschänderische Orgie folgte allerdings ein bitteres Erwachen: Der gefahrvolle Alltag hatte sie eingeholt und verlangte ihnen nun wieder jene durch den Vater gewährleistete Wehrhaftigkeit und Einigkeit früherer Tage ab. Doch sie war dahin! Mit dem Vater schien auch all ihre Kraft und all ihre Einmütigkeit verschwunden zu sein. Schuldbeladen drang so die Erinnerung an den übermächtigen, heimtückisch hingemordeten Vater in ihr Bewußtsein. Die Ohnmacht und Kraftlosigkeit, von der sie sich so plötzlich befallen sahen, nahm sich in ihren Augen wie ein Fluch des erschlagenen Tyrannen aus; es schien, als nähme der Tote bittere Rache an ihnen – eine Rache aus dem Jenseits!

Der einzige Weg, den zornigen und fluchenden Vater zu besänftigen und Gnade vor ihm zu erwirken, konnte nur über die Buße führen. Indem sie ihre Reue über den Ur-Frevel bekundeten und schworen, daß sich ihr Verbrechen niemals mehr wiederholen würde, suchten sie das ungeheure Geschehen ungeschehen zu machen. Und so gelobten sie dem toten Vater denn ewige Treue und Hörigkeit – und verzichteten für alle Zeiten auf ihre Schwestern.

Das also war, laut Freud, die Geburtsstunde des Inzest-Tabus. Schuld und Sühne am Ur-Frevel lassen die Menschen bis zum heutigen Tage den Inzest fliehen und verfluchen. Das Gesetz, das den Inzest als »Blutschande« verdammt und verfolgt, und die Scheu, die uns bei der Vorstellung des Inzests befällt und lähmt, entstammen danach also ein und derselben Quelle: Sie wurzeln in der unbewußten, aber ungebrochen in uns fortlebenden Schuld am »Sündenfall«, in den heimlichen, aber immer noch schmerzvollen Gewissensqualen, die uns unsere Vorfahren als ein Gefühl der »Erbsünde« hinterließen ...

Was soll man mit dieser neuen Geschichte vom Sündenfall nun anfangen? Hat Freud sie ernst gemeint? Oder gab er uns nur ein Gleichnis? Es besteht kein Zweifel: Freud hat die Geschichte so gemeint, wie er sie niedergeschrieben hat. Er betrachtete sie als eine historische Wahrheit! Und er »durfte« an seine Geschichte von der «Erbschuld« auch glauben, weil er – wie selbst Darwin noch – ein »Lamarckist« war, ein Anhänger der Theorie von der »Erblichkeit erworbener Eigenschaften«. Daß, wie der Biologe Jean Baptiste de Lamarck im 19. Jahrhundert verkündete, erworbene Eigenschaften und persönliche Erfahrungen an Nachkommen »vererbt« (!) werden können, ist allerdings längst widerlegt; und so muß man Freuds »Erbsündenlehre« als mögliche Erklärung für das Inzest-Tabu wohl oder übel ad acta legen.

Da uns diese Überlegungen zur kulturellen Verankerung des Inzest-Tabus nicht gerade weitergebracht haben, sollten wir nun einmal den Gedankengängen jener Forscher folgen, die sich für eine natürliche Inzestbarriere aussprachen. Solche Forscher waren der britische Psychologe Havelock Ellis und der finnische Ethnologe Edvard Westermarck. Unabhängig voneinander nahmen Ellis und Westermarck die Existenz eines Instinktes an, der die Menschen inzestuöse Beziehungen meiden lasse. Dieser Instinkt, so meinten sie, bestehe keineswegs in einem »sechsten Sinn« oder einer geheimnisvollen »Stimme des Blutes«, die einem verraten würde, wer ein Blutsverwandter ist, sondern vielmehr in einer sexuellen Gleichgültigkeit gegenüber all jenen Menschen, mit denen man von früher Jugend auf beisammenlebt. Er wirke als ein sexuelles Desinteresse zwischen Personen, deren Vertrautheit bis in die Kindheit zurückreicht. Und das bedeutete – salopp ausgedrückt – also, daß Erwachsene, ob nun miteinander verwandt oder nicht, einander nicht heiraten, wenn sie in früher Kindheit auf denselben Topf gegangen sind!

Als Ellis und Westermarck ihre Hypothese in den 30er Jahren vortrugen, stießen sie auf gellendes Gelächter. Man hielt es einfach für lächerlich, daß frühkindliche Nähe und Vertrautheit zwischen Menschen eine sexuelle Abneigung hervorrufen sollten. »Hört, hört: Vertrautheit zeugt Verachtung!« spottete man. Leider vermochten damals weder Ellis noch Westermarck irgendwelche Beweise dafür zu erbringen, daß die Kinderzimmer-Intimität einer späteren Heirat abträglich ist; und so ernteten sie denn für ihre kühne Behauptung bis an das Ende ihrer Tage nur Hohn und Spott.

Auch in der Wissenschaft gilt: Wer zuletzt lacht, lacht am besten. Zum großen Bedauern all derer, die über Ellis und Westermarck gelacht haben, liegen nun nämlich tatsächlich eine Reihe von Beobachtungen vor, die die Theorie von Ellis und Westermarck stützen – und damit eben auch zeigen, daß sich ihre Gegner zu früh gefreut hatten. Es sind dies Beobachtungen aus Taiwan, aus Israel und dem Libanon.

Auf Taiwan gibt es einen vom Aussterben bedrohten Brauch, den die Einheimischen »Hsiao-hun« nennen, was wörtlich soviel wie *kleine Hochzeit* bedeutet. Bei diesem Brauch begeben sich die glücklichen Eltern eines Sohnes schon unmittelbar nach dessen Geburt auf die Suche nach einer passenden Braut für ihn. Haben sie ein geeignetes Mädchen für ihren Stammhalter gefunden, dann adoptieren sie es und lassen es an der Seite ihres künftigen Gemahls aufwachsen. Auf diese Weise leben die kleinen Brautleute wie Brüderchen und Schwesterchen beisammen: Sie spielen, schlafen und essen miteinander, baden gemeinsam in einer Wanne und gehen wohl auch auf denselben »Topf«. Wenn sie dann dem Gesetze nach heiratsfähig sind, verkündet ihnen das Familienoberhaupt, daß sie nunmehr offiziell Mann und Frau sind.

Als der amerikanische Anthropologe Arthur P. Wolf im Jahre 1957 von diesem Brauch erfuhr, erinnerte er sich sogleich der verlachten Ellis-Westermarck-Hypothese und beschloß, eine vergleichende Feldstudie durchzuführen. Er packte seine Siebensachen, nahm das nächste Flugzeug nach Taiwan und verglich vor Ort das Schicksal dieser kleinen Hochzeiten mit dem der *großen Hochzeiten*. Als solche »großen Hochzeiten« oder »Ta-hun« bezeichnet man auf Taiwan jene wesentlich häufigeren Ehen, bei denen der bereits erwachsene Sohn eine ihm fremde, wiederum von den Eltern ausgesuchte Frau heiraten muß. Die Brautleute sind sich hier also völlig unbekannt und bekommen sich zumeist auch erst am festgesetzten Hochzeitstage zu sehen.

Was fand nun Wolf heraus? Zunächst einmal erfuhr er durch bloße Befragungen, daß die »kleinen Hochzeiten« bei den Brautleuten ausgesprochen unbeliebt waren: Man empfand sie als »peinlich«, »anstößig« und »schamerregend«. Niemand, so hieß es, hätte seine »kleine Braut«, seine Sim-pua, wirklich gern geheiratet. Wenn es nach ihnen gegangen wäre, dann hätten sie sich liebend gern vor der Hochzeit mit ihrer Sim-pua gedrückt. Doch leider ging dies nicht, weil die Eltern, die schließlich ein reichliches Jahrzehnt an Fürsorge in das Mädchen investiert hatten, darauf bestanden, daß die Ehe geschlossen wurde. Nicht selten mußten die frisch gebackenen Ehemänner buchstäblich in das Brautgemach geprügelt werden. Dann stand der Vater zumeist – mit einem Stock in der Hand – vor der Tür Wache, um notfalls mit Gewalt zu verhindern, daß sich der Sohn durch Flucht seiner ehelichen Pflicht entzog.

Viele Männer bezeichneten ihre Ehe mit einer Sim-pua als einfach »fade« oder »uninteressant«. Dieses durch die frühkindliche Vertrautheit geschürte »sexuelle Desinteresse« konnte Wolf auch der hohen Zahl an Seitensprüngen und Scheidungen entnehmen: Während nur jeder siebente Mann, der eine große Hochzeit eingegangen ist, den Liebesdienst von Prostituierten in Anspruch nahm, besuchte etwa jeder zweite, mit einer Sim-pua Verheiratete, die »dunklen Räume der Gunstgewerblerinnen«. Auch machten die Männer einer Sim-pua achtmal so häufig davon Gebrauch, sich eine Nebenfrau anschaffen zu dürfen. Bei den Frauen war das nicht viel anders: Sim-puas, so bekam Wolf heraus, betrogen ihren Mann wesentlich häufiger. 42 von 127 Sim-puas hatten ihrem Manne Hörner aufgesetzt, gegenüber nur 18 von immerhin 159 Frauen aus einer großen Hochzeit. Und was die Zahl der Scheidungen anbelangte, so mußte Wolf feststellen, daß fast jede vierte kleine Hochzeit scheiterte: Von 132 Sim-pua-Ehen sind 32 geschieden worden, von 171 großen Hochzeiten nur 2! Soziobiologisch besonders interessant aber ist Wolfs Entdeckung, daß auch die Fruchtbarkeit in den Sim-pua-Ehen deutlich geringer war: Aus den kleinen Ehen gingen rund 30 Prozent weniger Kinder hervor als aus den großen Ehen!

Mit den Ergebnissen dieser vergleichenden Feldstudie konnte Arthur P. Wolf sozusagen zu einer »späten Ehrenrettung« Westermarcks beitragen. Denn nun hatte man endlich unzweideutige und überzeugende Hinweise auf die von Ellis und Westermarck vermutete »sexuelle Abneigung gegenüber Vertrauten«. Ihre Gegner hatten offenbar zu früh gelacht . . .

Die zweite der bereits angedeuteten Untersuchungen stammt aus den israelischen Kibbuzim. Die in einer solchen Siedlung geborenen Kinder wachsen zumeist nicht im Elternhaus, sondern in einer festen Gruppe von Altersgenossen auf. Dort sollen sie zu kollektivem Bewußtsein, Gleichheit der Geschlechter und sexueller Unverkrampftheit erzogen werden. Mädchen und Buben werden daher auch schon frühzeitig daran gewöhnt, sich nackt voreinander zu zeigen. So teilen sie sich nicht nur denselben Schlafraum, sondern auch dieselbe Toilette und dieselbe Dusche. Niemand hat etwas dagegen, wenn sie »Mann und Frau« oder »Onkel Doktor« miteinander spielen. Ja, sie können, wenn sie wollen, zur Nacht sogar unter ein und dieselbe Bettdecke schlüpfen . . .

Da die Kinder hier wiederum wie Brüderchen und Schwesterchen aufwachsen, kam der Soziologe Joseph Shepher von der Universität Haifa auf den Gedanken, einmal der Frage nachzugehen, ob die gemeinsame Jugend in derselben Kindergruppe später irgendwie die Wahl des Ehepartners beeinflußt. Er verschaffte sich daher Zugang zu den amtlichen Unterlagen und prüfte den Familienstand ehemaliger Kibbuzkinder. Dabei entdeckte er, daß von insgesamt 2769 Ehepaaren nur 14 aus derselben Kindergruppe stammten. Und bei diesen lediglich 14 Paaren handelte es sich regelmäßig um Partner, die einander entweder erst nach dem sechsten Lebensjahr kennengelernt hatten oder aber für einige Jahre getrennt waren. Es fand sich unter den 2769 geschlossenen

Ehen also keine einzige, deren Partner von klein auf und ununterbrochen zusammengelebt hätten!

Die dritte und letzte diesbezügliche Untersuchung stammt von der Anthropologin Justine McCabe. Sie hat im Libanon die Sitte der *Parallelkusinen-Heirat* einmal näher ins Visier genommen. Dabei hat ein Sohn die Tochter des Onkels, des Vaterbruders, zu heiraten. Wie sich zeigte, war diese Sitte unter den Brautleuten genauso unbeliebt wie die Sim-pua-Ehen auf Taiwan. Grund: Die künftigen Ehepartner wuchsen wie Geschwister auf.

Wenn wir uns nun aber vielleicht auch davon überzeugt haben, daß Ellis und Westermarck mit ihrer Vermutung recht hatten und es tatsächlich eine angeborene Abneigung gegenüber dem sexuellen Verkehr mit Vertrauten gibt, müssen wir uns jetzt doch immer noch danach fragen, welchen biologischen Sinn dieser »Instinkt« haben soll: Wozu soll diese sexuelle Gleichgültigkeit zwischen Geschwistern gut sein? Oder anders herum gefragt: Was soll am Sex zwischen »Brüderchen und Schwesterchen« so schlimm sein, daß die Natur ihn so mühevoll zu verhindern sucht?

Die Antwort des Biologen ist kurz und einfach: Die Natur sucht der *Inzuchtdepression* vorzubeugen! Als Inzuchtdepression bezeichnet man den Sachverhalt, daß Inzest auf Wachstumsrate, Körpergröße, Widerstandsfähigkeit, Fruchtbarkeit und Lebensdauer drückt. Es ist erwiesen, daß aus inzestuösen Beziehungen hervorgegangene Kinder wesentlich häufiger von Mißbildungen und Hirnerkrankungen betroffen sind. So treten bei ihnen etwa der Zwergwuchs, die Taubstummheit, der Albinismus, die Phenylketonurie und die Idiotie gehäuft auf. Anfang der 70er Jahre verglich die tschechoslowakische Genetikerin Eva Seemanova 161 Inzestkinder mit 95 anderen Kindern derselben Mütter: Die Zahl der Mißbildungen und schweren geistigen Behinderungen war bei den inzestuös gezeugten Kindern um das Zehnfache größer! Ähnliche Daten sind aus Japan, Schweden und Frankreich bekannt. Überall führte der Inzest zu einer deutlich höheren Sterblichkeit und Unfruchtbarkeit der Kinder.

Der Grund für das gehäufte Auftreten von Erbleiden bei Inzestkindern liegt in unserer Genetik. Wir alle sind nach Überzeugung der Genetiker Träger von schädlichen Allelen. Daß wir unter der

Schädlichkeit dieser Allele nicht zu leiden haben, verdanken wir dem glücklichen Umstand, daß wir noch über alternative Allele verfügen. Wenn jemand zum Beispiel, sagen wir vom Vater, ein »Albino-Allel« geerbt hat, dann muß er noch nicht automatisch unter einer fehlenden Pigmentbildung leiden. Wenn ihm seine Mutter nämlich ein intaktes Allel zur Pigmentbildung vererbt hat, dann unterdrückt dieses intakte Allel das väterliche »Albino-Allel«. Das intakte, mütterlicherseits geerbte Allel ist, wie man sagt, *dominant*, es setzt sich gegenüber dem väterlicherseits geerbten »Albino-Allel« durch. So sorgt denn also das dominante Allel dafür, daß das »Albino-Allel« inaktiv oder, wie es auch heißt, *rezessiv* bleibt.

Angenommen, es handelt sich beim Träger dieses rezessiven »Albino-Allels« um eine junge Frau. Sie ist gesund und munter und weiß nichts davon, daß sie »heimlich« ein schädliches, Albinismus verursachendes Allel mit sich herumschleppt. Wenn sie nun irgendwann einen jungen Mann ihrer Wahl heiratet und Kinder mit ihm zeugt, dann ist die Gefahr, daß die gemeinsamen Kinder an Albinismus erkranken, relativ gering. Denn hierzu wäre es notwendig, daß auch ihr Mann Träger des »Albino-Allels« ist und ausgerechnet dieses rezessive Allel in jener Samenzelle war, die mit der mütterlichen Eizelle verschmelzen konnte. Wenn die junge Frau nun aber, statt eines fremden Mannes, ihren Bruder zur Zeugung von Nachkommen wählte, dann ist die Gefahr, daß die gemeinsamen Kinder an Albinismus leiden, enorm groß, denn ihr Bruder ist mit sehr hoher Wahrscheinlichkeit auch Träger des »Albino-Allels« – schließlich teilen sich die beiden Geschwister ja die Hälfte ihrer Gene miteinander! Aber nehmen wir, der Deutlichkeit halber, doch ein besser untersuchtes Beispiel: die Phenylketonurie. Zum Ausbruch dieser mit Schwachsinn einhergehenden Erkrankung kommt es immer dann, wenn ein Kind sowohl von seinem Vater als auch von seiner Mutter das dafür verantwortliche Allel erbt. Dieses Allel ist glücklicherweise relativ selten. Wenn ein Mann und eine Frau, die nicht miteinander verwandt sind, Kinder zeugen, ist die Wahrscheinlichkeit, daß ihr Kind an der Phenylketonurie erkrankt, 1 zu 10 000. Also nur eines von zehntausend Kindern würde wirklich krank werden. Die Gefahr ist demnach recht gering. Wenn die Eltern nun aber untereinander verwandt sind, nimmt die Gefahr gewaltig zu. Sind die Eltern Geschwister, dann ist die Wahrscheinlichkeit – wie Genetiker ausgerechnet haben – 576mal höher (!), daß deren Kinder an dieser Krankheit leiden. Der Grund für diese beträchtliche Gefährdung liegt, wie erwähnt, darin, daß Bruder und Schwester 50 Prozent ihrer Allele gemeinsam haben. Das so Gefährliche am Inzest ist also, daß er die schädlichen rezessiven Erbanlagen, mit denen wir uns herumtragen, manifest werden läßt.

Aus soziobiologischer Sicht ist es nach alledem nicht weiter verwunderlich, daß es überall auf der Welt Inzest-Tabus gibt und die Menschen die »Blutschande« fliehen: Wenn wir nämlich an gesunden und fortpflanzungsfähigen Nachkommen interessiert sind, dann sollten wir eben auch tunlichst all jenen Verbindungen aus dem Wege gehen, die das Überleben und die Fruchtbarkeit unserer Kinder gefährden. Das Inzest-Tabu, so sehen wir also, ist wiederum ein sehr schönes und anschauliches Beispiel dafür, wieviel Natur in unserer Kultur steckt, es demonstriert uns aufs neue, wie Natur und Kultur Hand in Hand miteinander gehen und mit vereinten Kräften unsere reproduktiven Interessen durchsetzen – es lenkt unseren Blick abermals auf die Gen-Kultur-Koevolution!

Fortpflanzungsstrategisch betrachtet, müssen wir den Inzest nun wohl als ein schlechtes Geschäft bezeichnen, als einen unglückseligen Handel, bei dem der Gewinn die anfallenden Kosten einfach nicht zu decken vermag. Aber ist das nicht etwas vorschnell geurteilt? Ich meine, ob sich ein Handel lohnt oder nicht, hängt doch immer auch von der Geschäftssituation des Händlers ab: Ist die Nachfrage groß, kann er wuchern, ist die Nachfrage gering, muß er sich bescheiden. Was ich sagen will, ist: Auch die Inzuchtdepression ist »nur« ein Preis im Fortpflanzungsgeschäft. Und es lassen sich ohne jede Mühe Bedingungen denken, wo jemand bereit sein kann, diesen zugegebenermaßen hohen Preis zu zahlen. Schließlich sind inzestuös gezeugte Kinder immer noch besser als gar keine Kinder! Soziobiologisch läßt sich daher erwarten, daß Menschen immer dann zum Inzest greifen, wenn sie »keine andere Wahl« haben, wenn also die Kosten der Inzuchtdepression geringer sind als der reproduktive Nutzen einer inzestuösen Beziehung. Solche reproduktiv ausweglosen Situationen kennen wir zum Beispiel von den

Eskimos. Für sie war der Inzest oft die einzig mögliche Fortpflanzungsstrategie. In seinem Buch »Die letzten Könige von Thule« berichtet der französische Anthropologe Jean Malurie von der verfahrenen Lage vieler Eskimos: »Der Eskimo ist in erster Linie Realist – sorge dich nicht darum, wie du lebst, sagt er, sondern sieh zu, daß du überlebst –, und er paßt seine Lebensregeln an die Umstände an. Die ›exofamiliäre‹ Lösung war, eine Braut außerhalb des Familienkreises zu suchen; dadurch vergrößerten sich die Wahlmöglichkeiten des Mannes, es erhöhte sich aber auch der finanzielle Aufwand, der durch diese Heirat auf ihn zukam. Die ›endofamiliäre‹ Lösung des Jägers, der als Witwer völlig isoliert war und dem es nicht gelang, weder unter seinen näheren Verwandten noch sonstwo eine zweite Frau zu finden, war, mit seiner eigenen Tochter zu schlafen und sich so einen treuen Partner zu sichern. Mir ist ein solcher Fall aus dem Nordosten Kanadas bekannt. Der Witwer, ein erfolgreicher Jäger, der viele Kinder gehabt hatte, hatte zwei Jahre lang vergeblich bei benachbarten Gruppen nach einer neuen Frau gesucht; erst dann entschied er sich für diesen Weg – was die heimliche Mißbilligung seiner Nachbarn hervorrief und seiner ältesten Tochter, auf die seine Wahl gefallen war, viel Kummer verursachte. Seine Suche war sinnlos gewesen; damals hatte ausgesprochener Frauenmangel geherrscht, weil in diesem Gebiet zwischen 1930 und 1940 viele der weiblichen Babys umgebracht worden waren.« Dieses Beispiel illustriert sehr schön, daß Menschen die Kosten der Inzuchtdepression vor allem dann in Kauf nehmen, wenn der Inzest die einzige Möglichkeit ist, reproduktiv »im Spiel« zu bleiben und in der Gen-Lotterie weiter mitmischen zu können.

Es lassen sich aber auch Bedingungen denken, wo Menschen durchaus eine »andere Wahl« haben und dennoch den Inzest bevorzugen. Ich meine solche Situationen, wo die Kosten einer Eheschließung mit einem nichtverwandten Partner höher sind als die Kosten der Inzuchtdepression. Dies war nachweislich beim sogenannten *dynastischen Inzest* der Fall: Die Königshäuser im alten Ägypten, im Iran und in Peru praktizierten den Inzest, um das Familienerbe zusammenzuhalten, das durch eine Heirat mit Fremden bedroht war. Wenn ein ägyptischer Pharao nach dem Ableben der Gattin seine eigene Tochter ehelichte, blieb die kostspielige

Mitgift »in der Familie«. Der Inzest, der ein ausschließliches Privileg der Königsfamilie blieb, stellte hier sozusagen eine Strategie zur Monopolisierung von Ressourcen dar. Er sicherte den Fortbestand der eigenen Linie als unumschränkte Herrscher.

Soziobiologische Überlegungen lassen uns auch erwarten, daß Männer eher zum Inzest bereit sein dürften als Frauen. Dies hat damit zu tun, daß das Kosten/Nutzen-Verhältnis des Inzests geschlechtsspezifische Unterschiede aufweist: Frauen haben bei der Inzucht mehr zu verlieren als Männer! Da Frauen, wie erwähnt, nur eine Handvoll Kinder gebären und großziehen können, müssen sie bei der Auswahl ihres Partners mit wesentlich größerer Sorgfalt vorgehen als Männer. Denn die Kosten für die Geburt und Aufzucht von Kindern gehen fast ausschließlich auf ihr Konto. Läßt sich eine Frau beispielsweise auf eine Beziehung mit ihrem Bruder ein, aus der nun lauter kranke und fortpflanzungsunfähige Kinder hervorgehen, dann hat sie ihr »genetisches Überleben verwirkt«. Ihr Inzest war eine reproduktive Fehlinvestition, denn ihre Gene werden mit ihren fortpflanzungsunfähigen Sprößlingen zugrunde gehen. Wenn man es mit den Augen des »egoistischen Gens« betrachtet, könnte man sogar sagen: Frauen, die den Inzest wählen, begehen einen reproduktiven Selbstmord! Anders bei den Männern. Ihre Kosten für die Zeugung von Kindern sind verschwindend gering. Ein paar Tropfen Sperma – und das war's. Für einen Mann bedeutet es daher noch längst nicht das genetische Aus, wenn er eine Handvoll fortpflanzungsunfähiger Nachkommen gezeugt hat. Sein Reproduktionspotential ist ja nahezu unerschöpflich. Er kann unzählige andere Kinder mit anderen Frauen zeugen. Die Männer haben unter den traurigen Folgen des Inzests also weniger zu leiden als die Frauen, weil sie weniger in die Zeugung investieren und wesentlich mehr Kinder in die Welt setzen können.

Wenn es aber stimmt, daß die Männer das Risiko der Inzuchtdepression weniger zu fürchten haben als die Frauen, dann sollte sich dies wohl auch in den Inzest-Statistiken niederschlagen. Wir müßten dann zu sehen bekommen, daß der Inzest fast ausnahmslos von Männern begangen wird. Oder anders ausgedrückt: Männer sollten die Täter, Frauen die Opfer sein. Wie sieht es nun tatsächlich aus? Der deutsche Gerichtspsychologe Herbert Maisch hat uns wertvolle Daten geliefert, um unsere soziobiologische Prognose prüfen zu können. Seine Untersuchungen aus den 60er Jahren ergaben, daß es sich in 85 Prozent der bekanntgewordenen Fälle von Inzest um einen Vater-Tochter-Inzest handelte (bzw. um einen Stiefvater-Stieftochter-Inzest). Täter waren stets die Männer, die ihre Töchter (bzw. Stieftöchter) verführten oder gar vergewaltigten! In 5 Prozent der Fälle handelte es sich um einen Inzest zwischen Großvater und Enkelin. In lediglich 4 Prozent der Fälle handelte es sich um einen Mutter-Sohn-Inzest, wobei die Initiative zumeist von den Söhnen ausging. (Die restlichen 6 Prozent von »Inzest«-Fällen betrafen homosexuelle Handlungen zwischen Vater und Sohn bzw. Mutter und Tochter.) Das Ergebnis ist also eindeutig: Wenn es zum Inzest kommt, dann sind die Männer fast ausnahmslos die Täter!

Kommen wir zum Abschluß dieses Kapitels doch noch einmal auf den Ödipuskomplex zurück. Gibt es ihn, oder gibt es ihn nicht? Diese Frage ist nach wie vor unbeantwortet geblieben. Denn strenggenommen haben die Untersuchungen aus Taiwan, Israel und dem Libanon ja »nur« bewiesen, daß sich eine sexuelle Abneigung zwischen »Brüderchen und Schwesterchen« entwickelt. Ob »Brüderchen und Schwesterchen« aber auch einer Ehe mit ihren Eltern abgeneigt gewesen wären, ist jedenfalls nicht direkt erwiesen worden. Ein Psychoanalytiker – darauf kann man wetten – wird sich von unseren Forschungsergebnissen nicht sonderlich getroffen zeigen. Er wird sagen: »Was Sie mir da erzählen, beunruhigt mich keineswegs. Denn die Beobachtungen Ihrer Anthropologen betreffen lediglich die geschwisterlichen Beziehungen. Der ›klassische Ödipuskomplex‹ bezieht sich dagegen ausschließlich auf das sexuelle Verhältnis der Kinder zu ihren Eltern. Will sagen, daß die Männer auf Taiwan ihre Sim-puas nicht heiraten wollten, widerlegt in keinster Weise, daß sie ödipale Begierden hatten. Ich sehe daher auch nicht den geringsten Grund, von meiner Überzeugung abzuweichen, daß die guten Taiwanesen heimlich mit ihrer Mutter zu schlafen wünschten. – Vielleicht weil sie *nicht* mit ihr ›auf denselben Topf‹ gegangen sind!?« Mit welchen Argumenten könnte man dem offensichtlich spöttischen Analytiker begegnen?

Nun, ich meine, man könnte ihm noch einmal mit hieb- und stichfesten Argumenten vor Augen führen, daß seine vielbeschworenen »ödipalen Begierden« biologisch ohne jeden Sinn, ja geradezu selbstmörderisch wären, weil sie unsere Überlebens- und Fortpflanzungsfähigkeit gefährden würden. Man könnte ihm also zeigen, daß es einfach nicht im reproduktiven Interesse der Menschen liegen kann, den Inzest mit Vater oder Mutter zu suchen, da er das Leben und die Gesundheit der eigenen Kinder in Gefahr brächte. Auch könnte man ihm deutlich machen, daß es reproduktiv völlig verfehlt wäre, wenn ein Mann in Leidenschaft zu seiner Mutter entbrennen würde. Wenn den Männern nämlich daran gelegen ist, möglichst viele Nachkommen in die Welt zu setzen, dann sollten sie eben auch nur solche Frauen lieben, die ihnen noch viele Kinder schenken können. Das heißt, sie sollten sich an junge und gebärtüchtige Frauen binden und nicht an ihre durchschnittlich bereits 40 oder 45 Jahre alten Mütter. Neben diesen soziobiologischen Einwänden könnte man dann selbstverständlich noch die herkömmlichen Gegenargumente vorbringen. Man könnte den Psychoanalytiker also noch einmal höflich daran erinnern, daß es ihm und seinen Glaubensbrüdern bis zum heutigen Tage nicht gelungen ist, den Ödipuskomplex in irgendeiner Form zu beweisen. Ja, daß es ihnen noch nicht einmal möglich war, das angebliche »ödipale Verlangen« der Menschen wenigstens plausibel zu machen. Schließlich würden wir, wenn in jedem Mann tatsächlich ein Ödipus steckte, erwarten, daß die Vergewaltigung von Müttern und die Tötung von Vätern alles andere als eine Seltenheit wären. Die Kriminalstatistiken aber zeigen, daß der Mutter-Sohn-Inzest so gut wie gar nicht vorkommt, schon gar nicht mit Vatermord gekoppelt. Da sich der Analytiker mit dem »Urhorden-Mythos« und der »Erbsündenlehre« Freuds, wie erwähnt, nicht mehr herausreden kann, muß er eine andere Ursache für die offensichtliche und in allen Kulturen zu beobachtende Inzestscheu der Menschen finden. Was für eine Ursache sollte das aber sein? Zur Auswahl stehen im Grunde nur »das Gesetz« oder »die Gene«! Wenn er, wie zu erwarten, »das Gesetz« als Ursache für die allgemeine Inzestvermeidung angibt, dann dürfen wir uns guten Gewissens darüber verwundert zeigen, daß dieses Gesetz kaum jemals übertreten wird. Wir könnten also kopfschüttelnd bemerken: »Finden Sie es nicht reichlich merkwürdig, daß das Inzestverbot auf der ganzen Welt so gründlich eingehalten wird? Andere Gesetze, auf deren Übertretung ähnliche oder sogar noch höhere Strafen stehen, schrecken, wie Sie wohl wissen, nicht so gründlich ab. Millionen von Menschen begehen Raubüberfälle, Vergewaltigungen und Morde aller Art, ohne sich vom Gesetz und der drohenden Haft abschrecken zu lassen. Können Sie da wirklich ernsthaft der Meinung sein, daß sich diese Gesetzlosen durch das bloße Gesetz vom Inzest abhalten lassen?« Kurz, der Verweis auf das Gesetz reicht offensichtlich nicht aus, um erklären zu können, daß Männer so ungemein selten ihre Mütter vergewaltigen. Angesichts des angeblich geradezu brennenden Wunsches aller Männer, ihre Mutter irgendwie ins Bett zu kriegen, straft die Wirklichkeit alles psychoanalytische Gerede einfach Lügen.

Aber fragen wir doch einmal anders herum: Was spricht denn überhaupt für den Ödipuskomplex? Na, selbstverständlich die »Erfahrungen der Psychoanalyse«. Wie konnten wir das nur vergessen? Das dumme ist nur, daß die Erfahrungen der Psychoanalytiker den Offenbarungen der Mystiker gleichen: Sie sind allein den »Erleuchteten« vorbehalten! Sigmund Freud hat denn auch nie ein Hehl daraus gemacht, daß »nur solche Forscher die hier beschriebenen Anfänge des menschlichen Sexuallebens bestätigen [können], die Geduld und technisches Geschick genug besitzen, um die Analyse bis in die ersten Kindheitsjahre des Patienten vorzutragen.« Auf diese Textstelle aus den »Drei Abhandlungen zur Sexualtheorie« berufen sich die Jünger Freuds noch heute, was wohl nicht weiter verwunderlich ist, wenn man bedenkt, daß sie ein solcher Verweis der Verpflichtung zu entheben scheint, irgendwelche Beweise vorbringen zu müssen, ja, sie sogar gegenüber jeder Form von Kritik immun sein läßt. Zuweilen war Freud aber auch der Ansicht, daß die »ödipalen Begierden« der Menschen das Offensichtlichste von der Welt seien. So schrieb er in seiner Arbeit »Die Widerstände gegen die Psychoanalyse« etwa: Die Psychoanalyse »erkannte, daß das frühinfantile Sexualleben im Ödipus-Komplex gipfelt, in der Gefühlsbindung an den gegengeschlechtlichen Elternteil mit Rivalitätseinstellung zum gleichgeschlechtlichen, eine Strebung, die sich in dieser Lebenszeit noch ungehemmt in direkt sexuelles Begehren fortsetzt. Das ist so leicht zu bestätigen, daß es wirklich nur einer großen Kraftanspannung gelingen konnte, es zu übersehen.« Was fangen wir mit dieser Aussage an? Daß Söhne eine »Gefühlsbindung« zur Mutter und wenigstens gelegentlich eine »Rivalitätseinstellung« zum Vater zeigen, könnten die meisten von uns nun sicherlich bestätigen. Das ist in der Tat nur schwer zu übersehen. Viele von uns könnten sogar noch mehr bestätigen: Fast jede Mutter, die ich kenne, hat es schon erlebt, daß ihr kleiner Sohn ihr hoch und heilig versprochen hat, sie später einmal zu heiraten. Und fast jeder Vater, den ich kenne, hat es schon erlebt, daß sein Sohn ihn zu verdrängen suchte, wenn er seine Frau umarmte und küßte. Den oftmals offensichtlich eifersüchtigen Söhnen wäre es bestimmt auch sehr recht, wenn nur sie sich das Bett mit ihrer geliebten Mama teilen dürften. Kein Zweifel. Genauso unübersehbar ist, daß sich die Geschwister regelmäßig um die Gunst der Mutter streiten, daß sie um die mütterliche Zuwendung und Zärtlichkeit rivalisieren und sich nicht selten wie erbitterte Feinde gebärden. Aber was beweist das? Wenn das die Existenz des Ödipuskomplexes beweist, dann müßte Ödipus sogar im Tierreich zu Hause sein! Denn die Beobachtungen, die wir an unseren Kindern machen können, können wir auch an den Kindern der meisten Tierarten machen. Eine an »Verliebtheit« erinnernde Bindung an die Mutter, eine Art »Eifersucht« gegenüber dem Vater und eine offene »geschwisterliche Rivalität« zeigen auch die meisten Tierkinder. Wie uns der holländische Primatologe Frans de Waal in seinem faszinierenden Buch über die »Politik der Schimpansen« berichtet, sind solche vermeintlich »ödipalen Verhaltensweisen« bei Schimpansenkindern einfach gang und gäbe: »Schicken sich zwei erwachsene Schimpansen zur Kopulation an, kommen die Jungtiere angelaufen, springen der Affenfrau auf den Rücken, um ihren Partner wegstoßen oder berühren zu können, oder schlängeln sich zwischen das Paar. Außerdem bewerfen sie es mit Sand und vollführen schon als kleine Knirpse Drohveranstaltungen. Zu offenen Angriffen auf das Paar kommt es dabei jedoch nur äußerst selten. Den schlimmsten Ausfall beobachtete ich einmal bei Fons, der Nikkie beim Aufreiten auf seine Mutter Franje in die Hoden biß, womit die Sitzung ein jähes Ende fand. Im großen und ganzen aber sind diese Einmischungen nicht feindselig gemeint, ja wirken manchmal sogar ausgesprochen freundschaftlich. Eins aber sind sie unbedingt: störend. Bedenkt man, daß die Hälfte aller kopulierenden Paare von Kindern belästigt wird und daß gut ein Viertel der Einmischungen zum Abbruch der Paarung führt, erstaunt es nicht weiter, daß Schimpansenmänner oft vor der Annäherung an eine empfängnisbereite Frau die Kinder halb im Scherz verjagen. Die aber lassen sich wie lästige Fliegen nicht abwimmeln. Vor allem die kleinen scheinen von den sexuellen Vorgängen zwischen den Erwachsenen geradezu magisch angezogen.« Beweisen diese »Eifersuchtsattacken« der Schimpansenkinder nun, daß auch sie »ödipale Begierden« haben? Wollen etwa auch sie mit ihrer Mutter kopulieren und ihren Vater am liebsten töten? Ein Psychoanalytiker müßte diese Fragen konsequenterweise bejahen. Denn für ihn sind die »Gefühlsbindung« zur Mutter und die »Rivalitätseinstellung« zum Vater ja bereits »unübersehbare Beweise« für den Ödipuskomplex. Der gute Analytiker wird nun allerdings recht verlegen dreinschauen müssen, wenn er sich von Jane Goodall sagen lassen muß, daß sie während ihrer rund 30jährigen Beobachtung an freilebenden Schimpansen nicht ein einziges Mal sah, daß ein Sohn mit seiner Mutter kopulierte! Wird er diese Inzestvermeidung etwa wieder mit dem »Gesetz« erklären wollen???

Charles Darwin sagte einmal: »Falsche Fakten sind für den wissenschaftlichen Fortschritt äußerst gefährlich, da sie oft zählebig sind; doch falsche Ansichten, aus ein paar Hinweisen hergeleitet, richten wenig Unheil an, denn jeder hat eine bübische Freude daran, ihre Falschheit zu beweisen; und ist dies erst geschehen, ist ein Pfad zum Irrtum versperrt, während sich oft gleichzeitig der Weg zur Wahrheit auftut.« In unserer Diskussion um den Ödipuskomplex handelt es sich glücklicherweise nicht um »falsche Fakten«, sondern nur um »falsche Ansichten«. Die Fakten, das heißt die Gefühlsbindung an die Mutter, die Rivalitätseinstellung zum Vater und die Streitigkeiten zwischen den Geschwistern, sind durchaus richtig. Doch die Ansicht, daß diese Fakten für inzestuöse Begierden sprechen, ist schlichtweg falsch. Und die Soziobiologen haben denn auch tatsächlich eine »bübische Freude« an den Tag gelegt, als sie die falschen Ansichten der Psychoanalytiker als falsch entlarvten.

Sie haben zeigen können, daß die Fakten eine ganz andere Ansicht bestätigen, und zwar eine soziobiologische. Die Gefühlsbindung an die Mutter, die Rivalitätseinstellung zum Vater und die Konkurrenz mit den Geschwistern sind nämlich Erscheinungen, die sich auch nach der Theorie vom egoistischen Gen erwarten lassen – sie sind sogar eine unausbleibliche Konsequenz des Gen-Egoismus!

Um dies zu verstehen, müssen wir uns nur noch einmal folgendes deutlich machen: Da sich Eltern und Kinder genetisch voneinander unterscheiden, unterscheiden sich auch ihre reproduktiven Interessen voneinander. Das heißt, das Beste für die Eltern wird nicht unbedingt auch immer das Beste für die Kinder sein. Wenn Eltern zwei Kinder in die Welt gesetzt haben, läßt sich erwarten, daß sie an jedem Kind gleichermaßen interessiert sind. Sie werden auf das Wohlergehen und den Erfolg des einen Kindes genauso bedacht sein wie auf das Wohlergehen und den Erfolg des anderen Kindes. Denn in jedem der Kinder steckt der gleiche Anteil ihrer Gene: Sowohl mit dem einen wie mit dem anderen Kind teilen sich die Eltern die Hälfte ihres Erbguts. Die Kinder nun aber werden von dieser Art von Demokratie nicht so angetan sein. Da jedes Kind mit sich selbst zu 100 Prozent verwandt ist, mit seinem Geschwister aber nur zu 50 Prozent, wird jedes Kind mehr an sich selbst interessiert sein als an seinem Geschwister. Mit anderen Worten: Jedes Kind hat seine je eigenen reproduktiven Interessen. Wenn es sich selbst fortpflanzt, werden 50 Prozent seiner Gene weitergegeben, wenn sich sein Geschwister fortpflanzt, werden hingegen nur 25 Prozent seiner Gene weitergegeben. Dies läßt uns erwarten, daß jedes Kind doppelt so stark an seiner eigenen Fortpflanzung interessiert ist wie an der Fortpflanzung des Geschwisters. Damit aber geraten die reproduktiven Interessen der Eltern mit den reproduktiven Interessen der Kinder in Konflikt. Während die Eltern daran interessiert sind, ihre Zuwendung und Sorge zu gleichen Teilen auf die Kinder zu verwenden, ist jedes der beiden Kinder daran interessiert, mehr elterliche Zuwendung und Sorge zu bekommen als sein Geschwister.

Die Rivalität zwischen den Geschwistern ist also gewissermaßen genetisch vorprogrammiert. Sie ergibt sich bereits aus ihren unterschiedlichen reproduktiven Interessen. Und so nimmt es uns denn auch nicht Wunder, wenn geschwisterliche Streitigkeiten um die mütterliche Fürsorge geradezu an der Tagesordnung sind. Sie läßt sich an unseren Kindern, die sich um Zärtlichkeiten und Süßigkeiten zanken, ebenso deutlich beobachten wie an quiekenden Ferkeln, die um die beste Zitze der Mutter kämpfen. Denken Sie nur einmal daran, wie bei Tisch jedes Kind peinlich genau darauf achtet, daß sein Brüderchen oder Schwesterchen ja nicht mehr abbekommt als es selbst; wie es neidisch und eifersüchtig wird und sogleich schmollt, wenn sein Weihnachtsgeschenk billiger erscheint als das des Geschwisters; und wie sich die Kleinen in die Wolle kriegen, wenn etwa eines der beiden länger aufbleiben darf als das andere. Welche Ausmaße diese geschwisterlichen Rivalitäten annehmen können, zeigt ein Geständnis von Ingmar Bergman, das er in seiner Autobiographie abgelegt hat: »Ich war der Meinung, daß ein Bruder, der vier Jahre älter war, ungerechte Vorteile genoß: Er durfte abends aufbleiben, durfte sich nicht jugendfreie Filme ansehen, hatte die Möglichkeit, mich zu verprügeln, wann es ihm paßte ... Der Bruderhaß führte beinahe zum Brudermord. Dag hatte mich gründlich mißhandelt, und ich beschloß, mich zu rächen. Koste es, was es wolle. Ich ergriff eine schwere Glaskaraffe, kletterte auf einen Stuhl hinter der Tür unseres gemeinsamen Zimmers in Våroms. Als mein Bruder die Tür aufmachte, drosch ich ihm die Karaffe auf den Kopf. Sie zersplitterte, mein Bruder fiel, und Blut sprudelte aus einer klaffenden Wunde hervor. Etwa einen Monat später überfiel er mich ohne Vorwarnung und schlug mir zwei Vorderzähne aus. Ich antwortete, indem ich sein Bett anzündete, als er schlief. Das Feuer ging von selbst aus, und danach hörten die Feindseligkeiten vorübergehend auf.«

Diese Kämpfe, die Geschwister oft so erbittert ausfechten, sind den Eltern selbstverständlich ein Dorn im Auge. Es widerstrebt ihren reproduktiven Interessen, wenn sich die Kinder untereinander Schaden zufügen. Die Eltern wollen schließlich, daß die beiden Kinder gleichermaßen gedeihen und später ähnlich erfolgreich zu ihrer Fitneß-Maximierung beitragen können. So entspricht es denn auch nur unseren soziobiologischen Erwartungen, wenn Eltern ihre Kinder unaufhörlich dazu ermahnen, sich zu vertragen, miteinander zu teilen und einander beizustehen. Denn jede Zwistigkeit und Gewalttätigkeit zwischen den Kindern gefährdet die elterlichen Investitionen: Die Mühe, die sich die Eltern mit ihren Kindern gemacht haben, soll ja nicht umsonst gewesen sein!

Der Konflikt, der zwischen den reproduktiven Interessen der Eltern und den reproduktiven Interessen der Kinder besteht, hat noch verschiedene andere Gesichter: Stellen Sie sich vor, eine Mutter hat gerade ihr erstes Kind zur Welt gebracht. Sie wird es lieben, im Arm wiegen, an die Brust nehmen, baden, wickeln und auch sonst in jeder erdenklichen Weise hegen und pflegen. Wie weit »sollten« ihre Fürsorge und ihre Opferbereitschaft gehen? Ich weiß, die Frage klingt schmutzig und empört Sie sehr wahrscheinlich, aber es ist eine soziobiologisch sinnvolle Frage. Denn wenn die Frauen – und davon gehen wir ja hier aus – an möglichst vielen gesunden und munteren Kindern interessiert sind, dann sollten sie sich selbstverständlich nicht völlig für ihr erstes Kind verausgaben. Sie sollten immer auch daran denken, daß sie schließlich noch ein oder zwei weitere Kinder bekommen und großziehen möchten, Kinder, denen es nicht schlechter ergehen soll als dem Erstgeborenen. Mütter sollten also, wie im Zusammenhang mit dem Infantizid bereits erwähnt, haushälterisch mit ihren Kräften umgehen und ihre Ressourcen möglichst gleichmäßig auf alle eigenen Kinder verteilen. Dies liegt einfach in ihrem reproduktiven Interesse. Und wir dürfen sogar davon ausgehen, daß die natürliche Selektion allen weiblichen Geschöpfen eine optimale Brutpflege-Strategie angezüchtet hat, denn diejenigen Mütter, die sich diesbezüglich »vertan« hatten, werden im Reproduktions-Wettbewerb untergegangen sein – und mit ihnen ihre Gene. Der springende Punkt, auf den ich hinauswill, ist nun aber, daß eine optimale Betreuung und Versorgung von Kindern aus dem Blickwinkel der Mutter anders aussieht als aus dem Blickwinkel des Kindes. Während die Mutter stets auch die Versorgung von weiteren Kindern im Auge behalten wird, wird ihr erstes Kind in erster Linie nur an sich selbst denken. Da es seine eigenen reproduktiven Interessen verfolgt, die sich mit den Interessen der Mutter ja nur zur Hälfte decken, wird das Kind für gewöhnlich ein größeres Maß an Fürsorge verlangen, als die Mutter zu geben bereit ist. Wir dürften dementsprechend auch erwarten, daß Kinder alle Register ziehen, um ihr Ziel zu erreichen, daß sie beispielsweise so lange schreien oder betteln, bis die Mutter ihnen gibt, was sie begehren. Den Kindern stehen in dieser Hinsicht bekanntlich viele Waffen zu Gebote: Sie können schreien, toben, in Wutgeheul ausbrechen, sich auf den Boden werfen, mit den Füßen stampfen, aber eben auch genausogut weinen, jammern, betteln, schmollen, liebäugeln, kosen und schäkern – und dies, ohne daß es etwas mit »Sex« zu tun hat! Soziobiologen gehen sogar davon aus, daß das sogenannte *Kindchenschema*, auf das Lorenz und Eibl-Eibesfeldt so oft hingewiesen haben, von Kindern eigens zu dem Zweck »erfunden« wurde, ihren Eltern noch geschickter Zuwendung und Liebe abringen zu können. Ein übrigens auch bei Affen geradezu dramatischer Eltern-Kind-Konflikt besteht in der Entwöhnung: Die Kinder wollen immer länger gesäugt werden, als ihren Müttern lieb ist. Je länger sich ein Kind die Mutterbrust sichern kann, desto länger muß die Mutter auf ein zweites Kind verzichten, da das Säugen, wie erwähnt, die Ovulation unterbindet. Dieses Ausbleiben eines weiteren Kindes kann dem Säugling natürlich nur recht sein; der Mutter jedoch ist dies nur selten recht. So gesehen, erscheint der hartnäckige Kampf des Kindes um die Brust der Mutter sogar als ein geeignetes Mittel, die Geburt eines Rivalen hinauszögern zu können. Eine andere Strategie, um das Erscheinen von unliebsamen Geschwistern zu verhindern, ist die bereits durch Frans de Waal mitgeteilte: der Versuch, alle Kopulationen zwischen Mutter und Vater zu stören! Sie sehen, das hat nichts mit irgendeiner »ödipal gespeisten Eifersucht« zu tun, sondern ausschließlich mit dem Gen-Egoismus der Schimpansenkinder.

Von Schimpansenkindern und Menschenkindern gleichermaßen bekannt ist die sogenannte *Regression* oder *Infantilisierung*. Das heißt, die bereits relativ selbständig gewordenen Kinder legen oft ganz plötzlich wieder ein völlig unselbständiges Verhalten an den Tag. Bezeichnenderweise folgt eine solche Regression für gewöhnlich der Geburt eines Geschwisters: Kaum wird ein Brüderchen oder Schwesterchen geboren, da können sich die älteren Kinder mit einem Mal nicht mehr selbständig anziehen, machen wieder ins Bett, wollen erneut gefüttert werden und so weiter. Sie versuchen damit offensichtlich, die Zuwendung der Mutter vom »kleinen Rivalen« weg auf sich abzulenken. Ein sehr schön geschildertes Beispiel hierfür findet sich wiederum in Ingmar Bergmans »Mein Leben«: »Meine Schwester wird geboren, ich bin vier Jahre alt, und die Situation ändert sich radikal: eine fette, mißgestaltete Figur spielt plötzlich die Hauptrolle. Ich werde aus dem Bett meiner Mutter vertrieben, mein Vater strahlt, wenn er das brüllende Bündel ansieht. Der Dämon der Eifersucht hat mein Herz mit seinen Krallen gepackt, ich tobe, weine, scheiße auf den Fußboden und schmiere mich voll. Mein älterer Bruder und ich, normalerweise Todfeinde, schließen Frieden und brüten Methoden aus, das widerwärtige Wesen umzubringen. Aus irgendeinem Grund ist mein Bruder der Meinung, daß ich mich am besten für die unabwendbare Tat eigne. Ich fühle mich geschmeichelt, und wir warten auf eine passende Gelegenheit. Eines stillen, sonnigen Nachmittags glaube ich mich allein in der Wohnung und stehle mich ins Schlafzimmer der Eltern, in dem das Wesen in seinem rosafarbenen Korb schläft. Ich ziehe mir einen Stuhl heran und klettere hinauf, stehe da und betrachte das geschwollene Gesicht und den sabbernden Mund. Mein Bruder hatte mir klare Anweisungen gegeben, wie ich vorgehen sollte. Ich hatte seine Befehle aber mißverstanden. Statt meiner Schwester den Hals zuzudrücken, versuche ich, ihren Brustkorb zusammenzupressen. Sie wacht sofort mit einem durchdringenden Schrei auf, ich verschließe ihr mit der Hand den Mund, die wäßrigen hellblauen Augen schielen und starren, ich mache einen Schritt nach vorn, um einen besseren Griff zu bekommen, verliere aber den Boden unter den Füßen und falle auf den Fußboden. Ich erinnere mich, daß die eigentliche Tat mit starkem Wohlbehagen verbunden ist, das schnell in Entsetzen übergeht.«

Wir sehen also, wenn Kinder eine »Gefühlsbindung« an die Mutter, eine »Rivalitätseinstellung« zum Vater und eine oft feindselige Haltung gegenüber ihren Geschwistern zeigen, muß dies keineswegs bedeuten, daß sie unbedingt mit ihrer Mutter schlafen wollen und ihren Vater partout töten möchten; alle diese kindlichen Verhaltensweisen bestätigen vielmehr das, was die Theorie des egoistischen Gens auch voraussagen läßt – daß Kinder nämlich

Mittel und Wege suchen werden, um ihre je eigenen reproduktiven Interessen durchzusetzen. Und es ist einfach im reproduktiven Interesse des Kindes, die Mutter zu »bedrängen«, auf daß sie ihre Fürsorgebereitschaft erhöht, und den Vater zu »verdrängen«, auf daß er der Mama kein weiteres Kind macht!

Die Überlegung, daß zwischen Eltern und Kindern – trotz weitgehend gemeinsamer Fortpflanzungsinteressen! – zwangsläufig immer auch bestimmte Reibungen und Zwistigkeiten auftreten werden, stammt wiederum von Robert L. Trivers. Er hat diese Spannungen, die sich aus den unterschiedlichen reproduktiven Interessen von Eltern und Kindern ergeben, bereits 1974 als *Parent-Offspring-Conflict*, also als »Eltern-Kind-Konflikt«, bezeichnet. Ein wichtiger, von mir bislang vernachlässigter Punkt in Trivers Überlegungen ist der, daß der Egoismus eines Kindes wohl kaum jemals so weit gehen dürfte, daß es sich der Geburt von Geschwistern generell widersetzt. Selbstverständlich bedeutet die Tatsache, daß ein Kind sein eigenes Wohlergehen höher einschätzt als das seiner Geschwister, nicht, daß es Brüder oder Schwestern als völlig »wertlos« betrachtet: Geschwister sind – gen-egoistisch gesehen – auch etwas »wert«, aber eben nur halb soviel wie das Kind selbst. Es kommt daher für jedes Kind auch einmal der Zeitpunkt, wo es mehr davon profitiert, wenn es Geschwister hat, als wenn es seine Eltern in der selbstsüchtigsten Weise ausbeutet. Schließlich tragen ja auch die Geburt von Geschwistern und deren Fortpflanzungserfolg zu einer Fitneß-Maximierung des Kindes bei – Brüder und Schwestern, Neffen und Nichten erhöhen eben immer auch die Gesamtfitneß des Kindes.

Trivers elegante, wenngleich etwas hart klingende Überlegungen zum Eltern-Kind-Konflikt haben weitreichende Folgen. Sie beantworten nicht nur die Fragen, warum Kinder so offensichtlich egoistisch sind, warum sie eine so große Anhänglichkeit an die Mutter zeigen, warum sie die Entwöhnung als eine Art »Trauma« erleben, warum sie die sexuellen Kontakte der Eltern zu stören suchen, warum sie die Schwangerschaft der Mutter zumeist so mißtrauisch aufnehmen, warum sie ihrem Geschwister in vielen Fällen feindselig begegnen und warum sie nach der Geburt eines Geschwisters nicht selten einer Regression verfallen; nein, Trivers

»Parent-Offspring-Conflict« hilft uns, auch solche Probleme wie den Infantizid, die Bevorzugung und die Benachteiligung von bestimmten Kindern und den vielzitierten »Generationen-Konflikt« besser zu verstehen. Zum Infantizid, egal ob nun in Form der embryonalen Resorption, des spontanen Abortes, des Schwangerschaftsabbruchs oder der direkten Tötung, kommt es ja mit anderen Worten (immer) dann, wenn ein Kind den reproduktiven Interessen der Eltern im Wege steht, wenn also die Geburt und Aufzucht dieses Kindes den langfristigen Fortpflanzungserfolg der Eltern gefährdet. Wolfgang Wickler hat in diesem Zusammenhang sogar darauf hingewiesen, daß der Eltern-Kind-Konflikt eigentlich schon im Uterus der Mutter beginnt. Zumindest für den berichteten Fall des Hausschweins, das unter bestimmten Umständen seine Embryonen resorbiert, läßt sich nämlich folgendes denken: Für die Sau, die zehn Ferkeln das Leben zu schenken vermag, ist es am besten, wenn sie für den Fall, daß sich nur fünf Embryonen in ihrer Gebärmutter eingenistet haben, zur embryonalen Resorption greift. Schließlich beugt sie damit einem unrentablen Wurf und einer reproduktiven Fehlinvestition vor. Die Resorption der einfach »zu wenigen« Embryonen liegt also ganz klar in ihrem reproduktiven Interesse. Es ist aber nur zu offensichtlich, daß es niemals im Interesse der Embryonen sein kann, jetzt einfach resorbiert zu werden. Sie wollen natürlich auch leben und sich später erfolgreich fortpflanzen. Deshalb läßt sich gut vorstellen, daß die bedrohten Embryonen der Mutter irgendwie weiszumachen versuchen, daß sie nicht zu fünft, sondern zu zehnt sind. Denn wenn die Mutter davon überzeugt ist, daß sie zehn Embryonen mit sich herumträgt, bricht sie ihre Schwangerschaft ja nicht ab – und die »cleveren Ferkel« können leben! Nun haben wir zwar noch keine wirklich zuverlässigen Informationen darüber, wie die Embryonen diesen Trick bewerkstelligen, wie sie also die Botschaft des Uterus an die Sau zu ihren eigenen Gunsten »fälschen«, aber die Logik des Eltern-Kind-Konflikts spricht einfach dafür, daß die natürliche Selektion ein jedes derartige Fälschungsmanöver von Embryonen prämieren wird. (Selbstverständlich wird dieselbe natürliche Selektion auch jede Fähigkeit von Müttern belohnen, solche embryonalen Betrugsmanöver zu entdecken und zu vereiteln.) Egal, wie diese Geschichte mit dem *intrauterinen Eltern-Kind-Konflikt* beim Hausschwein noch ausgehen wird, sie demonstriert uns jedenfalls sehr schön, zu welchen überraschenden Folgerungen Trivers' Theorie führt.

Wie schon angedeutet, ermöglicht uns der Eltern-Kind-Konflikt, auch die Bevorzugung und Benachteiligung bestimmter Kinder genauer zu verstehen. So läßt sich beispielsweise prognostizieren, daß der Konflikt zwischen den Eltern und ihrem ersten Kind größer sein dürfte als der Konflikt zwischen den Eltern und ihrem letzten Kind. Und zwar deshalb, weil die Eltern bei ihrem ersten Kind noch sehr darauf achten müssen, daß sie sich nicht verausgaben, während sie bei ihrem letzten Kind nicht mehr so zu haushalten brauchen. Mit anderen Worten: Die Interessenkonflikte zwischen Eltern und Kindern werden immer auch vom Reproduktionspotential der Eltern beeinflußt. Können und wollen die Eltern noch viele andere Kinder zur Welt bringen, dann werden sie bei der Aufzucht ihrer bereits geborenen Sprößlinge recht »ökonomisch« vorgehen, können oder wollen sie dagegen keine weiteren Kinder mehr haben, dann werden sie ihre reproduktiv wertvollen Ressourcen vermutlich etwas »verschwenderischer« einsetzen. Die Erfahrung bestätigt diese Voraussagen bekanntlich: Während das jüngste Kind in einer großen Familie für gewöhnlich verhätschelt wird, haben die Erstgeborenen zumeist einige Schwierigkeiten. Die Psychologie spricht geradezu von einem *Syndrom des ersten Kindes:* Die ältesten Kinder zeigen mit großer Regelmäßigkeit die Manie, unbedingt die erfolgreichsten in der Familie zu sein.

Daß die Bevorzugung oder Benachteiligung von Kindern natürlich auch vom Geschlecht des Kindes abhängen kann, hat uns bereits das Trivers-Willard-Modell gelehrt. Nach dem Trivers-Willard-Modell investieren sozial hochrangige Eltern ja vor allem in Söhne und sozial weiter unten rangierende Eltern bevorzugt in Mädchen. Wir erinnern uns, der Grund hierfür liegt im unterschiedlichen Reproduktionspotential von Söhnen und Töchtern, also darin, daß Söhne prinzipiell mehr Kinder in die Welt setzen können als Töchter. Ob ein Sohn nun aber auch tatsächlich eine lohnendere Investition für die Eltern ist, hängt immer auch von deren eigenem Wohlstand ab: Sind sie reich, dann wird ihr Sohn in

der Tat gute Heiratschancen haben und viele Kinder zeugen können, sind sie dagegen arm, dann wird ihr Sohn auf dem Heiratsmarkt vermutlich leer ausgehen und überhaupt keine Kinder zeugen können. Für die wohlhabenden Eltern ist es daher vorteilhafter,
wenn sie mehr in ihre Söhne investieren, während es für die mittel-
losen Eltern günstiger ist, wenn sie mehr in ihre Töchter investieren,
denn ein besitzloses Mädchen bekommt man immer noch leichter
verheiratet als einen besitzlosen Jungen. Wie weit die unterschiedliche Behandlung von Mädchen und Jungen gehen kann, haben uns
die Untersuchungen von Eckart Voland und Mildred Dieckemann
gezeigt: Sie kann bis zum präferentiellen Mädcheninfantizid führen!

Wenn man an verschiedene, einfach grausam zu nennende
Sitten, wie zum Beispiel das traditionelle *Fußbinden* im alten China
denkt, möchte man zunächst meinen, daß doch wenigstens die
Eltern einer solchen Benachteiligung, ja Verstümmelung ihrer
Mädchen entgegentreten sollten. Das Fußbinden, das etwa im
14. Jahrhundert zum allgemeinen Brauch wurde, diente nach Ansicht der Soziologen und Kulturanthropologen dazu, die Frauen
»ans Haus zu binden«. Besonders den Frauen aus sehr wohlhaben-
dem Haus sind die Füße derart gebunden worden, daß sie gerade
einmal imstande waren, von einem Raum zum anderen zu gehen –
und auch dies nur unter unsäglichen Mühen und nach Einlegen
mehrerer Pausen! Daß die Eltern sich dieser grausamen Sitte nicht
widersetzt haben, sondern ihrer Tochter sogar eigenhändig die
kleinen Füßlein verstümmelten, hat natürlich mit den reproduktiven Interessen der Eltern zu tun: Hätten sie ihre Tochter nicht
verunstaltet, hätten sie sie nicht so gut verheiraten können! Sie
sehen, das Beste für die Kinder muß nicht immer auch das Beste für
die Eltern sein – und umgekehrt. Ja, in gewisser Weise muß man
sogar klar sagen: Eltern benutzen ihre Kinder zu ihren eigenen
Zwecken! Wer sich noch einmal kurz einige Bilder aus unserer
Sittengeschichte vor Augen führt und daran denkt, wie Eltern zu
allen Zeiten Ehen arrangiert haben, seien es nun die »guten Partien« oder die »politischen Hochzeiten«, der weiß, wovon ich spreche. Wie oft haben die Eltern ihre Kinder dazu gezwungen, einen
ungeliebten Partner zu heiraten, nur weil es den Familieninteres-

sen diente und dem Vater vielleicht eine bessere Stellung verschaffte? Dazu fallen uns zweifelsohne mehr Beispiele ein als nur das von Romeo und Julia. Vor allem in Ländern, wo Männer mehrere Frauen ehelichen dürfen, setzen die Väter beispielsweise alles daran, daß sie ihre Tochter so gut wie irgend möglich verheiratet bekommen: Ob seine Tochter nun will oder nicht, der Vater zwingt sie, den meistbietenden Bewerber zum Mann zu nehmen, denn von dem Brautpreis kann sich der Vater eine zweite Ehefrau kaufen! Aber auch die Mütter haben für gewöhnlich ein dringendes Interesse daran, ihre Töchter auf dem Heiratsmarkt so teuer als möglich zu verkaufen, denn der Erhalt eines stattlichen Brautpreises erlaubt ihnen, auch ihren Söhnen eine »gute Partie« zu ermöglichen.

In Gesellschaften, wo Männer hartnäckig darauf bestehen, daß ihre künftige Braut noch »unberührt« und »rein« ist, sorgen die Eltern von Töchtern bekanntlich in hohem Maße für den »Schutz ihrer Jungfräulichkeit«: Sie bewachen ihre Tochter, lassen sie nicht allein ausgehen, verhindern jeden Kontakt zu möglichen Verführern oder greifen eben sogar zu jenen grausamen Methoden wie der Klaustration, der Infibulation und dem Fußbinden. Daß die Eltern hier weder Mühen noch Grausamkeiten scheuen, um die Keuschheit ihrer Tochter sicherzustellen, hat oft noch einen anderen Grund als den, daß sie ihre »gefallene« Tochter nicht mehr verheiraten können: Die »Unreinheit« der Tochter wird dort nämlich zugleich als »Familienschande« angesehen, ein gesellschaftlicher Makel, unter dem auch die Eltern und Geschwister des »gefallenen Mädchens« zu leiden haben. Eine Tochter, die sich etwas hat zuschulden kommen lassen, gefährdet also die reproduktiven Interessen der gesamten Familie, denn ihr »Fehltritt« verschlechtert unweigerlich auch die Heiratsaussichten ihrer Brüder und Schwestern. Der einzige Weg, die »Familienehre zu retten«, war dann zumeist der, daß der Vater oder die Brüder die »Hure« töteten!

Wenn ich vorhin sagte, daß Eltern ihre Kinder zu ihren eigenen Zwecken benutzen, dann sollte das selbstverständlich nicht heißen, daß sie ihre Kinder ausbeuten oder gar ihren Mutwillen mit ihnen trieben. Ganz im Gegenteil! Die Eltern werden zu ungeheuren Opfern bereit sein – vorausgesetzt, die Kinder tun etwas für den

Ausbreitungserfolg ihrer Gene! Wir alle wissen, wie wenig sich alte Menschen gönnen, wie sie ihre sauer verdienten Ersparnisse lieber darauf verwenden, ihren Kindern und Enkelkindern eine Freude zu machen, anstatt sich selbst einmal etwas Gutes zu tun. Wer von uns mußte seine altgewordenen Eltern nicht schon darum bitten, daß sie doch etwas mehr an sich selbst denken mögen und nicht immerfort an die »süßen kleinen Enkel«? Und wie schwierig war es jedesmal, wieviel Mühe hat es immer gekostet, bis man Oma und Opa endlich dazu überredet bekam, daß sie tatsächlich einmal in Urlaub fuhren und sich etwas Ruhe und Erholung gönnten! Ältere Menschen, die ihre »reproduktive Karriere« bereits abgeschlossen haben, leben oft nur noch für ihre Kinder und Kindeskinder. Ja, und so bitter es auch klingen mag, manchmal, so scheint es, da sterben sie wohl sogar auch für ihre Kinder und Kindeskinder: Sie möchten »dem Glück der Kinder nicht im Wege stehen«, heißt es dann häufig. Christian Vogel erzählt in seinem Buch »Vom Töten zum Mord« eine altbaltische Fabel mit dem Titel »Krähenweisheit«, die uns das altruistische – und dennoch gen-egoistische – Verhalten der Alten verständlich macht: »Eine Krähe hat auf einer Insel ihr Nest gebaut und füttert dort ihre drei Jungen groß. Eines Nachts zieht ein gewaltiger Gewittersturm auf. Die Insel wird überflutet, schon steigt das Wasser den Stamm des Nestbaumes hinauf. Die Krähe, erkennend, daß sie ihre Kinder nur vor dem Tod bewahren kann, wenn sie diese von der Insel aufs Festland bringt, und zugleich wissend, daß sie kaum alle drei Jungen wird retten können, ergreift das erste Junge und fliegt mit ihm über das Meer. Unterwegs fragt sie ihr Kind: ›Wie wirst du mir später einmal vergelten, daß ich dich jetzt vom sicheren Tod errette?‹ Das Junge antwortet: ›Mutter, wenn ich groß bin und du bist alt und schwach, dann werde ich dich pflegen und verwöhnen.‹ – ›Du sprichst falsch!‹, ruft die Mutter, ›du verdienst nicht gerettet zu werden‹, und läßt ihr Kind in das tosende Meer fallen. Schnell fliegt sie zurück, ergreift das nächste Junge – die steigende Flut hat das Nest schon fast erreicht. Der Dialog wiederholt sich, das zweite Junge gibt die gleiche Antwort wie das erste, und wieder läßt die Mutter das Kind fallen. Dem letzten Kind steht das Wasser schon am Hals, als die Mutter es ergreift. Wieder fragt sie: ›Wie wirst du mir dereinst vergelten?‹ – ›Mutter‹, antwortet das Kind, ›wenn ich erwachsen bin, werde ich meinen Kindern gegenüber genauso handeln wie du jetzt mir gegenüber.‹ – ›Du sprichst gut!‹, ruft die Mutter, ›du verdienst gerettet zu werden.‹ Bei uns Krähen sorgt man nicht für die alternden Eltern, sondern für die künftige Generation!‹ – und trägt das Junge ans rettende Land.« So absonderlich uns die »Moral« dieser Fabel auf den ersten Blick auch erscheinen mag, ihre »reproduktionsstrategische Weisheit« ist offensichtlich: Den Alten ist nicht daran gelegen, ewig zu leben oder für den Rest ihrer Tage verwöhnt zu werden, sondern einzig und allein daran, daß ihre Gene erfolgreich weitergegeben werden. Und hierzu ist es eben erforderlich, daß man sich um die Jungen sorgt und nicht um sich selbst.

So wie Eltern ihre Kinder zu ihren eigenen Zwecken benutzen, so versuchen natürlich auch die Kinder, ihre Eltern zu ihren eigenen Zwecken zu benutzen. Nach alledem, was wir über den Eltern-Kind-Konflikt gehört haben, wird uns dies wohl nicht weiter überraschen. Überraschend dagegen ist, daß uns sogar die Bibel den »wohlgemeinten Rat« zu erteilen scheint, die Nützlichkeit der Eltern »auszunützen«! In den Zehn Geboten heißt es nämlich nicht einfach: »Du sollst Vater und Mutter ehren!«, sondern: »Du sollst Vater und Mutter ehren, ... *damit* es dir wohlergehe und du lange lebest auf Erden.« Nun, wenn dieses Gebot tatsächlich von Gott stammt, dann schätze ich, daß Gott ein unbarmherziger »Soziobiologe« ist!

Natur – ein Orakel der Moral?

VON NATUR GIBT ES WEDER GUTES
NOCH BÖSES – DIESEN UNTER-
SCHIED HAT ALLEIN MENSCHLICHE
MEINUNG GEMACHT.

TIMON

Ist die Natur ein Orakel, das uns verraten kann, wie wir uns verhalten sollen? Kann uns die Natur darüber belehren, was gut und böse ist? Offenbaren sich in den Naturgesetzen auch Sittengesetze? Ist das, was »natürlich« ist, zugleich auch »gut«, und das, was »widernatürlich« ist, zugleich auch »schlecht«? Oder ist es vielleicht gerade umgekehrt und somit alles, was »natürlich« ist, zugleich auch »schlecht«, und alles, was «widernatürlich« ist, zugleich auch »gut«? – All diese Fragen werden nun schon seit mehr als zweitausend Jahren von den verschiedensten Sittenlehrern erörtert, ohne daß es zu einer wirklichen Einigung und Einmütigkeit gekommen wäre. Immer wieder erhoben Moralphilosophen und Moraltheologen ihre Stimme und verkündeten, daß sich der Natur ein allgemeinverbindliches Sittengesetz ablauschen ließe und wir uns an der Natur ein Vorbild zu nehmen hätten. Und immer wieder erhoben andere Moralphilosophen und Moraltheologen Einspruch und verkündeten, daß sich der »tierisch allzutierischen« Natur entnehmen ließe, was wir gerade nicht und auf keinen Fall tun sollten . . . Wem ist recht zu geben? Denen, die die Natur als vorbildlich bezeichnen, oder denen, die die Natur als abschreckend bezeichnen? Oder haben vielleicht sogar beide unrecht, wenn sie die *Natur* jeweils zum Richter über Gut und Böse machen?

Eine Beantwortung dieser Fragen dürfte nicht ungelegen kommen. Womöglich hat sich nämlich der eine oder andere Leser bei der Lektüre dieses Buches schon die Frage gestellt, was denn nun »die Moral von der Geschicht« ist, und sich dabei offenbar mit der Hoffnung getragen, daß uns die Soziobiologie bei unserer Suche

271

nach dem moralisch Richtigen und Falschen behilflich sein kann. Ob die Soziobiologie bei dieser Suche tatsächlich ein Wörtchen mitzureden hat, hängt nun selbstverständlich ganz davon ab, ob sich die Natur als ein Orakel der Moral verstehen läßt oder nicht: Ist die Natur ein solches Orakel, dann dürfte uns die Soziobiologie wohl sehr viel über Gut und Böse zu sagen haben, ist die Natur hingegen kein solches Orakel, dann wird sich von der Soziobiologie nur schwerlich ein Beitrag zur Sittenlehre erwarten lassen.

Ist es nun also sinnvoll oder sinnlos, wenn man sich bei der Frage nach Gut und Böse an der Natur orientiert? Betrachten wir hierzu doch einmal genauer, wohin es führt, wenn man die Natur als *einzig gültigen Maßstab* für moralisches oder unmoralisches Verhalten ansieht. Ein wirklich anschauliches und lehrreiches Beispiel für solche moralphilosophischen Unternehmungen bietet uns der mittlerweile schon klassisch zu nennende Streit um die *Homosexualität:* Ist es moralisch gutzuheißen oder zu verwerfen, wenn jemand Sex mit einem Partner des gleichen Geschlechts hat? Die Sittenlehrer, die diese Frage anhand der Natur und ihres entweder vorbildlichen oder abschreckenden Charakters entscheiden wollten, spalteten sich in vier verschiedene Parteien auf. Die erste Partei argumentiert: Homosexualität ist moralisch zu verurteilen, weil sie in der Natur nicht vorkommt und somit »widernatürlich« ist! Diese Partei erfreut sich bekanntlich großer Beliebtheit, wobei ihr »Argument« vor allem unter christlich Denkenden Beifall findet. Was Wunder, wird die Homosexualität doch schon im Alten Testament, im 3. Buch Mose, als ein Greuel bezeichnet: »Du darfst mit einem Manne keinen geschlechtlichen Umgang haben wie mit einer Frau; es wäre ein Greuel.« Und an anderer Stelle heißt es sogar: »Wenn ein Mann sich mit einem anderen Mann wie mit einer Frau vergeht, haben beide Schändliches begangen. Sie sollen mit dem Tod bestraft werden.« Wie wohl jeder weiß, hat man diesen biblischen Befehl in christlichen Ländern durchaus wörtlich genommen: Viele Homosexuelle haben ihre »Widernatürlichkeit« mit dem Tode bezahlen müssen! Das Argument der Widernatürlichkeit, auf das sich einige Kirchgänger noch heute so eifrig berufen, stammt allerdings keineswegs von Moses; für ihn spielte es jedenfalls keine Rolle, ob die Homosexualität in der Natur vorkommt oder nicht. Es war vielmehr der griechische Philosoph Platon, der das Argument der Widernatürlichkeit salonfähig machte. In seinem Alterswerk »Nomoi«, einem Dialog über »Gesetze«, läßt er einen Athener zu der Erkenntnis gelangen, »daß männlichem und weiblichem Geschlecht, wenn sie sich zur Fortpflanzung vereinigen, die Lust an dem Akt im Einklang mit der Natur geschenkt zu werden scheint, aber das von Männern beim Verkehr mit Männern oder von Frauen beim Verkehr mit Frauen genossene Vergnügen scheint wider die Natur, ein schweres Verbrechen . . .«!

Während es bei Platon nur recht zaghaft angedeutet wird, daß unser moralisches Urteil über die Homosexualität vom »natürlichen« Verhalten der Tiere abhängig gemacht werden soll, läßt der heilige Petrus Damiani hierüber keinen Zweifel mehr; er erklärte: »Von den Tieren sollen die Menschen lernen, welches Verhalten nachzuahmen und welches zu meiden ist; welches weise geborgt und welches recht vermieden werden sollte.« Im 12. Jahrhundert trug ein unbekannter christlicher Schriftsteller das Argument der Widernatürlichkeit sogar in Versen vor: »Ein perverser Brauch ist es, Knaben den Mädchen vorzuziehen,/ Da diese Art von Liebe gegen die Natur rebelliert./ Die Ungezähmtheit wilder Tiere meidet diese Leidenschaft./ Kein männliches Tier gibt sich einem anderen hin./ Tiere verfluchen und meiden sündige Liebkosungen,/ Während der Mensch, animalischer als sie, solche Dinge gutheißt und danach strebt./ Die Vernunftlosen beachten das wohlbegründete Gesetz;/ Die Vernünftigen entfernen sich weit davon.«

Man kann nun jedoch sehr leicht zeigen, daß sich diese erste Partei auf dem Holzwege befindet und sehr schnell in eine Sackgasse gerät. Wer homosexuelles Verhalten allein schon deshalb moralisch verurteilen will, weil es den Tieren fremd ist, der liefert sich sogar selbst ans Messer: Die Soziobiologen werden ihn nämlich eines Besseren belehren. Viele Tiere, vor allem aber Affen, wie etwa die Languren und Bärenmakaken, zeigen eindeutig homosexuelles Verhalten. Die amerikanische Primatologin Suzanne Chevalier-Skolnikoff von der Stanford University hat beispielsweise beobachtet, wie sich männliche Bärenmakaken gegenseitig masturbierten, einander am Penis saugten und Analverkehr praktizierten. Und dies geschah keineswegs »faute de mieux« oder »in

Ermangelung eines Besseren«, sondern trotz der Gegenwart kopulationsbereiter Weibchen. Die Behauptung, »Tiere verfluchen und meiden sündige Liebkosungen«, ist also schon mal schlichtweg falsch! Doch selbst dann, wenn Tiere tatsächlich keinerlei homosexuelle Verhaltensweisen zeigen würden, begibt man sich mit dem Argument der Widernatürlichkeit immer noch aufs Glatteis. Wenn man nämlich die Homosexualität einzig und allein deshalb in Acht und Bann tun möchte, weil sie angeblich »wider die Natur« ist, dann muß man konsequenterweise *alles* verdammen, was »wider die Natur« ist. Dazu gehörte dann aber auch, um nur ein Beispiel zu nennen, die Altersversorgung: Im gesamten Tierreich findet sich nicht eine einzige Art, die so etwas wie Altersfürsorge kennt. Kurzum, wollte man also über alles Widernatürliche sogleich den Stab brechen, dann müßte man folgerichtigerweise auch unsere Rentnerfürsorge moralisch verurteilen, denn sie ist zutiefst »widernatürlich«!

Die zweite der vier streitenden Parteien argumentiert: Homosexualität ist moralisch gutzuheißen, weil sie auch in der Natur vorkommt und somit »natürlich« ist! Dieser Partei gehören verständlicherweise viele Homosexuelle an. Wie wir im Nu sehen werden, führt aber auch dieses Argument unweigerlich zu erheblichen Schwierigkeiten. Wer nämlich die Homosexualität allein schon deshalb moralisch gutheißt, weil sie »natürlich« ist, der muß eben konsequenterweise *alles* gutheißen, was natürlich ist. Dazu gehörten dann aber auch, wie wir in diesem Buch gesehen haben, die Vergewaltigung, der sexuelle Kannibalismus, die Kindestötung und kriegerische Auseinandersetzungen. Alle diese Verhaltensweisen sind freilich »natürlich«, insofern sie tatsächlich »in der Natur vorkommen«, aber wer hätte die Stirn, sie allein deshalb schon gutzuheißen?

Der vielleicht bekannteste, in jedem Fall aber konsequenteste Anhänger eines solchen »Natur-Gehorsams« war wohl der Marquis de Sade. In seinem Buch »Die Philosophie im Boudoir« erklärte er unumwunden, daß wir der »Moral der Natur« zu gehorchen haben: »Sprengt die Eisen, das ist der Wille der Natur; kennt keine anderen Fesseln mehr als die eurer Neigungen, keine anderen Gesetze als eure Triebe, keine andere Moral als die der Natur.«

Für ihn gab es »keine sexuelle Absonderlichkeit, die nicht natürlich und von der Natur zugelassen wäre«. Da für ihn alles, was »natürlich« ist, zugleich auch schon sittlich »gut« war, rief er nicht nur zu Homosexualität, sondern auch zu Inzest, Ehebruch und Vergewaltigung auf: »Wenn also unbestreitbar ist, daß die Natur uns das Recht verliehen hat, ausnahmslos alle Frauen zu begehren, so ist gleichfalls unbestreitbar, daß wir das Recht haben, sie zu zwingen, uns zu Willen zu sein . . . Und hat die Natur nicht bewiesen, daß wir dieses Recht haben, als sie uns die nötige Kraft mitgab, Frauen gefügig zu machen?« Ja, selbst den Mord rechtfertigte er mit der angeblich allgemeinverbindlichen »Moral der Natur«: »Die Zerstörung ist eines der Grundgesetze der Natur, und nichts, was zerstört, kann Verbrechen sein. Wie könnte eine Handlung, die der Natur so sehr dient, ihr zuwiderlaufen? Im übrigen ist diese Zerstörung, derer der Mensch sich rühmt, nur ein Hirngespinst. Mord ist keine Zerstörung. Wer einen Mord begeht, wandelt nur Formen ab. Er gibt der Natur Bestandteile zurück, derer die Hand der Natur sich geschickt bedient, um andere Wesen zu ergänzen. Und da Schöpfen immer eine Lust für den Schöpfer ist, verschafft der Mörder also der Natur eine Lust. Er gibt ihr Rohstoffe, die sie sofort verwendet. Und diese Handlung, die Narren zu tadeln sich nicht entblöden, wird zum Verdienst in den Augen der allesbewegenden Kraft. Nur unser Stolz maßt sich an, den Mord zum Verbrechen zu erheben.« Von irgendeiner Scheu gegenüber den haarsträubenden Folgen seiner »Natur-Hörigkeit« ist beim Marquis de Sade wahrlich keine Spur.

Die dritte Partei gerät ebenfalls anständig ins Schwimmen, wenn sie ihrem Argument bis zum bitteren Ende treu bleiben will. Sie argumentiert: Homosexualität ist moralisch zu verurteilen, weil sie in der Natur vorkommt und somit »tierisch« ist! Christliche Autoren, wie etwa der Kirchenlehrer Bernhard von Cluny, beschimpften Homosexuelle als »unrein«; ihre sexuellen Neigungen und Praktiken seien einfach »tierisch«. Ein homosexueller Mann war in seinen Augen »nicht besser als eine Hyäne«. Noch heute müssen sich Homosexuelle bekanntlich solche Bemerkungen gefallen lassen; da heißt es etwa: »So etwas tun vielleicht Schweine, aber eben auch nur ›Schweine‹!« Wie grotesk eine solche Argumentation ist, wird natürlich spätestens dann deutlich, wenn man einmal daran erinnert, daß dann wohl auch das Essen, Trinken und Fortpflanzen »schweinisch« sein müßten. Denn auch hier gilt eben wieder: Wer die Homosexualität einzig und allein deshalb moralisch verurteilen will, weil sie »tierisch« ist, der muß, wenn er sich nicht widersprechen möchte, *alles* verurteilen, was »tierisch« ist. Auf diese Weise, so wissen wir, würden dann aber auch die Uneigennützigkeit, die Fürsorge für die eigenen Nachkommen, die Unterstützung von Verwandten und die Hilfsbereitschaft moralisch abgeurteilt: Schließlich sind ja auch unsere Selbstlosigkeit, unsere Opferbereitschaft, unsere Kinderliebe und unser Gemeinsinn zutiefst »tierisch«!

Das Argument der vierten Partei schließlich sieht so aus: Homosexualität ist moralisch gutzuheißen, weil sie in der Natur nicht vorkommt und somit »übernatürlich« ist! Diese zunächst etwas befremdlich anmutende Argumentation zielt auf die Besonderheit des Menschen und seine »Sonderstellung« in der Natur ab: Daß der Mensch die homosexuelle Liebe kennt, zeichne ihn eben vor allen anderen Geschöpfen aus. Gerade in der Homosexualität offenbare sich also die ganze Einzigartigkeit und Einmaligkeit des Menschen. »Löwen kennen solche Liebe nicht, da sie auch keine Philosophen sind. Bären kennen solche Liebe nicht, da sie nichts über die Schönheit wissen, die aus der Freundschaft erwächst. Aber bei den Menschen hat die Weisheit, gekoppelt mit Wissen, nach zahlreichen Versuchen das Beste ausgewählt und die Meinung gebildet, daß gleichgeschlechtliche Liebe die stabilste Liebe sei.« So die Meinung des antiken Schriftstellers Pseudo-Lucian.

Diese Argumentation führt freilich zu dem Schluß, daß Homosexuelle *besser* sind als Heterosexuelle. Denn erst der Homosexuelle »unterscheidet« sich ja wirklich von den vernunftlosen Tieren. Ein Zeitgenosse des Pseudo-Lucian fand denn auch den notwendigen »Mut« zu diesem moralischen Werturteil: »Alle vernunftlosen Tiere besteigen lediglich Weibchen, aber wir vernünftigen/ sind allen anderen Tieren in dieser Hinsicht überlegen:/ Wir entdeckten, wie man einen Mann von hinten besteigt. Männer unter der Knute von Frauen/ sind nicht besser als blöde Tiere.«

Was für die anderen drei Parteien galt, gilt selbstverständlich auch für diese vierte: Wenn sie sich keiner Widersprüchlichkeit schuldig machen will, muß sie folgerichtigerweise *alles* gutheißen, was wir Menschen den Tieren voraus haben. Wenn sie aber die Homosexualität allein schon deshalb lobt und preist, weil sie den vernunftlosen Tieren fremd ist und in der Natur einfach nicht vorkommt, dann müßte sie beispielsweise auch das sadistische oder masochistische Verhalten mancher Menschen beweihräuchern. Schließlich sind auch der Sadismus und der Masochismus »einzigartig« in der Natur – sie sind »Vorzüge« des vernunftbegabten Menschen!

Nach alledem sehen wir also: Jede der vier Parteien gerät in arge Verlegenheit, ja, in ein regelrechtes Dilemma, wenn sie sich selbst treu bleiben will. Denn alle vier Argumente führen schon sehr schnell zu Ergebnissen, die wohl niemandem so richtig behagen dürften. Alle vier Argumente führen schnurstracks in eine Sackgasse. Diese vier Parteien können sich daher auch drehen und wenden, wie sie wollen, mit jedem ihrer Versuche, die Natur zum alleinigen Richter über Gut und Böse zu machen, schneiden sie sich tief ins eigene Fleisch.

Angesichts dieses schon aus weiter Ferne winkenden Desasters ist es wohl nicht weiter verwunderlich, daß keine einzige dieser vier Parteien wirklich konsequent blieb. Früher oder später gab jede Partei unfreiwilligerweise zu erkennen, daß sie sich der »Natur« nur zu dem Zweck bediente, eine bereits vorgefaßte Meinung zu *rechtfertigen:* Sie benutzten die »Natur« als eine vermeintlich goldene Brücke, um die Menschen dorthin schleifen zu können, wohin sie sie haben wollten. Und für dieses Ziel, ihre eigene Moral durchgesetzt zu bekommen, nahmen sie auch offenkundige Widersprüche in Kauf.

Der große griechische Philosoph und Historiker Plutarch entlarvte dieses ganze Treiben denn auch als ein falsches Spiel und prangerte die Doppelzüngigkeit der vier Parteien mit harten Worten an: »Lächerlich ist es, das Verhalten unvernünftiger Tiere einmal als Beispiel herauszustellen, und es ein andermal als bedeutungslos zurückzuweisen!«

Diese leidige Debatte um die Homosexualität beantwortet zwar noch immer nicht unsere Frage, ob die Natur ein »Orakel der Moral« ist, doch immerhin zeigt sie uns folgendes: Daß man die

Natur nämlich kaum jemals als einen wahrhaft unbestechlichen Richter über Gut und Böse betrachtete, sondern eher als einen käuflichen Advokaten. Oder anders ausgedrückt: Man behandelte die Natur niemals wie ein wirkliches »Orakel der Moral«, sondern mehr wie eine *Hure der Moral* – man nahm ihren Dienst immer dann in Anspruch, wenn man es gerade »dringend nötig« hatte!

Härter noch als Plutarch klopfte David Hume all jenen auf die Finger, die sich die Natur dienstbar zu machen suchten. Er wies sie nämlich darauf hin, daß sie einen groben Fehler, und zwar einen *naturalistischen Fehlschluß* begehen, wenn sie beispielsweise alles, was natürlich ist, zugleich schon als moralisch gut bezeichnen. Denn daß etwas »natürlich« oder »widernatürlich« ist, sagt eben noch rein gar nichts darüber aus, ob es moralisch »gut« oder »schlecht« ist.

Humes Einspruch, der zuweilen auch als *Humesches Gesetz* apostrophiert wird, lautete: »Aus dem Sein folgt kein Sollen!« Mit anderen Worten: Daraus, daß Menschen vielleicht egoistisch *sind,* folgt keineswegs, daß sie auch egoistisch sein *sollen.* Diese Botschaft David Humes ist so einleuchtend, ja so selbstverständlich, daß man sich nur kopfschüttelnd fragen kann, wer dies jemals geleugnet hätte. Aber das Beispiel des Marquis de Sade sollte uns wohl gewarnt haben: Zu allen Zeiten traten zweifelhafte »Moralprediger« auf, die haargenau diesen naturalistischen Fehlschluß begingen. Immer wieder leiteten sie aus der bloßen Beobachtung, daß etwas so oder so *ist,* die einfach unlogische Schlußfolgerung ab, daß es eben deshalb auch so oder so sein *soll.*

Mit dem Humeschen Gesetz lassen sich nun auch all die Fragen beantworten, die wir eingangs gestellt hatten: Es sagt uns in unmißverständlicher Weise, daß die Natur *kein* »Orakel der Moral« ist, daß uns die Natur *nicht* darüber belehren kann, was gut und böse ist, und daß sich in den Naturgesetzen *keineswegs* Sittengesetze offenbaren! Und natürlich beantwortet uns das Humesche Gesetz auch die Frage, ob uns die Soziobiologie sagen kann, was wir tun sollten: *Sie kann es nicht!* Alles, was die Soziobiologie kann, ist, zu *beschreiben,* wie wir uns tatsächlich verhalten, nicht aber, uns *vorzuschreiben,* wie wir uns verhalten sollten. Was auch immer die Soziobiologie über die Ursprünge menschlichen Verhaltens herausbekommen mag, es wird sich um Naturgesetze, nicht aber um Sittengesetze handeln. Sie wird uns Tatsachen und Vermutungen liefern, niemals aber moralische Vorschriften und Gebote. Und so wie die Soziobiologie keine moralischen Anweisungen erteilen kann, so kann sie selbstverständlich auch keine moralischen Entschuldigungen liefern. Oder, wie der Freiburger Biologe und Philosoph Hans Mohr einmal sagte: Die Eierschalen der Evolution, die uns anhaften, bilden kein Alibi für Barbarei, ja nicht einmal für mildernde Umstände!

Bibliographie

Kratz einen Altruisten, und du siehst einen Heuchler bluten

Alexander, R. D.: *Darwinism and Human Affairs*. Seattle, London 1979.
Alexander, R. D.: »Biologie und moralische Paradoxa«. In: Gruter, M.; Rehbinder, M. (Hg.): *Der Beitrag der Biologie zu Fragen von Recht und Ethik*. Berlin 1983, S. 161–173.
Alexander, R. D.: *The Biology of Moral Systems*. New York 1987.
Alexander, R. D.; Tinkle, D. W. (Eds.): *Natural Selection and Social Behavior*. New York 1981.
Barash, D. P.: *Soziobiologie und Verhalten*. Berlin 1980.
Barash, D. P.: *Das Flüstern in uns*. Frankfurt, Main 1981.
Breuer, G.: *Der sogenannte Mensch*. München 1981.
Chagnon, N. A.; Irons, W. (Eds.): *Evolutionary Biology and Human Social Behavior*. North Scituate, Mass. 1979.
Dawkins, R.: *Das egoistische Gen*. Berlin 1978.
Dawkins, R.: *The Extended Phenotype*. Oxford 1982.
Dawkins, R.: *Der blinde Uhrmacher*. München 1987.
Hamilton, W. D.: »The Genetical Theory of Social Behavior I & II«. In: *Journal of Theoretical Biology* 7, 1964, S. 1–52.
Markl, H.: *Aggression und Altruismus*. Konstanz 1976.
Maynard Smith, J.: »Group Selection and Kin Selection«. In: *Nature* 201, 1964, S. 1145–1147.
Krebs, J. R.; Davies, N. B.: *Einführung in die Verhaltensökologie*. Stuttgart 1984.
Trivers, R. L.: *Social Evolution*. San Francisco 1985.
Vogel, C.: »Evolution und Moral«. In: Maier-Laibnitz, H. (Hg.): *Zeugen des Wissens*. Mainz 1986, S. 467–507.
Vogel, C.: *Vom Töten zum Mord*. München 1989.
Wickler, W.; Seibt, U.: *Das Prinzip Eigennutz*. Hamburg 1977.
Wilson, E. O.: *Sociobiology: The New Synthesis*. Cambridge 1975.
Wilson, E. O.: *Biologie als Schicksal*. Berlin 1980.

Wind, J. (Ed.): *Essays in Human Sociobiology I.* London 1985.
Wind, J.; Reynolds, V. (Eds.): *Essays in Human Sociobiology II.* Brüssel 1986.
Zimmer, D. E.: *Unsere erste Natur.* München 1979.

Der wahre Egoist kooperiert

Alexander, R. D.: »Biologie und moralische Paradoxa«. In: Gruter, M.; Rehbinder, M. (Hg.): *Der Beitrag der Biologie zu Fragen von Recht und Ethik.* Berlin 1983, S. 161–173.
Alexander, R. D.: »Ostrazismus und indirekte Reziprozität«. In: Gruter, M.; Rehbinder, M. (Hg.): *Ablehnung–Meidung–Ausschluß.* Berlin 1986, S. 79–99.
Alexander, R. D.: *The Biology of Moral Systems.* New York 1987.
Barash, D. P.: *Das Flüstern in uns.* Frankfurt, Main 1981.
Charnov, E. L.; Krebs, J. R.: »The Evolution of Alarm Calls: Altruism or Manipulation?« In: *The Amer. Nat.* 109, 1975, S. 107–112.
Dawkins, R.: *Das egoistische Gen.* Berlin 1978.
Freud, S.: *Das Unbehagen in der Kultur.* Gesammelte Werke, Bd. IX, Frankfurt, Main 1982.
Ghiselin, M. T.: *The Economy of Nature and the Evolution of Sex.* Berkeley 1974.
Gruter, M.; Rehbinder, M. (Hg.): *Ablehnung–Meidung–Ausschluß.* Berlin 1986.
Lumsden, C. J.; Wilson, E. O.: *Das Feuer des Prometheus.* München 1984.
Patzig, G.: »Verhaltensforschung und Ethik«. In: *Neue Deutsche Hefte.* Heft 184, Jg. 31, 1984.
Vogel, C.: »Evolution und Moral«. In: Maier-Laibnitz, H. (Hg.): *Zeugen des Wissens.* Mainz 1986, S. 467–507.
Wickler, W.; Seibt, U.: *Das Prinzip Eigennutz.* Hamburg 1977.
Zahavi, A.: »The Testing of a Bond«. In: *Animal Behavior,* 25, 1979, S. 246–247.

Eine Welt voller böswilliger Egoisten

Axelrod, R.: *Die Evolution der Kooperation.* München 1988.
Dawkins, R.: *Das egoistische Gen.* Berlin 1978.
Hobbes, T.: *Leviathan.* Frankfurt, Main 1984.
Hofstadter, D. R.: »Metamagikum. Kann sich in einer Welt voller Egoisten kooperatives Verhalten entwickeln?« In: *Spektrum der Wissenschaft,* August 1983, S. 8–14.
Hegselmann, R.: »Wozu könnte Moral gut sein? oder: Kant, das Gefangenendilemma und die Klugheit«. (Manuskript).

Hegselmann, R.: »Moral und Interesse. Oder: Wie weit reicht eine Klugheitsmoral?« (Manuskript).
Hegselmann, R., et al.: »Zur Entstehung der Moral aus natürlichen Neigungen.« In: *Analyse & Kritik* ²1986, S. 150–177.
Kant, I.: *Grundlegung zur Metaphysik der Sitten.* Berlin 1968.
Kliemt, H.: *Moralische Institutionen. Empiristische Theorien ihrer Evolution.* Freiburg 1985.
Kliemt, H.: *Antagonistische Kooperation – Elementare spieltheoretische Modelle spontaner Ordnungsentstehung.* Freiburg 1986.
Maynard Smith, J.: »The Theory of Games and the Evolution of Animal Conflict«. In: *Journal of Theoretical Biology* 47, 1974, S. 209–221.
Maynard Smith, J.: *Evolution and the Theory of Games.* Cambridge 1982.
Maynard Smith, J.; Price, G. R.: »The Logic of Animal Conflicts«. In: *Nature* 246, 1973, S. 15–18.
Maynard Smith, J.; Parker, G. A.: »The Logic of Asymmetric Contests«. In: *Animal Behavior,* 24, 1976, S. 159–175.
Voss, T.: *Rationale Akteure und soziale Institutionen. Beitrag zu einer endogenen Theorie des sozialen Tauschs.* München 1985.

Der erste Freigelassene der Schöpfung

Barash, D. P.: *Das Flüstern in uns.* Frankfurt, Main 1981.
Blurton Jones, N.; Sibly, R. M.: »Testing Adaptiveness of Culturally Determined Behavior: Do Bushman Women Maximize Their Reproductive Success by Spacing Births Widely and Foraging Seldom?« In: Blurton Jones, N.; Reynolds, V. (Eds.): *Human Behavior and Adaptation.* London 1978, S. 135–157.
Bonner, J. T.: *Kultur-Evolution bei Tieren.* Berlin 1983.
Dobzhansky, T.: »Anthropology and the Natural Sciences – the Problem of Human Evolution.« In: *Current Anthropology* 4, S. 138, 1963, S. 146–148.
Durham, W.: »Interaction of Genetical and Culture Evolution«. In: *Human Ecology* 10, 1982, S. 289–323.
Fox, R.: »The Cultural Animal«. In: Eisenberg, J. F.; Dillon, W. S. (Eds.): *Man and Beast: Comparative Social Behavior,* S. 273–296.
Goody, J.: *Comparative Studys in Kinship.* Stanford 1969.
Lee, R. B.: »The! Kung-Bushmen of Botswana«. In: Bichierri, M. G. (Ed.): *Hunters and Gatherers Today – a Socioeconomic Study of Eleven Cultures in the Twentieth Century.* New York 1972, S. 326–368.
Lumsden, C. J.; Wilson, E. O.: *Genes, Mind, and Culture.* Cambridge 1981.
Lumsden, C. J.; Wilson, E. O.: *Das Feuer des Prometheus.* München 1984.
Schmitt, E. (Hg.): *Die großen Entdeckungen.* München 1984.
Vernier, B.: »Vom rechten Gebrauch der Verwandten und der Verwandtschaft: Die Zirkulation von Gütern, Arbeitskräften und Vornamen auf Karpathos«. In: Medick, H.; Sabeam, S. (Hg.): *Emotionen und materielle*

Interessen – Sozialanthropologische und historische Beiträge zur Familienforschung. Göttingen 1984, S. 55–110.

Vogel, C.: »Von der Natur des Menschen in der Kultur«. In: Rössner, H. (Hg.): *Der ganze Mensch.* München 1986, S. 47–66.

Wilson, E. O.: *Biologie als Schicksal.* Berlin 1980.

Homo Homini Lupus

Daly, M.; Wilson, M.: *Homicide.* New York 1988.

Darwin, C.: *Die Abstammung des Menschen.* Stuttgart 1982.

Dawkins, R.: *Das egoistische Gen.* Berlin 1978.

Dickemann, M.: »Female Infanticide, Reproductive Strategies, and Social Stratification: A Preliminary Model«. In: Chagnon, N. A.; Irons, W. (Eds.): *Evolutionary Biology and Human Social Behavior.* North Scituate, Mass. 1979, S. 321–367.

Divale, W. T.; Harris, M.: »Population, Warfare and the Male Supremacist Complex«. In: *American Anthropologist* 78, 1976, S. 521–538.

Eibl-Eibesfeldt, I.: *Krieg und Frieden aus der Sicht der Verhaltensforschung.* München 1975.

Eibl-Eibesfeldt, I.: *Die Biologie des menschlichen Verhaltens.* München 1984.

Forsyth, A.: *Die Sexualität in der Natur.* München 1987.

Fossey, D.: »Infanticide in Mountain Gorillas with Comparative Notes on Chimpanzees«. In: Hausfater, G.; Hrdy, S. B. (Eds.): *Infanticide.* New York 1984, S. 217–235.

Hausfater, G.; Hrdy, S. B. (Eds.): *Infanticide.* New York 1984.

Hrdy, S. B.: »Infanticide Among Animals«. In: *Ethology and Sociobiology* 1, 1979, S. 13–40.

Kruuk, H.: *The Spotted Hyena. A Study of Predation and Social Behavior.* Chicago 1972.

Lorenz, K.: »Über das Töten von Artgenossen«. In: *Jahrbuch der Max-Planck-Gesellschaft,* Göttingen 1955.

Lorenz, K.: *Das sogenannte Böse.* Wien 1963.

Lorenz, K.: *Die Rückseite des Spiegels.* München 1973.

Lumsden, C. J.; Wilson, E. O.: *Das Feuer des Prometheus.* München 1984.

Markl, H.: *Natur als Kulturaufgabe.* Frankfurt, Main 1986.

Mueller, U.: »Reproduktionserfolg bei Eliten in Modernen Gesellschaften«. (Manuskript) 1989.

Schiefenhövel, W.: »Reproduction and Sex-Ratio-Manipulation through Preferential Female Infanticide among the Eipo«. In: Rasa, A. E. O. et al. (Eds.): *The Sociobiology of Sexual and Reproductive Strategies.* London 1989, S. 170–193.

Scrimshaw, S. C. M.: »Infanticide in Human Populations: Societal and Individual Concerns«. In: Hausfater, G.; Hrdy, S. B. (Eds.): *Infanticide.* New York 1984.

Sommer, V.: *Die Affen. Unsere wilde Verwandtschaft.* Hamburg 1989.
Trivers, R. L.; Willard, D. E.: »Natural Selection of Parental Ability to Vary the Sex-Ratio of Offspring«. In: *Science* 179, 1973, S. 90–92.
Vogel, C.: *Vom Töten zum Mord.* München 1989.
Voland, E.: »Bestimmungsgrößen für differentielles Elterninvestment in einer menschlichen Population«. In: *Anthropologischer Anzeiger* Jg. 42, 3. Sept. 1984, S. 197–210.
Voland, E.: »Human Sex-Ratio Manipulation: Historical Data from a German Parish«. In: *Journal of Human Evolution* 13, 1984, S. 99–107.
Voland, E.: »Die Evolution der reproduktiven Selbstbeschränkung«. In: Kraus, O. (Hg.): *Regulation, Manipulation und Explosion der Bevölkerungsdichte.* Göttingen 1986, S. 31–52.
Wickler, W.; Seibt, U.: *Das Prinzip Eigennutz.* Hamburg 1977.
Wilson, E. O.: *Sociobiology: A New Synthesis.* Cambridge 1975.
Wilson, E. O.: *Biologie als Schicksal.* Berlin 1980.

Der ewige Krieg der Geschlechter

Alexander, R. D.; Noonan, K. M.: »Concealment of Ovulation, Parental Care, and Human Social Behavior«. In: Chagnon, N.A.; Irons, W. (Eds.): Evolutionary Biology and Human Social Behavior. North Scituate, Mass. 1979, S. 402–435.
Baker, R. R.; Bellis, M. A.: »Kamikaze Sperm in Mammals?« In: *Animal Behaviour* 36, 3, 1988, S. 936–938.
Baker, R. R.; Bellis, M. A.: »Number of Sperm in Human Ejaculates Varies in Accordance With Sperm Competition Theory«. In: *Animal Behaviour* 37, 5, 1988, S. 867–869.
Benshoff, L.; Thornhill, R.: »The Evolution of Monogamy and Concealed Ovulation in Humans«. In: *Journal of Social and Biol. Struct.* 2, 1979, S. 95–106.
Betzig, L.: *Despotism and Differential Reproduction.* Aldine, New York 1986.
Betzig, L.: »Causes of Conjugal Dissolution: A Cross-cultural Study«. In: *Current Anthropology* 30, 5, 1989, S. 654–676.
Bischof, N.: *Das Rätsel Ödipus.* München 1989.
Borries, C.: *Konkurrenz unter freilebenden Langurenweibchen.* Dissertation. Göttingen 1989.
Daly, M.; Wilson, M.: *Sex, Evolution and Behavior.* North Scituate, Mass. 1978.
Daly, M.; Wilson, M.: »Whom Are Newborn Babies Said to Resemble?« In: *Ethology and Sociobiology* 3, 1982, S. 69–78.
Daly, M.; Wilson, M.: *Homicide.* New York 1988.
Dawkins, R.: *Das egoistische Gen.* Berlin 1978.
Dieckemann, M.: »Paternal Confidence and Dowry Competition: A Biocultural Analysis of Purdah«. In: Alexander, R. D.; Tinkle, D. W.

(Eds.): *Natural Selection and Social Behavior.* New York 1981, S. 417 bis 438.

Essock-Vitale, S. M.: »The Reproductive Succes of Wealthy Americans«. In: *Ethology and Sociobiology* 5, 1984, S. 45–49.

Essock-Vitale, S. M.; McGuire, M. T.: »What 70 Million Years Hath Wrought: Sexual Histories and Reproductive Success of a Random Sample of American Women«. In: Betzig, L. et al. (Eds.): *Human Reproductive Behavior.* Cambridge 1988, S. 221–235.

Forsyth, A.: *Die Sexualität in der Natur.* München 1987.

Gray, J. P.; Wolfe, D. L.: »Human Female Sexual Cycles and the Concealment of Ovulation Problem«. In: *Journal of Social and Biol. Struct.* 6, 1983, S. 345–352.

Hong, L. K.: »Survival of the Fastest: On the Origin of Premature Ejaculation«. In: *The Journal of Sex Research* 20, 2, 1984, S. 109–122.

Hrdy, S. B.: *The Woman That Never Evolved.* Cambridge 1981.

Maisch, H.: *Inzest.* Reinbek 1968.

Maynard Smith, J.: *The Evolution of Sex.* Cambridge 1978.

McCabe, J.: »FBD Marriage – Further Support for the Westermarck Hypothesis of the Incest Taboo?« In: *American Anthropologist* 85, 1983, S. 50–69.

Morris, D.: *Der nackte Affe.* München 1968.

Mueller, U.: »Reproduktionserfolg bei Eliten in Modernen Gesellschaften«. (Manuskript) 1989.

Rancour-Laferriere, D.: »Four Adaptive Aspects of the Female Orgasm«. In: *Journal of Social and Biol. Struct.* 6, 1983, S. 319–333.

Shepher, J.: *Incest – A Biosocial View.* New York 1983.

Smith, R. L. (Ed.): *Sperm Competition and the Evolution of Animal Mating Systems.* New York 1985.

Small, M. F.: »Female Primate Behavior and Conception«. In: *Current Anthropology* 29, 1, 1988, S. 81–100.

Small, M. F.: »Abberant Sperm and the Evolution of Human Mating Patterns«. In: *Animal Behaviour* 38, 3, 1989, S. 544–545.

Sommer, V.: *Die Affen. Unsere wilde Verwandtschaft.* Hamburg 1989.

Stifter, K. F.: *Die dritte Dimension der Lust: Das Geheimnis der weiblichen Ejakulation.* Berlin 1988.

Symons, D.: *The Evolution of Human Sexuality.* New York 1979.

Thornhill, R.; Thornhill, N. W.: »Human Rape: An Evolutionary Analysis«. In: *Ethology and Sociobiology* 4, 1983, S. 137–173.

Trivers, R. L.: »Parent-Offspring Conflict«. In: *American Zoologist* 14, 1974, S. 249–264.

Turke, P. W.: »Effects of Ovulatory Concealment and Synchrony on Protohominid Mating Systems and Parental Roles«. In: *Ethology and Sociobiology* 5, 1984, S. 33–44.

Vogel, C.: *Vom Töten zum Mord.* München 1989.

Waal, de F.: *Unsere haarigen Vettern.* Harnack, München 1983.
Wasser, K. S.: »Reproductive Competition and Cooperation Among Female Jellow Baboons«. In: K. S. Wasser (Ed.): *Social Behavior of Female Vertebrates.* New York 1983, S. 350–390.
Whipple, B., et al: *The G-Spot and Other Recent Discoveries About Human Sexuality.* New York 1982.
Wickler, W.: »On Intra-uterine Mother-offspring Conflict and a Possible Case in the Pig«. In: *Ethology* 72, 1986, S. 250–253.
Wickler, W.; Seibt, U.: *männlich weiblich. Der kleine Unterschied und seine großen Folgen.* München 1983.
Wolf, A. P.: »Childhood Association, Sexual Attraction, and the Incest Taboo, a Chinese Case«. In: *American Anthropologist* 68, 1966, S. 883–898.
Wolf, A. P.: »Childhood Association and Sexual Attraction – a Further Test of the Westermarck Hypothesis«. In: *American Anthropologist* 72, 1970, S. 503–515.
Zimmer, D. E.: *Tiefenschwindel.* Reinbek 1990.

Natur – ein Orakel der Moral?

Hume, D.: *Eine Untersuchung über die Prinzipien der Moral.* Stuttgart 1987.
Hume, D.: *Ein Traktat über die menschliche Natur.* Hamburg 1973.
Mac'Intyre, A.: *Geschichte der Ethik im Überblick.* Königstein/Ts. 1984.
Mackie, J. L.: *Ethik. Auf der Suche nach dem Richtigen und Falschen.* Stuttgart 1981.
Mohr, H.: *Natur und Moral. Ethik in der Biologie.* Darmstadt 1987.
Moore, G. E.: *Principia Ethica.* Stuttgart 1984.
Morscher, E.: »Ethische Normen und moralische Verantwortung«. In: *Entschluß,* 32, 4, 1977, S. 12–16.
Ruse, M.: »Evolutionary Ethics: A Phoenix Arisen«. In: *Zygon,* 21, 1, 1986, S. 95–112.
Ruse, M.: *Taking Darwin Seriously.* New York 1987.
Sade, D. A. de Marquis: *Die Philosophie im Boudoir.* Gifkendorf 1989.
Sommer, V.: *Wider die Natur? Homosexualität und Evolution.* München 1990.
Stuhlmann-Laiesz, R.: *Das Sein-Sollen-Problem.* Stuttgart, Bad Cannstatt 1983.
Vogel, C.: »Lehrt uns die Natur Moral?« In: *natur* 12, 1989, S. 58–59.
Vollmer, G.: »Über die Möglichkeit einer Evolutionären Ethik«. In: *Conceptus* XX, 49, 1986, S. 51–68.

Anschrift des Autors:
Edgar Dahl
Am Steinkreuz 40
6300 Gießen